2024 年度版

広報・PR概説

PRプランナー資格認定制度
1次試験対応テキスト

公益社団法人 日本パブリックリレーションズ協会 編

序文

　21世紀に入り、情報化・グローバル化が急速に進み、企業責任が強く求められるようになった。こうした経済・社会環境の変化に対応して、企業の現状を等身大で幅広いステークホルダーに伝えることが急務となり、コミュニケーションメディアも一気に多様化した。一方で企業不祥事も多発し、特に組織的に不都合な事実を隠蔽したことによる世論の炎上が、多数の企業の屋台骨を揺るがすような事件に発展している。企業の透明性の課題は社会的なニーズとなり、企業価値を増大させるガバナンスが重視されるようになった。

　同時に「企業とステークホルダーの双方向コミュニケーションによる信頼関係の構築」が社会的な要請となり、広報・PRの重要性に対する社会的認識が高まった。その結果、広報・PRに関わる実務領域が拡大し、従来のメディアリレーションズやインターナル・コミュニケーションの範疇を超えて、経営上のコミュニケーション戦略、CSR、コンプライアンス、IR、危機管理、マーケティング・コミュニケーション、ブランド管理、レピュテーション構築など、企業経営の根幹に精通した専門家が求められるようになった。いずれも本来のパブリックリレーションズという概念が理論的に包含していた領域であるにもかかわらず、必ずしも広報・PRの実務とみなされていなかった分野だが、ようやく現実の業務が理論に追いついてきたのである。

　こうした市場環境を背景として、2007年に公益社団法人日本パブリックリレーションズ協会が「PRプランナー」資格制度の第1回試験を開始した。当時、PRという言葉を誤解している人は多く、「広報パーソン」が女性誌の人気職業ベスト3にランキングしている割には、経営戦略におけるコミュニケーション領域全般を俯瞰的に考察する能力と高度な専門性を求められる仕事だ、という社会的認識は希薄だったといえる。そこで、実際に広報・PRの仕事に就いている人、あるいは志望している人に、広報・PRの本質的な概念を理解してほしい、さらには専門性の高い広報・PR業務の社会的認知を高めたい、という使命感から、この試験制度が導入されたのである。

2011年には、1次試験対応の公式テキスト『広報・PR概論』と2次試験対応の『広報・PR実務』を刊行した。そして2018年には全面改訂して、1次試験対応の『広報・PR概説』と2次試験対応の『広報・PR実践』を刊行し、その後も毎年のようにバージョンを重ね、掲載データを更新してきた。

　2024年度版では大幅な掲載内容の刷新を行い、社会のデジタル化・サステナビリティ課題への取り組み・コンプライアンスの重視などの要素を強化した。近年は広報・PRに関する授業科目で教科書として採用いただく大学も増加し、1次試験に合格する学生も増えてきている。本書は資格試験に対応してはいるが、広報・PRに関する基本を網羅した内容であり、大学の広報論の教科書としても適した構成になるよう、企画・編集には配慮したつもりである。

　なお本書では「広報」「PR」「コーポレート・コミュニケーション」という概念の表記は、米国の文献を参考にする場合等を除いて「広報・PR」という名称で統一している。現実に日本では「広報」という部門の名称が一般化していること、広報の専門会社は社名に「PR」と付していること、日本パブリックリレーションズ協会が主催する資格であること、資格名称が「PRプランナー制度」であることなどに鑑みたものである。また、製品広報についても「マーケティングPR」「マーケティング・コミュニケーション」などの表記があるが、本書では、「コーポレート・コミュニケーション」に対応した表記にするため、「マーケティング・コミュニケーション」という名称に統一した。

　広報・PRについては多くの専門書・実務書が出版されているが、本書は学術書ではなく教科書であることから、読者が比較的容易に入手できる書籍および執筆者が引用した文献のみ巻末に「参考文献」として掲載した。広報・PRの領域は幅広いので、各分野の知見を深めてほしい。

　本書を読むことが、広報・PRの概念を正しく理解してもらうきっかけとなり、高いレベルの広報・PR専門家が多く育って企業のコミュニケーション戦略を担っていただければ幸いである。

PRプランナー資格制度試験委員長

東京経済大学教授　駒橋　恵子

目　　次

序文……………………………………………………………………………………　1

第1章　広報・PRの基本

Ⅰ　広報・PRの概念 ………………………………………………………………　7

Ⅱ　広報・PRの役割と機能 ………………………………………………………　12

Ⅲ　広報・PRに必要な資質 ………………………………………………………　16

Ⅳ　パブリックリレーションズの歴史 …………………………………………　22

参考問題……………………………………………………………………………　32

第2章　企業経営と広報・PR

Ⅰ　現代の企業と社会環境 …………………………………………………………　34

Ⅱ　企業価値とステークホルダーの関係 ………………………………………　41

Ⅲ　広報・PR部門の役割 …………………………………………………………　45

Ⅳ　日本の企業広報の歴史 …………………………………………………………　49

参考問題……………………………………………………………………………　60

第3章　広報・PR活動のマネジメント

Ⅰ　経営における広報・PR戦略 …………………………………………………　62

Ⅱ　PDCAによるマネジメント ……………………………………………………　66

Ⅲ　広報・PR活動の調査分析と計画策定 ………………………………………　72

Ⅳ　広報・PR活動実施の留意点 …………………………………………………　77

Ⅴ　広報・PR活動の効果と評価 …………………………………………………　80

参考問題……………………………………………………………………………　84

第4章　コミュニケーションの基礎理論

Ⅰ　コミュニケーションの基本……………………………………………………　86

Ⅱ　マス・コミュニケーションの歴史……………………………………………　89

Ⅲ　マス・コミュニケーション効果の諸理論………………………………………　96

Ⅳ　メディアに関する諸概念………………………………………………………　102

参考問題………………………………………………………………………………　108

第5章　メディアリレーションズ

Ⅰ　メディアの種類と特性…………………………………………………………　110

Ⅱ　メディアリレーションズにおけるニュース価値……………………………　114

Ⅲ　パブリシティの特徴……………………………………………………………　118

Ⅳ　メディアリレーションズの手法………………………………………………　122

参考問題………………………………………………………………………………　134

第6章　マーケティングの基礎理論

Ⅰ　マーケティングの基本…………………………………………………………　136

Ⅱ　マーケティングの進め方………………………………………………………　139

Ⅲ　市場機会の分析…………………………………………………………………　142

Ⅳ　消費者の購買行動………………………………………………………………　145

Ⅴ　マーケティング・ミックス……………………………………………………　148

Ⅵ　マーケティング・コンセプト…………………………………………………　155

参考問題………………………………………………………………………………　162

第7章　マーケティングと広報・PR

Ⅰ　マーケティング・コミュニケーションの役割………………………………　164

Ⅱ　コーポレート・コミュニケーションとの連携………………………………　171

Ⅲ　マーケティングにおける近年の潮流…………………………………………　175

参考問題………………………………………………………………………………　182

第8章　ブランドの基礎理論

Ⅰ　ブランドの基本理論··· 184

Ⅱ　ブランドの諸概念··· 187

参考問題··· 196

第9章　CSR（企業の社会的責任）

Ⅰ　CSR の基本概念··· 198

Ⅱ　企業の社会的責任（CSR）の概念の発展と歴史的経緯·············· 202

Ⅲ　企業の社会的責任（CSR）に関する近年の潮流····················· 210

参考問題··· 216

第10章　インターナル・コミュニケーション

Ⅰ　インターナル・コミュニケーションの戦略的位置づけ·············· 218

Ⅱ　企業文化とコミュニケーションの機能····························· 226

Ⅲ　社内広報の歴史··· 231

参考問題··· 236

第11章　IR（インベスターリレーションズ）

Ⅰ　IR の基本概念··· 238

Ⅱ　IR 活動の対象··· 243

Ⅲ　情報開示（ディスクロージャー）の基礎知識····················· 249

Ⅳ　企業価値の考え方··· 255

参考問題··· 258

第12章　グローバル広報

Ⅰ　日本のグローバル広報の歴史··· 260

Ⅱ　グローバル広報における CSR と危機管理 ························· 266

Ⅲ　異文化理解のためのコミュニケーション課題····················· 269

 Ⅳ グローバル広報におけるメディア対応…………………………………… 272

 Ⅴ グローバル広報担当者の適性………………………………………………… 276

 参考問題…………………………………………………………………………… 278

第 13 章 危機管理広報

 Ⅰ 危機管理に関する基本概念…………………………………………………… 280

 Ⅱ 危機管理の際の広報…………………………………………………………… 290

 Ⅲ クライシス・コミュニケーションの基本…………………………………… 296

 参考問題…………………………………………………………………………… 304

第 14 章 行政・団体等の広報・PR

 Ⅰ 行政・団体等の広報の基本概念……………………………………………… 306

 Ⅱ 行政広報の歴史………………………………………………………………… 311

 Ⅲ 行政機関の広報体制…………………………………………………………… 315

 Ⅳ 行政広報における近年の動向………………………………………………… 318

 Ⅴ 公共的な団体の広報の特徴…………………………………………………… 324

 参考問題…………………………………………………………………………… 330

参考文献……………………………………………………………………………… 332

あとがき……………………………………………………………………………… 335

PR プランナー資格認定制度について …………………………………………… 337

第1章 広報・PRの基本

　パブリックリレーションズ（Public Relations）は、組織とその組織を取り巻く人間（個人・集団）との望ましい関係を創り出すための考え方および行動のあり方である。19世紀末から20世紀にかけてアメリカで発展し、日本には第二次世界大戦後の1946年以降にアメリカから導入された。現在では企業・官公庁のほか、学校や病院など全ての組織の運営に欠くことのできない考え方として確立している。本章では、パブリックリレーションズとは何か、どのように発展してきたかを含めて、その全体像を説明する。

Ⅰ 広報・PRの概念

　近年、インターネットの発達でコミュニケーションチャネルが多様化する中で、広報・PRの業務領域は広がってきている。グローバルな事業展開やコーポレートブランドの重視、情報開示と説明責任の必要性、コンプライアンスと危機管理の徹底、組織のコミュニケーション課題など、広報・PRの担当責任者が考慮すべきテーマは多い。まずは広報・PRの基本概念と日本での発展過程を理解しておこう。

1. 広報・PRの定義

　パブリックリレーションズについて、アメリカの大学・大学院の教科書として定評がある『体系パブリック・リレーションズ』（カトリップ他著）では、次のように定義されている。

「パブリック・リレーションズとは、組織体とその存続を左右するパブリックとの間に、相互に利益をもたらす関係性を構築し、維持するマネジメント機能である」

米国パブリックリレーションズ協会（PRSA）では、次のような「パブリックリレーションズに関する公式声明」を発表している。

「パブリックリレーションズは、グループや諸機関との相互理解を深めることで、複雑で多元的な社会において効率的に諸問題を判断し、機能することを促進する。パブリックリレーションズは営利的な方針と公共的な方針に調和をもたらす役割を果たしている。パブリックリレーションズは、ビジネスはもちろんのこと、労働組合、官公庁、任意団体、財団、医療機関、小・中・高等学校、大学、宗教団体など社会の幅広い機関に貢献する。これらの機関はそれぞれの目的を達成するため、例えば従業員、会員、顧客、地域社会、株主あるいは他の機関や社会全体などさまざまなオーディエンス、すなわちパブリックとの有効な関係を築く必要がある」

ほかにも多数の定義がある。日本での最初の定義は、1969年に加固三郎が次のように記しており、現在に至るまで普遍的な概念といえる。

「PRとは、公衆の理解と支持を得るために、企業または組織体が、自己の目指す方向と誠意を、あらゆる表現手段を通じて伝え、説得し、また、同時に自己修正をはかる、継続的な対話関係である。自己の目指す方向は、公衆の利益に奉仕する精神の上に立っていなければならず、また、現実にそれを実行する活動を伴わなければならない」

2023年6月に日本広報学会では、次のような「広報」の定義を発表した。

「組織や個人が、目的達成や課題解決のために、多様なステークホルダーとの双方向コミュニケーションによって、社会的に望ましい関係を構築・維持する経営機能である」

以上のように、広報・パブリックリレーションズは「ステークホルダーとの関係性の構築・維持を行うという経営機能」である。企業・行政などさまざまな社会的組織がステークホルダー（利害関係者）と双方向のコミュニケーショ

【図表 1-1　広告と広報の相違点】

	広告（短期対処のための西洋医薬）	広報（体質改善のための漢方薬）
目的	製品・サービスの売込み Buy me＝マーケティング	長期的な理解と信頼の獲得 Love me＝マネジメント
企業担当部署	広告宣伝部	広報部
メディア担当者	営業局・広告局	編集局・報道局（記者）・制作局
対象	顧客・消費者	消費者・従業員・投資家・行政機関他
掲載の可否	企業が媒体を選別	報道機関がニュース価値で決定
スペース決定権	企業側	マスメディア側
信頼性	主観的であまり高くない	客観的なので高い
掲載面放送枠	広告面・CM 時間	記事面・番組中
報道計画	計画的・繰り返し可能	不確定・同じニュースは一度きり
費用	広告製作・媒体掲載で高額	記事掲載は無料

著者作成

ンを行い、組織内に情報をフィードバックして自己修正を図りつつ、パブリックとの良好な関係を構築し、それを継続していくマネジメントだといえよう。

2.　広報・PR と広告の違い

　広報と広告は混同されやすいが、大きな違いがある。一般的には、「広報はラブミー（Love me）、広告はバイミー（Buy me）」だと言われてきた。広報は理解を求めていて間接的であり、広告は購買してほしいという直接的な働きかけであることが、象徴的に表現されているフレーズである。

　広告は、企業が商品やサービスの販売促進を図るための説得的なコミュニケーション活動で、広告を有料で出稿する広告主がいて、有形無形の商品・サービスなど広告される直接的な内容があるので、一般的に目立ち、わかりやすい。

　一方、広報・PR は、企業なり組織体の存立意義や経営目的、そのための活動を人々に知ってもらい理解してもらうためのコミュニケーション活動であるので、商品・サービスを直接購入してもらう以前に、その前提になるような、消費者の好意的な態度やその企業への信頼感を形成することを目指している。つまり、「人々との関係づくり」を通じて企業や組織体が理解され信頼されること、良い関係を構築、維持することを目指す活動なのである。

広報・PR の技法の 1 つに「パブリシティ」があり、「PR＝パブリシティ」であって、広報とは無料の広告だ、と誤解している人がいるかもしれないが、決してそれほど単純な話ではない。メディアという第三者による認知・評価を経て記事になるまでのプロセスや、記事として露出した後に人々の意識や態度がどのように変容したかが重要なのである。企業などの組織体への信頼感は、広告で自画自賛するだけでは獲得することはできず、広報・PR 活動による第三者の評価を経て構築していくものなのである。

3. ステークホルダーとは何か

「ステークホルダー」とは、企業などの組織体に関係を持つ利害関係者のことである。顧客・消費者、従業員、株主・投資家、取引先、行政機関、地域住民など、組織に関連する利害関係者すべてを含み、仕入先、販売代理店、業界団体、労働組合なども含まれる。NPO（非営利組織）や NGO（非政府組織）

【図表 1-2　企業を巡る主なステークホルダー】

も重要なステークホルダーである。その組織体と直接に利害関係がある対象者だけでなく、「その組織体と何らかの関係のある人々」である。また、マスメディア、Web、SNSは、これらのステークホルダーに情報を伝える媒体（メディア）であるが、これらもステークホルダーの一部だという考え方もある。

　以上のように、「ステークホルダー」には幅広い概念が含まれており、これらの全ての関係者と良好な関係づくりを行うためには、広報部門の担当者だけの力では不可能である。さまざまなステークホルダーと日常業務で接する中で、経営トップや従業員が広報マインドを持ち、風通しの良い組織文化の中で信頼関係を構築していかなければならない。したがって広報担当者は、組織の情報参謀として、さまざまな社内外の情報をキャッチし、それらの情報を広報ツールを活用して全社で共有するような仕組みを考え、日々の活動を行わなければいけないのである。

　なお、主なステークホルダーとの関係づくりについては、次のような呼称を使うことが多い。

　　社内相互の広報：インターナル・コミュニケーション
　　従業員向け広報：インターナル・コミュニケーション／エンプロイーリレーションズ
　　株主・投資家向け：インベスターリレーションズ（IR）
　　顧客・消費者向け：カスタマーリレーションズ／マーケティング
　　報道機関などメディアへの対応：メディアリレーションズ
　　地域社会・自治体向け：コミュニティリレーションズ
　　政府・行政機関向け：ガバメントリレーションズ／ロビー活動

　このほか、広報・PRに関係する概念としては、企業の社会的責任（Corporate Social Responsibility＝CSR）、ブランドマネジメント、サステナビリティ活動、メセナ、危機管理、企業広告、ソーシャルメディア対応、などがある。

Ⅱ 広報・PR の役割と機能

広報・PR の役割・機能を大きく3つに分けると、全社的なレベル、広報組織に課せられるレベル、広報パーソンに求められるレベル、がある。各役割と機能は明確に線引きされているわけではないが、その大枠は以下の通りである。

1. 広報・PR の役割：社会からの信頼の獲得に向けて

広報・PR の基本的な役割は、前述した定義のように、「組織体とパブリックとの相互に利益をもたらす関係性を構築・維持すること」である。組織においては、経営トップから従業員の一人ひとりまで、誰もがさまざまなステークホルダーと日常的に接しており、社会との接点に立って社会との関係づくりの主体を担っている。したがって全社的に取り組むことが理想的であり、「全社員が広報マインドを持て」と言われることもある。

そのために、広報・PR 担当者が考えるべきコミュニケーション過程は、伝える、対話する、フィードバックする、自己変革する、信頼関係をつくる、という5つのプロセスに分かれる。順に考えてみよう。

(1) 伝える役割

広報・PR の基本は、企業の存立意義や企業理念を相手に伝えることである。明文化した文字や言語による説明だけでなく、態度、ふるまい、姿勢などからも情報は伝わるところに、コミュニケーションの難しさがある。

(2) 対話する役割：広聴と広報

広報・PR は双方向のコミュニケーションが基本となっている。社会の動向をキャッチする「広聴」と、情報を発信する「広報」に加え、自分の発信した情報が社会にどのように受け止められたかをさらに「広聴」する、という役割も必要である。これは広報部門の業務にとどまらず、あらゆるビジネスの現場でも、日常的なコミュニケーション活動として行われているであろう。ステー

クホルダーの要求や批判に耳を傾け、互いに理解を深めることは、相互の信頼関係の構築に欠かせない。一般的に、企業の広聴活動や企業イメージなどのアンケート調査では、担当窓口が広報部門であることが多い。それは、広報・PRが社会と対話する役割を担っているからであり、だからこそ広報部門は「社会への窓口」とも呼ばれているのである。

(3) フィードバックの役割

　社会からの自社への期待や評価・批判を受け止めて、社内に取り入れる役割である。外部の意見を聞くだけでなく、批判をきちんと受け止め、担当部門へフィードバックするような仕組みづくりが重要である。例えば、花王の「エコーシステム」は消費者相談の窓口であるが、消費者の問い合わせを全て入力してデータベース化し、問い合わせに迅速に対応するだけでなく、社員全員が共有して検索・解析して、商品開発やマーケティングに活用できる仕組みになっている。消費者の「声」を企業活動に反映させる双方向コミュニケーションの仕組みである。広報・PRは、このエコーシステムのようなフィードバック機能を、全てのステークホルダーとの間で発揮することが求められているのである。

(4) 自己変革の役割

　多数のステークホルダーからフィードバックされた情報を活用するためには、自社を変革することが必要となる。社会から指摘された改善点や改革点を経営課題として取り上げ、経営戦略にどう位置づけるかを考え、製品・技術・サービスの改善など対外的な側面を変えるだけでなく、組織風土や企業文化の変革などが必要となることもある。社会からの批判に応え、絶えず変革と自己修正を続けていくことが、企業の持続的成長につながるため、多少は経営トップにとって耳の痛い話であっても、広報・PR部門には情報参謀として進言する役割がある。もちろん企業文化や企業風土の変革は全社的な取り組みが必要な経営戦略にかかわるテーマであるから、広報・PR部門だけでなく、社員一人ひとりが主体となるような方向づけをすることが必要である。

(5) 信頼関係をつくる役割

　最も重要なのが、(1)～(4) の役割を統合して、経営組織体と社会・ステークホルダーとの信頼関係を構築する役割である。つまり、広報・PR 活動は経営組織体と社会の「コミュニケーションインフラ」を作ることである。特に、経営トップのメッセージの発信は、企業・組織体を代表するだけにその影響力は大きく、経営トップの記者発表会などでのプレゼンテーションを演出するのも広報担当部門の役割である。

2. 広報部門の機能

　前述のように、広報・PR は、広義にはステークホルダーとの関係を構築するためのマネジメント全体に通じる概念であり、経営トップを始めとして従業員全体で取り組むべき課題である。しかし、現実には組織内に広報・PR の部門が設置されて業務を行っている。その狭義の意味での「広報担当部門の機能」について整理しておこう。

(1) コミュニケーション戦略の司令塔

　広報担当部門には、社会で発信されている情報を整理・構成して社内に伝え、同時に社内で起こっていることを社会に発信するという、全社的なコミュニケーション戦略を統括する「司令塔」であることが求められる。会社案内や企業ビデオの作成から、メディアの取材対応、記者発表会の実施、Web サイトの更新や SNS 対応、社内広報誌の作成、企業博物館の運営など、さまざまなメディアを駆使して、多様なステークホルダーに自社の情報を伝えるための要（かなめ）となることが重要である。

　不祥事が発生したとき、緊急対策本部において広報部門が重要な役割を果たすのは、社内の情報を一元管理して対外的な問い合わせに対応するという情報マネジメントにおいて、広報部門が司令塔としての機能を発揮するからである。特に近年は、SNS などで情報の拡散が速くなり、企業へのクレームや批判をいち早くキャッチするなど、危機管理の最前線の役割も求められている。

（2）情報収集・加工・発信機能

　営業部門や研究開発部門など、それぞれの担当部門は独自に業務情報や専門情報を管理している。各部門の協力を得て、「広報・PRに関係する重要な情報」を集約し、対外的な発表のタイミングなどを検討することが望ましい。

　こうした情報の「中継ぎ」となるのが広報担当部門である。全社の動向を把握し、その情報を社内で共有し、必要に応じてプレスリリースや記者発表会などで対外的に発表する。そのためには雑多に流れている情報を収集して加工し、発信できる状態にしなければならない。情報を分類し、整理・保管し、情報の価値を分析し、編集・加工するのが、広報担当部門としての専門業務となる。情報発信のツールにしても、ステークホルダーにはそれぞれの特徴や属性があるから、それらに対応して、広報ツールはどんなメディアやイベントを選ぶのが効果的か、発信のタイミングはいつが適切かなどを考えながら、情報の発信を行うことになる。

　そのための情報の流れは、①外部情報の受信（広聴機能）、②外部情報の社内の経営者・従業員への発信（情報参謀）、③社内情報の受信（社内広聴）、④社内情報の従業員への発信（社内広報）、⑤社内情報の対外的な公式発表（対外広報）、の5つに分類される（**図表1-3**）。

【図表1-3　広報部門に関わる情報の流れ】

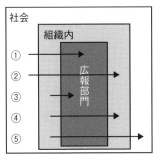

①外部情報の受信（広聴機能）

②外部情報の経営者・従業員への発信（情報参謀）

③社内情報の受信（社内広聴）

④社内情報の従業員への発信（社内広報）

⑤社内情報の体外的な公式発表（対外広報）

著者作成

(3) 各部門の情報集約機能

　同じ会社であっても、部門が異なれば互いの業務内容はわからないことが多い。しかし、業績表彰店の工夫を開発部門に知らせたり、新商品発売までの苦労を営業現場の社員に知らせて販売促進の際に活用してもらったりと、相互に情報を共有すれば、従業員のモチベーションが向上するなど、ポジティブな効果が生まれる。雑多な業務情報を経営資源に変換する過程、そして対外的なニュースに転換する過程は、広報部門の重要な役割であり、それには広報担当者が折衝役となって、部門間の協力・調整をしなければならない。

　だからこそ、広報担当役員（CCO＝Chief Communication Officer）を置いて、組織的に経営の重要情報を広報部門が把握できるようにしている企業もある。また、広報部門の部門長が役員会議にオブザーバーとして出席するケースも多い。中期経営計画に基づいて、広報・PR の対象となる情報についての年間計画を立てて広報戦略を決めることもある。いずれにしても、各部門の部門長との連絡など、社内横断的な部門間の情報共有や協力が不可欠であり、情報を集約することで戦略的な広報活動が可能になる。

　特に近年のサステナブル経営（第9章参照）においては、環境戦略、コンプライアンス、社会貢献など研究開発、技術、生産、販売、総務、法務、財務、海外本部・拠点など、複数の部門が関わる課題が広報テーマになっている。社内横断的な情報収集とその統合が要求され、いわゆる「タコツボ」に陥らず、横串を通すような社内コミュニケーションづくりが広報組織に要請される。

Ⅲ 広報・PR に必要な資質

　次に、広報部門の専門家に求められる資質を考えよう。日本企業では、人事異動の一環としてたまたま広報部門に配属され、3～4 年で別の部門へ異動していくことが多いが、欧米企業では PR は専門職として転職を繰り返して CCO（広報担当役員）へ上りつめていくのが一般的である。それほど専門性の高い業務であり、広報パーソンには一定の資質が必要とされているのである。

1.　情報参謀としての資質

　広報パーソンには、自分の会社の情報だけにとどまらず、他社や業界の事情、国際情勢などについての情報を、メディアや人脈を通じて収集し、課題や問題点をキャッチする最前線の「アンテナ」としての資質が求められる。センサー、モニター、コミュニケーター、企業の良心などの役割を体現するのが広報パーソンともいわれている。広報部門の責任者はそれらを統合する立場にあり、経営トップの「情報参謀」としての役割が求められる。経営トップに対して、経営判断に有益な情報を提供する役割を担うわけである。

　特に危機管理において、その役割は重要となる。カトリップによれば、広報パーソンには、「地平線に現れた黒雲」を発見し、経営への影響を予測・分析し警鐘を鳴らすアーリーウォーニング（早期警戒）によって、危機を未然に防ぐことが求められている。「黒雲」は経済環境や経済政策など企業の外部の課題だけではなく、企業の内部に発生することもある。一般的に、「会社の常識は社会の非常識」になりやすく、談合や不適切会計、データ偽装、長時間残業など、長年の業務慣行が社会環境の変化によって不祥事となるケースも多い。組織の中でマイナス情報は経営トップに届きにくいことも多い。しかし広報パーソンは社外の風にさらされ、自社への批判、マイナス情報をキャッチできる接点におり、社会の常識としての視線で自社を見て、客観的な判断が出来る立場にいる。

　つまり、広報パーソンは、危機につながる状況を冷静に判断し、経営トップに情報を上げ、直言するカウンセラーの役割を担っているのである。そのために平時から、社会から自社はどのように見られているか、どう評価されているかをキャッチし、耳が痛い情報であっても、自らの姿勢を修正する情報源として経営トップに伝えるような「情報参謀」としての役割が期待されている。

2.　文章表現力と情報の編集力

　広報パーソンに求められるのは、文章表現力と情報の編集力である。会社案内やプレスリリースの文章などは、広報担当者が書く。社内の情報をどうすれ

ば「ニュース」として取り上げてもらえるかを考え、適切な表現を選んで誤字脱字がないような文章を作ること、企業内の専門用語を対外的に理解しやすいような言葉に直し、なおかつ技術的に誤解を生まないような表現を選んで文章を作ることなど、文章表現力が求められる。ときには経営トップが講演原稿や寄稿原稿の確認を広報責任者に委ねたり、原稿の代行を託したりすることもある。広報責任者の文章表現力が、経営トップの印象を左右することになるといっても過言ではない。

　「文章表現力」とは、「作文」の能力だけではなく、情報を「編集する力」とセットになっている。社内の情報や社外の情報を収集し、加工し、発信するためには、各情報の持つ意味や価値を理解し、情報を発信するタイミングや、情報が出たときの受け手の反応などの波及効果を考慮するなど、情報を多角的に分析したり再構成したりする力を必要とする。これが「編集力」である。例えば、サステナビリティレポート、IR のためのアニュアルレポートや統合報告書などの冊子を作成するにしても、全体のページ構成、レイアウトの視覚的工夫、タイトルの付け方や写真の選び方など、広報パーソンの編集力が試される。

　編集力の1つとして「ストーリーの構成力」がある。企業への信頼を構築したり、企業イメージを上げたりするには、抽象的な言葉を羅列するだけでなく、受け手にわかりやすいストーリーを示すことが欠かせない。社外の情報を社内に紹介する際にも、自社の経営トップや従業員が興味をもつように、ポイントを解説したり、言葉を言い換えたりして、自社向けにアレンジしたストーリー構成を考える必要がある。このように、広報パーソンは「社内ジャーナリスト」といわれるほど、文章表現力や編集力が求められているのである。

3. 対外的なコミュニケーション力

　広報パーソンには、企業を取り巻く多様なステークホルダーと企業の関係を円滑に保つためのコミュニケーション力が求められる。「コミュニケーション戦略のファシリテーター」といってもよい。社内の各部門の情報を収集するためには、社内横断的な広報委員会を組織するだけでなく、同期との雑談など属

人的な人間関係から情報を得たり、会議で話されている話題からヒントを得たりするなど、広報パーソンのコミュニケーション力がポイントになる。記者発表会の際には、関係部署の円滑な協力を取り付けなければならない。

　メディアの報道記者や編集者と信頼関係を築くのも重要な仕事である。記者が取材を申し込んできたとき、経営トップや適切な担当者とスムーズにアポイントをつなげるのも広報パーソンの仕事である。メディア対応が不得手な経営トップは記者に会いたがらないこともあるが、当事者のコメントをとりたいというのが報道記者の立場であるから、何か問題があって会わせないようにしていると誤解されないよう、適切な対応をとらなければならない。

　また、前述のような外部の「黒雲」をキャッチして警鐘を鳴らすためには、外部に信頼できる人脈を築いていることが前提となるし、業界団体でのコミュニケーションも不可欠である。なお、IR や広告宣伝は広報と別の部門で行っている企業もあるが、対外的な情報発信という意味では共通性があるので、メッセージの内容や表現に違和感がないかどうか、意見交換する場を持てるような、風通しの良い社内コミュニケーションを図るのも広報パーソンの役割である。

4.　好奇心と広報マインド

　広報・PR 部門の業務は幅広く、ステークホルダーは消費者、株主・投資家、従業員や行政機関など、多岐にわたる。しかもグローバリゼーション、CSR、IR、技術開発、新製品・サービス、女性活用、ヘルスマネジメント、コンプライアンスなど、多ジャンルの組織横断的な情報をニュース性のある広報ネタとして収集しなければならない。法律・財務・会計・技術など、幅広い基礎知識がないと、専門用語をかみ砕いて表現することができない。グローバル化による海外進出や M&A の情報を集めるには、語学力も求められる。Web サイトや SNS など、IT 技術の進化にも対応した情報発信を工夫しなければならない。こうした業務に対応するために必要なのは、好奇心と広報マインドである。

　各部門の専門家である必要はないが、専門家と対等に話をするためには基礎知識が求められる。専門誌の取材にも対応しなければならないし、IR ツール

に書くための財務上の文章表現や、コンプライアンス対応の法律用語など、ある程度の知識は不可欠である。多様な分野に関心を持って知識を吸収し、各部門の専門家に確認しながら対外的に発表していくためには、好奇心旺盛な資質である方が望ましい。いろいろな情報をネット上で見るだけでなく、現場を取材して生きた情報を収集するような、フットワークの軽い行動力も必要である。

5. 倫理観の保持

　最後に、広報・PR パーソンとして絶対に必要な資質は、倫理観の保持である。対外的に発信する情報は真実でなければならず、その場限りのウソをつくことは厳禁である。逆に、秘密情報を知っていたとしても、公式発表前に漏らすことは原則として許されない。しかも、たとえ法律で規制されていなくても、社会常識に照らして疑問視されるような行為であれば、経営トップに進言して食い止めるような倫理観が求められる。また、広報パーソンは企業内の広範囲の情報にアクセスできる立場にあるが、好奇心に任せて個人情報を覗くようなことはあってはならない。「情報」というセンシティブな分野を扱っているだけに、高度な倫理観が求められているといえよう。

　特に近年は、グローバリゼーションが進行する中で、海外の工場や取引先がダイバーシティや人権に配慮した雇用を行っているかなど、きめ細かい情報が瞬時にネットを通じて世界に伝わる時代であり、国際的な倫理の基準が問われている。国際的な視点に立ち、ISO26000（第 9 章参照）などに沿った行動指針を徹底するなど、高い倫理観を保持すべきだといえよう。

　公益社団法人日本パブリックリレーションズ協会（PRSJ）では、2016 年に「倫理綱領」を定め、「公共の利益と基本的人権の尊重」「公正・正確・透明性の原則」「中立性・公平性の保持」「情報と権利の保護」「社会的価値の創出と持続可能社会の実現に貢献」の 5 項目を指針として挙げている（**図表 1-4**）。また、2019 年には「PR 活動ガイドライン」を策定し、広報・PR 業界の活動範囲や、合意形成や信頼関係の構築における留意点などを定めている。いずれも、広報・PR 業界としての社会的責任を意識した指針である。

【図表 1-4　「倫理綱領」（日本パブリックリレーションズ協会）】

倫理綱領

パブリックリレーションズは、ステークホルダーおよび社会との間で健全な価値観を形成し、継続的に信頼関係を築くための活動である。その中心となるものは、相互理解と合意形成、信頼関係を深めるためのコミュニケーションである。

本協会とその会員は、パブリックリレーションズの社会的影響を良く認識し、常に倫理の向上に努め社会からの信頼に応え、個人、企業、団体、機関、国家など国内外の幅広く多様なステークホルダーの間の対話と相互の理解を促進する。加えて、パブリックリレーションズを通じて新たな社会的価値を創出し、社会的責任を全うする。　この綱領は本協会と会員が自らの行動を判断し、行動する際の指針であり、その活動を支えるためのものである。

1.　公共の利益と基本的人権の尊重
　　われわれは、パブリックリレーションズの諸活動を企画、実施するにあたって、各種の国際規範及び日本国憲法、法律、規則を遵守するとともに、常に公共の利益を意識し、基本的人権と個人の尊厳を尊重して行動する。

2.　公正・正確・透明性の原則
　　われわれは、メディアが社会に果たす役割を理解し、言論と報道の自由を尊重する。自らのパブリックリレーションズ活動においては、公正、誠実に諸活動を行い、国内外のステークホルダーに事実を正確に、適宜・適切に開示し、透明性を高める。虚偽の情報や誤解を招くような情報は流布しない。

3.　中立性・公平性の保持
　　われわれは、正しく情報を伝達するとともにその評価を素直に受け入れ、ステークホルダーとの関係の中で中立・公平な立場を保つ。また、自らを厳しく律し、品格を損なうような行為は行わない。

4.　情報と権利の保護
　　われわれは、パブリックリレーションズの諸活動を通じて知り得た情報や個人情報等の漏えい、目的外の使用や内部情報を利用し不正に利益を図るような行為は行わない。また、著作権、知的財産権等を尊重しその権利を適切に保護するとともに、個人情報の保護に努める。

5.　社会的価値の創出と持続可能社会の実現に貢献
　　われわれは、人のため社会のために尽くすという考え方を根底に、多様性を受け入れながら、健全で創造的な社会の発展と新しい社会的価値の創出に寄与する。加えて、良き企業市民としての社会的活動を通じて、地球環境の保全と持続可能な社会づくりに貢献する。

Ⅳ パブリックリレーションズの歴史

　本章の最後に、広報・PR の概念がどのように形成されてきたのかについて、歴史的な経緯を概観しておく。政治政策の浸透やプロパガンダなどの変遷を経て、現在のような「等身大の情報をステークホルダーと双方向でコミュニケーションする」という広報・PR の概念が形成されてきたのであり、この概念の源流を理解してほしい。

1．アメリカの建国時のデモクラシーが PR の原点

　広報・PR の起源を遡れば、コミュニケーションの歴史につながる。紀元前 3000 年頃に始まったエジプト文明の時代から、権力者は自分の威厳を示すために建築物や彫刻・絵画を活用しているし、日本の平城京（8 世紀）の「告知札」を官報の原型と考えることもできる。

　近代的な概念としてのパブリックリレーションズは、アメリカの独立戦争期に萌芽がある。17 世紀以降、アメリカ大陸へヨーロッパ諸国から移民が集まる過程で、国王や聖職者などによる統治ではなく、民衆の話し合いで社会のルールを決めていく民主的な考えが普及していく。「民衆こそが政治の主人公であり、パブリックオピニオン（世論）が政治上の意思決定の基本であるべきだ」というデモクラシーの考え方が PR の概念形成につながっていくのである。

　18 世紀の後半には、イギリスの植民地支配から脱却するためのアメリカ独立戦争が起きたが、最初から植民地の人々が一丸となって立ち上がったわけではない。金融や商工業、農業など経済的な勢力間の利害は一致しておらず、独立に反対する人々もいた。独立を成功させるためには、独立への世論を喚起し、独立戦争に向かう精神的な一体感を醸成する必要があった。

　そこで考案されたのが、民衆が参加しやすい組織づくり、人々に一体感を持たせるシンボルやスローガンの設定、多くの人々が議論できるようなイベント、民衆の心に理念が浸透するようなコミュニケーション方法など、現代の PR の原型である。1773 年のボストン茶会事件は、象徴的な出来事である。イギリ

スが「茶税」を制定して東インド会社が利権を得るようにしたところ、オランダから紅茶を密輸入していた業者が大量の茶箱を海に投げ捨てた。それがイギリスの植民地政策に抵抗するシンボリックなニュースとして各国へ伝えられ、イギリスの弱体化を狙っていたフランスなどが多数の義勇軍を派遣して独立を支援する契機となる。トマス・ペインのエッセイ『コモン・センス』は新聞に連載され、独立を正当化する理論的な支柱となった。このほか一連の「コミュニケーション戦略」が功を奏してアメリカは独立を勝ち取ったのである。

このとき、独立宣言（1776年）を執筆したのがT・ジェファーソンであり、第三代大統領に就任して就任演説を行った際、「民衆の気持ち（Public Sentiment）に配慮する」という箇所を「民衆との関係づくり（Public Relations）に配慮する」と書き換えたのが「PR」の最初だという説が有力である。

19世紀になると、ペニープレスといわれる大衆向けの安価な娯楽紙が次々と発刊されるようになるとともに、硬派の論説を載せた新聞の部数も増加した。こうしたメディアの増加に伴い、記事を売り込む新しい職業「プレスエージェントリー」が出現し、記事を巧みに使って成功する者も現れた。その代表的人物として有名なのが、荒唐無稽な物語をでっち上げてサーカスを大成功させた興行師のフィニアス・バーナムである。この時期には、資本家など富と権力を集めた有力者が増加し、一方でその資本家たちの秘密やスキャンダルを新聞・雑誌に暴露するような「マックレイカー」と呼ばれたライター・記者たちが暗躍した。企業と記者はいわば敵対関係にあったといえる。

2. 近代PRの父：アイビー・リー

アメリカのPRのテキストに「近代PRの父」と記述されるのがアイビー・リーで、20世紀はじめに活躍した人物である。彼は南北戦争（1861-1865）直後の南部ジョージア州アトランタの出身で、父は牧師として教会での説話によるコミュニケーションで聴衆の心を動かしていた。リー自身は学生の頃から新聞記事を書き、大衆紙に就職してからは企業担当として経営トップの取材をして記事を書いた。そこで、企業や資本家たちの秘密主義は得策ではなく、透明性の

高い情報を迅速に発信することが社会の信頼を獲得することを実感した。そして、1905 年にニューヨークに PR コンサルティング会社を設立し、現在の広報・PR に通じるコミュニケーション方法を世界で初めて体系的なビジネスとして実践したのである。

　リーの最初の仕事は、ある無煙炭採掘会社での労働ストライキの解決であった。大企業のビジネスに対する抗議運動が激しかった時代である。当初、経営者は沈黙を守り続けたため、組合の主張だけが一人歩きして悪評が高まったが、リーは「事実の公表こそが社会的不安を払拭する」と伝え、団体交渉の経過を毎回報告書にして記者に提供した。それは事実に基づいて作成されており、紛争を解決に導いた。このときアイビー・リーは、以下のような「原則の宣言（Declaration of Principles）」を出して全新聞社に送った。

　　これは秘密の通信社（secret press bureau）ではない。我々の仕事は全てオープンに行われており、目的はニュースを提供することである。広告代理店（advertising agency）ではない（略）。各テーマの詳細は迅速に提供されるし、全ての編集長には各メッセージを直接確認するための支援を行う。問い合わせに加え、記事を書こうとする全ての編集長に、十分な情報を与えるつもりである。要するに我々の流儀は、率直かつオープンに、企業関係者や公共機関を代表して、新聞社とアメリカ国民に、迅速かつ正確な情報（パブリックが関心を持ち、知る価値があるような事項）を提供することである。（後略・著者訳）

　この原則宣言は、現在の広報・PR 業務に照らしても全く古さを感じさせない。このほかリーは、全新聞社に平等に記事を配信するという仕組みも考案した。彼の功績によって、「パブリックリレーションズ」は幕を開けたのである。

　さらにリーは、ペンシルバニア鉄道の危機管理においても評価を上げた。彼が広報コンサルタントを引き受けていたとき、鉄道事故が起きた。従来の慣行では事故は隠すべきものだったが、彼は鉄道事故現場に記者を招き入れ、自由に取材させ、資料提供に応じたことで、かえって好意的な記事が掲載された。その結果、ペンシルバニア鉄道は株価も下がらず、評判を上げたという。

3. クリール委員会

　PR の技術的側面からいえば、最もめざましい進歩を見せたのは第一次世界大戦（1914-1918）の時期である。アメリカの参戦を国民に理解させるために、ウィルソン大統領が 1917 年、「パブリック・インフォメーション委員会」を設置した。委員長ジョージ・クリールの名をとって通称「クリール委員会」と呼ばれ、その役割は、国民に参戦への理解を求め、愛国心を鼓舞することだった。「大衆とのコミュニケーションに使えるあらゆる手段を、1 つの目的では例がないほど強烈に活用した」といわれ、ニュースの配信、報道の統制と検閲、映画制作と配給、広告・パンフレット・ポスターの制作、展覧会、講演会など、あらゆるメディアを総動員した。協力したのは広告界、映画産業組合、教育界、企業、教会、大学、学者、作家、挿絵画家、映画スターや地域の有力者などである。

　ユニークだったのは「フォー・ミニットメン」で、映画館の幕間の時間などに国債購入や参戦について、一般人に 4 分間の短いメッセージスピーチを行う機会を与えた。殺到した志願者を 4 万人に厳選して全国 7600 支部に分け、演説総回数は 100 万回、聴衆はのべ 4 億人に達したという。大衆参加型で拡散目的のコミュニケーション手法が当時から行われていたといえる。

　ただし、このクリール委員会は戦時に設けられたプロパガンダ（第 4 章 p103 参照）の機関であり、等身大の情報を発信する本来の広報・PR とは異なり、むしろ「世論製造の実験研究所」といわれる。この委員会の設立を提案していたウォルター・リップマンは 1922 年に『世論』で「新聞は疑似環境を創り出している」と批判している。このクリール委員会の活動は、後にドイツにおけるヒトラーのナチズムのメディア活用でも参考とされたし、日本の太平洋戦争期の戦意高揚の標語やポスターなども同様の手法が用いられた。

　このように、戦争時の情報戦を中心とした手法にはフェイクニュースという問題があった。しかし、アメリカの第二次世界大戦後のマーケティング技術やメディア研究の手法にもこの手法は引き継がれていくし、この委員会に所属していたエドワード・バーネイズは第一次世界大戦後にパブリックリレーション

ズの理論的・実践的指導者となり、1923年に『世論の結晶化』を執筆し、その後は全米の大学でのPR学部・学科の設立に関与している。戦意高揚のためのプロパガンダを経て大衆説得・世論調査などの広告宣伝の技術は洗練され、社会学、社会心理学によるコミュニケーション分野の研究の発展につながっていったのは、歴史の皮肉といえよう。

4.　アメリカでのPR概念の発達とCCの誕生

　第一次世界大戦後、アメリカは1920年代に富と繁栄の時代を築く。しかしその反動として1929年10月に株価が暴落して大恐慌となり、1100万人以上が失業した。1933年に大統領に就任したフランクリン・ルーズベルトは、大恐慌克服のニューディール政策を国民に向かってラジオ放送した。政治的な大衆へのコミュニケーション手法として有名な「ファイアーサイド・チャット」(炉辺談話)である。暖炉の前にゆったりと座って国民に語りかけるようにしてメッセージを伝えた。これは世界のPR史に残るほど、効果的で親しみのある政策広報となった。国民の同意を得て全国産業復興法（NIRA）は成立し、全国復興庁（NRA）の指導で、最低賃金、最長労働時間、公正な競争規約などの新政策が軌道にのったのである。この政策は政府主導の公共事業政策で需要や雇用の創造を図るものだったため、自由な市場経済を脅かすとして反対運動も起きたが、定期的なラジオ放送の「炉辺談話」によって、国民の世論は政府を支持し、金融取り付けも起こらないまま、緩やかに経済危機を乗り越えることができたのである。

　さらに第二次世界大戦後、アメリカの生産設備は被災しなかったこともあり、軍事生産力は民需に向かい、市場経済は急激に成長した。そして戦時に蓄積されたプロパガンダ（宣伝）の研究は大衆消費社会を推進する「PR」として生まれ変わるようになる。1946年にはアメリカ大学PR協会ができ、1947年にはアメリカパブリックリレーションズ協会（PRSA）が誕生し、1955年には国際パブリックリレーションズ協会（IPRA）が設立された。

　しかし、1960年代からアメリカは大きく揺らいでいく。ベトナム戦争の泥

沼化、反戦運動、ケネディ大統領の暗殺などが相次ぎ、既成の権威に対する若者たちの反対運動が起きた。レイチェル・カーソンは1962年に『沈黙の春』を書き、これが環境保護運動の始まりを告げたとされる。弁護士のラルフ・ネーダーが自動車の安全性に対する社会的告発を行うなど大企業批判も続き、消費者運動も激しくなる。「企業の社会的責任」がアメリカで初めて論じられたのもこの頃である。そしてニクソン大統領がウォーターゲート事件の際にスキャンダルが表に出ないように工作させようと「PR屋を呼んで手品をさせるように」と言ったことが明るみに出たことで、PRという用語は一時的に悪いイメージがついてしまった。

　その頃、ビジネス誌『フォーチュン（Fortune）』が「コーポレート・コミュニケーションセミナー」を毎年開催するようになった。大手企業は広報部門の名称を「Corporate Communication Division」に変更するようになり、次第に企業の広報部門の名称を「コーポレート・コミュニケーション（CC）」とする企業が多くなっていくこの傾向が日本にも広がり、現在に至っている。なおPRを専門とする会社や人は引き続き「PR代理店」「PRスタッフ」などと呼ばれている。

　このような歴史的変遷はあったが、やはりアメリカはPR（パブリックリレーションズ）の本国である。PRが本来持っている理念から外れた情報操作型PRが目立ってくると、それへの批判が起こり、再び社会を見据えた理念と行動に戻っていった。従業員一人ひとりが社会貢献に関わっていこうという活動なども、常にアメリカが先行したのであって、日本の広報・PR活動は大きな影響を受けてきたといえよう。

5. 日本におけるパブリックリレーションズの導入

　日本でも約100年以上前から、広報・PRに類する取り組みはあった。日本が中国東北部に設立した南満洲鉄道株式会社が1923年に総裁室弘報係を設置し弘報活動（当時は「弘報」という用語を使用していた）を行っている。社内報は、鐘淵紡績（現在のクラシエホールディングス）の『鐘紡の汽笛』（1903

年創刊）、企業広報誌では『学の燈（創刊時）』（1897 年創刊）が代表的な草分けとされている。CSR についても、明治末から大正時代にかけて企業経営者による篤志活動が行われた。大原孫三郎、渋沢栄一、森村市左衛門、安田善次郎、大倉喜八郎などは、大学、病院、美術館、研究所の設立や建設などに個人の資金を拠出し、社会貢献活動を行っている。

　しかし、現在の意味での「広報」という言葉は、戦後連合国軍総司令部（GHQ）が日本の民主化政策の一環として行政に「パブリックリレーションズ」を導入した際に考えられた訳語である。1945 年に第二次世界大戦が終結し、日本は連合国軍による占領下に入り、GHQ によって 1951 年まで間接統治された。1945 年 8 月に、連合国軍最高司令官のマッカーサー元帥が厚木基地に降り立った際にパイプをくわえていた写真は、新聞に大きく掲載され、統治時代の幕開けを象徴した。1947 年に GHQ は日本の民主化を促進するため、地方自治体にPRO（パブリックリレーションズ・オフィス）を設置せよと示唆し、さらに広報講習会を開くなどして、新聞社や放送局、省庁の職員を参加させ、広報・PR の概念を啓発していったのである。

　日本企業に広報部門が設置されるのは 1950 年代に入ってからで、1953 年の日本航空、1955 年の東京ガスから始まり、1956 年の松下電器産業（現在のパナソニック）、東洋レーヨン（現在の東レ）、1958 年の三菱電機、近畿日本鉄道、1960 年の日産自動車などと続く。航空、鉄道、ガスなどの公共性の高い企業と、当時の「三種の神器」とされた電化製品や自動車メーカー、そして主力産業だった繊維メーカーが広告宣伝と関連して設置していることがわかる。

　1960 年代には広告宣伝と一体になったマーケティング広報が増加し、広報部門が独立した部署として増加した。同時に 1960 年代は新しく創刊した週刊誌がブームになり、公害問題を始めとして、企業を批判する記事が溢れていく時期でもある。糾弾された企業はメディア対応が必要となり、次々と広報部門を設置して「火消し広報」といわれる業務を行うようになった。

　1970 年には大阪で万国博覧会が開かれ、企業グループは 1 つのパビリオンを共有し、グループ広報の概念が生まれていく。その後、1970 年代には、ニ

クソンショックによる為替の変動や石油危機による経済不況で商社の買い占め
がバッシングの対象となるなど、企業批判の嵐の中で、記者の取材攻勢に対応
するため、広報部門を設置する企業は増えていった（第 2 章参照）。

6. 経済団体による広報・PR への取り組みの歴史

　財界としての広報・PR への取り組みも活発に行われている。GHQ は財閥を
解体して私企業を民主化するため、証券会社による株式投資を促進する施策を
進めさせた。1950 年には日本証券投資協会から月刊誌『パブリックリレーショ
ンズ』が発行されている（1959 年に『総合経営』へ誌名変更）。そのほか、「経
済三団体」と呼ばれた経済団体連合会、日本経営者連盟、経済同友会の対応は
次の通りである。広義の意味での企業の広報・PR 活動と関係が深いので、三
団体とその他諸団体の概略をまとめておこう。

(1) 日本経済団体連合会（通称「経団連」・1946 年発足・2002 年に日経連と統合して現在の名称となる）

　経団連は、経済政策に対して財界から提言するための団体である。「社会と
経済界とのコミュニケーション」をキーワードにして、1978 年に外郭団体の「経
済広報センター」を設立した。1979 年に月刊『経済広報センターだより』（現
在の『経済広報』）を創刊し、「企業の広報活動に関する意識実態調査」を 3 年
ごとに実施するほか、広報関係の講演会などの啓発活動を行っている。

　1991 年には、企業の健全な事業活動を通した企業の社会的責任を文章化し、
「企業行動憲章」を作成した。その後も何度か改訂を重ね、1996 年には、不祥
事発生時には経営トップに責任があり、自らを含めて罰則の必要があることを
明示した。2004 年には『CSR 推進にあたっての基本的考え方』を発表し、経
団連が CSR の推進に積極的に取り組むこと、法制化ではなく民間の自主的取
り組みで進めること、「企業行動憲章」と「実行の手引き」を CSR 指針とする
こと、などを明記した。

　このほか経団連は、1990 年に「1％クラブ」を設立し、経常利益の 1％以上（法

人会員）、可処分所得の1%以上（個人会員）を目安に社会貢献活動のために
拠出することに努める活動を続けている（第9章参照）。

(2) 日本経営者連盟（通称「日経連」・1948年発足・2002年に経団連と統合）

　日経連は、戦後に急増した労働組合問題を大手企業の経営者の立場から考え、
労使関係の正常化、職場秩序の維持、賃金体系の合理化などの目的を掲げた団
体で、1951年にアメリカ視察団を派遣し、「パブリックリレーションズ」と
「ヒューマンリレーションズ」の概念を持ち帰った。1953年に日経連PR研究
会を発足させ、社内広報誌に重点を置いて、従業員とヒューマンリレーション
ズを意識した友好的な関係づくりを目指すように指導した。1962年には「日
経連社内報センター」として新部門を設置し、社内広報誌のコンクール開催、
社内報編集者による研究会、社内広報誌作成のための研修などを行ってきた。
2002年に日経連は労働組合対策という役割を終えて経団連と統合され「日本
経済団体連合会」となったが、社内広報誌のコンクール等については、「一般
社団法人経団連事業サービス」で現在も活動している。

(3) 経済同友会（1946年発足）

　経済同友会は、企業経営者が個人の資格で参加し、見解を社会に提言する団
体である。1956年には「経営者の社会的責任の自覚と実践」を発表し、新し
い経営理念として、企業の社会的責任や公器性の重要性など、ステークホルダー
とのコミュニケーションについて提言している。『社会と経済の相互信頼の確
立を求めて』(1973)、『日本企業のCSR－自己評価レポート』(2004、2006、
2010、2014)、『「企業行動規範」関連アンケート調査結果について』(1997)
など、コンプライアンスやCSRに関する提言は多い。2003年に『『市場の進化』
と社会的責任経営』と表題した第15回「企業白書」を発表すると、CSRブー
ムともいえるような現象が起き、各企業が競うようにして、CSRレポート（現
在のサステナビリティレポートの原型）を作成するようになった。

(4) その他

このほか、広報・PR 関連の主な業界団体を発足の年代順に挙げておく。

まず、1963 年に「日本広報協会」が発足した。総理府の資料や公報の編集制作業務を受託していた「広報研究会（1954 年発足）」を母体として社団法人化したものである（2012 年より公益社団法人へ移行）。1980 年には、PR プランナー試験の主催団体である「日本パブリックリレーションズ協会」が、その前身の「日本 PR 協会（1964 年設立）」と「日本 PR 業協会（1974 年設立）」を合併統合して発足、1988 年に通商産業省（現・経済産業省）から社団法人の認可を得た（2012 年からは公益社団法人へ移行）。このほか、広報・PR の関連団体としては、「企業メセナ協議会（1990 年設立）」、「日本 IR 協議会（1993 年設立）」、「日本広報学会（1995 年設立）」などがある。

参考問題

問　パブリックリレーションズに関する次の記述（1〜3）について、そ
　　れぞれ適切（○）か不適切（×）かを判断し、その正しい組み合わ
　　せを選びなさい。

　　1.　パブリックリレーションズは、組織体が多数の人々の態度や行
　　　　動を意図的に、一定の方向に導こうとするコミュニケーション
　　　　活動を含む。
　　2.　パブリックリレーションズは、組織体がステークホルダーとの
　　　　双方向的な情報交換により、変化する諸環境に適応していくコ
　　　　ミュニケーション活動を含む。
　　3.　パブリックリレーションズは、組織体が「公共の利益」を念頭
　　　　において行うコミュニケーション活動を含む。

　　a.　1—○　2—○　3—×
　　b.　1—○　2—×　3—○
　　c.　1—○　2—×　3—×
　　d.　1—×　2—○　3—○
　　e.　1—×　2—○　3—×
　　f.　1—×　2—×　3—○

＜解説＞
　　パブリックリレーションズは、組織体とその存続を左右するステークホ
　　ルダーとの間に、相互に利益をもたらす関係性の構築・維持のマネジメ
　　ントである。2の、一定の方向に導こうとするコミュニケーション活動
　　は、プロパガンダ（意図的誘導）の考え方であり、パブリックリレーショ
　　ンズとは異なる。

　　　　正解：d

問　アメリカにおけるパブリックリレーションズの発展に関する次の記述のうち、最も不適切なものを選びなさい。

a. パブリックリレーションズがアメリカで生まれた背景には、アメリカ国民がヨーロッパからの移民で形成されたため、建国にあたり、民衆（パブリック）こそが政治の主体であるべきだというデモクラシー思想があった。

b. アメリカでは19世紀に入り、大衆向けの娯楽中心の安価な新聞や硬派の論説で売る新聞が発刊され、それぞれ影響力を持ったが、それに伴い新聞に対して記事材料を売り込むパブリシティの専門家が出現した。

c. "PRの父"と称されているアイビー・リーは、新聞記者からPRコンサルタントへ転身したが、企業に真実を公開することを勧め、ペンシルバニア鉄道が事故を起こした際には事故を隠すという鉄道業の慣行をやめさせ、オープンに取材させたことで、よい結果をもたらした。

d. アメリカが第一次世界大戦に参戦するに当たり、国民の意識を盛り上げるために「クリール委員会」が組織され、大衆向けのコミュニケーション活動を大規模に展開したが、これが今日のパブリックリレーションズ活動の基本となっている。

＜解説＞
　クリール委員会は、世論を一方的に誘導するプロパガンダ活動に近い。あらゆるメディアを駆使した大規模なコミュニケーション活動ではあったが、今日のパブリックリレーションズの基本とはならない。

　　　正解：d

第2章 企業経営と広報・PR

　21世紀の日本や世界の企業は、グローバル化や情報化が急速に進む非連続的な環境変化の中で、厳しい競争に直面せざるをえなくなっている。そのため企業は、M&Aや事業譲渡、新事業、ICT活用、組織・人材改革など、多くの経営革新に取り組んでいる。本章では、広報・PRと密接な関係にある企業を取り巻く環境とその中で求められる経営の方向性について概説する。

I 現代の企業と社会環境

　企業は、この地球上で暮らす80億人を超す人々の日々の暮らしを支える製品・サービスのみならず、健康から生き甲斐、明日の夢までも提供している。企業とは人々に、何らかの価値を提供する存在なのである。まずは企業と社会について考えてみよう。

1. 企業を取り巻く外部環境と内部環境

　ここでは、「市場」を念頭に置きながら、企業のポジティブな側面を広報・コミュニケーション活動によって活かし、より良い社会形成に貢献するための考え方や活動の意義を確認する。

(1) 企業の社会的影響力

　企業は経済学的には「資本をもとに購入した労働力・原材料・機械・土地などを用いて商品を生産し、市場において販売して利潤を得る」組織だとされて

いる。

　現実に今日の大企業は、大きな生産設備をもって世界中で生産活動を行い、商品を世界の果てまで届けている。それは企業が新しいモノやサービス、仕組みなどを作り出す力（イノベーション）を持っているからであり、その結果、人々の生活に必要な製品・サービスについて、原材料調達から生産・販売・廃棄に至るすべてのプロセスに企業が関与している。つまり、企業は世界の人々の生活や行動に圧倒的な影響力を持っているといえる。

(2)　世界の人々の耳目を集める企業の役割

　企業がこれだけ社会・経済への影響力を持つということには、ネガティブな側面もある。企業による資源採掘や排水・排気、人工物の廃棄は、大気や河川・海洋、生態系への直接、間接の悪影響を及ぼす。二酸化炭素の排出による気候変動の可能性拡大はその一例である。

　このように、企業はステークホルダーに対してプラス、マイナス両面で大きな影響力を持っている。したがって、世界の人々は企業に関心を持ち、期待を寄せたり、失望したり、時には非難・糾弾行動をとったりする。だからこそ、企業は自らの経営目的や事業活動の実態について、ステークホルダーにきちんと説明すること（説明責任）が求められる。言い換えれば、企業は、地球上のステークホルダーからの期待や批判に的確に対応する優れた経営戦略を持つだけでなく、その戦略や事業内容に関しても正確な情報を開示し、ステークホルダーからの理解や支持が得られるよう、的確なコミュニケーション活動を行うことが重要なのである。

　こうした企業と社会を結ぶコミュニケーション活動は、企業の存立をも左右する。その意味で、人事や財務、研究・開発、設計・生産、マーケティング、物流などの経営機能別の戦略と同じように、企業は「コミュニケーション戦略」を重要な経営戦略の1つとして確立し、ステークホルダーの要求やニーズに対応することが不可欠なのである。

(3) 企業価値実現への内外コミュニケーション連携

　近年は、ICT（情報通信技術）の急速な発達に加え、グローバル市場には非連続的な構造変化が起きており、より高度なコミュニケーション活動が求められている。資本、消費、労働、サプライチェーンの各市場における競争戦略において、価格や機能、品質といった評価軸だけではなく、企業の環境保全に対する取り組みや社会活動にかかわるレピュテーション（企業の評判）という評価軸も付け加えられるようになってきた。

　例えば、CSR（企業の社会的責任）の観点から、金融分野では SRI（社会的責任投資）や環境配慮型投資信託（エコファンド）などが導入されているし、環境配慮型融資やグリーン調達など、市場取引を基盤とした新たな企業選別の仕組みが増えてきた。さらに ESG 投資の導入も進みつつある。ESG とは、Environment（環境）、Social（社会）、Governance（企業統治：ガバナンス）の３つの領域を表す言葉で、企業が ESG の各課題に適切に配慮・対応していることを評価して融資や投資をすることによって、企業による地球環境問題や社会的な課題の解決・改善を促進しようとする仕組みである。このような仕組みは、資本市場の健全な育成・発展に寄与し、持続可能な社会の形成にも貢献すると考えられている。

2. 新たな市場における広報・PR

　今日では、グローバル企業のみならず、中堅・中小企業から政府や自治体、病院や大学、非営利団体に至るまで、広報・PR 部門に関連して、ブランド・コミュニケーション、インベスターリレーションズ、サステナブル活動などの機能を担う部門が強化され、経営課題と連動したトップ主導による戦略的コミュニケーション活動が行われるようになってきた。それは前述のように、21世紀の社会・経済環境が大きく転換し、企業が生んだモノやサービスの取引だけでなく、企業活動そのものを評価し、選別する新たな「市場」が誕生しつつあることが背景にある。

　顧客、取引先、株主、地域住民など外部のステークホルダーが企業活動を高

く評価し、積極的に経営資源を提供したり製品・サービスを購入したりすることによって企業価値は向上するのであり、同時に優れた製品・サービスを利用することでステークホルダーは利便性を享受することができる。このような「市場の進化」がCSR（第9章参照）をはじめとする新たなコミュニケーション活動への取り組みを要請しているのであり、グループ全社の各部門が連携したコミュニケーション活動を展開することによって、企業価値の向上を具体化していくことが求められている。

これまで広報活動を「社内広報」と「対外広報」とに分けて説明する場合が多かったが、従業員は労働を提供するだけでなく、顧客であり株主であり、地域住民でもある。したがって、社内と社外を統合し、組織横断的な観点で全社的なコミュニケーション活動を行うことによって、従業員自らビジネスの創造や業務改善を通じて企業の活性化を促進し、企業価値を向上させることを通じて、結果として市場や社会の進化にも貢献できるのである。

3.　コーポレートガバナンスとコミュニケーション

コーポレートガバナンス（企業統治）とは、ステークホルダーによって企業の経営を統制・監視し、企業の持続的な成長・発展を促進する仕組みのことであり、コミュニケーション戦略と密接に関係する。これについて概説する。

(1)　企業不祥事とコーポレートガバナンス

コーポレートガバナンスは、狭義では「企業に資金を提供した株主が、企業経営を委託した経営者に対して、経営方策をどのように決定しどうマネジメントしているか、その実行状況を管理・監督する仕組み」のことである。企業の不正行為を防止するだけでなく、競争力・収益力の向上によって、長期的な企業価値の増大に貢献することを目指す。ステークホルダーの統制・監視のもとで、企業が効率よく適切・健全に運営され、持続的な成長を遂げることで、社会の維持・発展につながる、という考え方といえる。

このような企業経営者を管理・監督する仕組みが作られるようになったのは、

企業が経済的にも社会的にも大きな力を持つようになったことが背景にある。企業の業績が悪化して倒産したり、大きな事故を起こしたり、欠陥製品によって消費者に被害をもたらしたりすれば、企業の所有者である株主ばかりではなく、その会社及びグループ会社の従業員から消費者、取引先、金融機関、さらには地域住民や行政機関に至るまで、社会全般に大きな影響を与える。株式を資本市場で公開している上場会社になれば、なおその影響は金融市場全体に広がる可能性がある。

　日本では、1990 年代後半に都市銀行の北海道拓殖銀行や大手証券会社の山一証券が破たんするとともに、多くの金融機関や企業が経営破たんし、その後の日本経済は長期不況に入った。アメリカでも 2001 年に大手エネルギー会社のエンロンが破たん、2002 年に大手通信会社のワールドコムが破たん、さらに 2008 年に投資会社のリーマン・ブラザーズが破たんし、「リーマンショック」と言われるほど世界経済の大混乱を招いた。近年では、企業の巨大化やグローバル化による多国籍化が進行しているため、市場の混乱の影響は世界中の広範囲に及ぶのである。

(2)　市場を通じた「よい会社」への期待

　経営の失敗は、経営者の経営能力が不足していたり、不適切な管理運営だったり、経営者が私利私欲に走ったりすることによって生じる。アメリカでは 1970 年代から経営者の統制が課題として注目され、1980 年代に、取締役会の委員会制度や社外取締役制度などが導入されてきた。イギリスにおいても、CEO（最高経営責任者）と会長との分離などの改革が行われてきた。

　各国の取り組みを背景にして OECD（経済協力開発機構）は 1999 年「コーポレートガバナンス原則」を制定したのに続き、2003 年に改訂を行っている。

　この原則によれば、次のような点が重要だとされている。

①株主の権利・利益が守られ、平等に保障されること

②株主以外のステークホルダーについても、円滑な関係の構築が企業価値向上には欠かせないため、その権利や利益が尊重されること

③すべてのステークホルダーの権利や利益が守られるために、適時適切な情報
　開示によって企業活動の透明性が確保される必要があること
④経営上の意思決定の鍵を握る取締役会・監査役（会）が期待される役割を果
　たせるよう適切な仕組みを構築すること
　さらに、2015年の改定では、主に下記内容が追加された。
①証券取引の国際化の進展により、規制当局に国際協力の視点が不可欠になっ
　たこと。及び、国境を越えた株主権行使にあたっての障害の除去
②技術の進歩に合わせたコーポレートガバナンスの見直し
③企業と投資家双方に情報を提供する議決権行使助言業者や格付け業者など業
　務の適正化
④企業の政治献金など非財務情報の開示促進
　上場企業がコーポレートガバナンスに期待されるこれらの機能を構築してい
くためには、それぞれの企業が実情に応じて最適の方法を選択し、現実に効果
を上げることが求められている。こうして企業が取り組んだ成果や課題の情報
開示を受けて、株主・投資者が投資判断を行ったり、株主総会で議決権を行使
したりするわけで、それは結果的に経営の意思決定に影響を与える。企業には、
自らの取り組みを自主的にチェックして改善に努力し、企業価値を高めていく
ことが期待されているのである。

(3) ディスクロージャーとコミュニケーション

　コーポレートガバナンスは、企業経営における不祥事の防止やより良い経営
判断を促す役割を持つだけではない。イノベーションを通じて新たな企業価値
を生み出しながら社会的価値を拡大し、結果として企業の持続可能性も高めて
いくような経営が期待されている。そのために、世界のさまざまな機関や団体
が合意した原則を参照し、自社の特性に合った仕組みを自主的に構築していく
ことが求められているのである。
　次に示した**図表2-1**は、コーポレートガバナンスにおける4つの構成要素
である「理念とリーダーシップ」「マネジメント体制」「コンプライアンス」「ディ

【図表 2-1　経済同友会が提唱した新しい「企業評価基準」の体系（2003）】

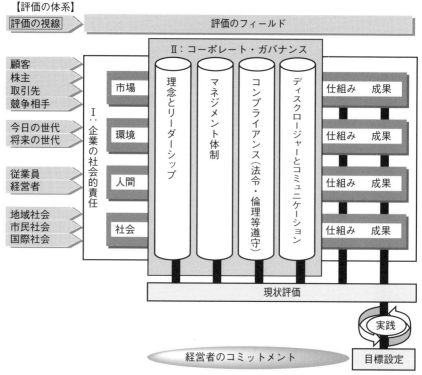

出典：経済同友会『第 15 回企業白書「市場の進化」と社会的責任経営』

スクロージャーとコミュニケーション」を示す経済同友会が提唱する考え方である。このような仕組みを通じて取り組まれた内容の現状評価と継続的な見直しを通じて、経営者の適正な意思決定も可能になる。

(4)　コーポレートガバナンスを実現する広報・PR 手法

　こうした取り組みを実現するための広報・PR の手法は、以下の通りである。
　まず、株主を含むステークホルダーとの円滑な関係を構築することが企業価値向上には欠かせないため、自社とそれぞれのステークホルダーとの関係を調

査し重要なステークホルダーを特定することが基本となる。

　次に、自社にとって重要なステークホルダーのすべての権利や利益を守るた
め、適時適切に情報開示が行われるよう、次のプロセスを設定する。

　①各ステークホルダーにとって重要だと考えられる情報を特定する。

　②その情報をステークホルダーが理解できる形式・表現に整理する。

　③各ステークホルダーに適切な伝達方法とその時期を特定する。

　④伝達された情報がどの程度理解されたか、フィードバックを求め確認する。

　この①〜④までのプロセスが不十分であれば、ふたたび①からのステップを
繰り返すことによって、取り組みの成果が出るのである。

Ⅱ　企業価値とステークホルダーの関係

　企業とは、その場に集まった人々が労働力や資本、技術などの社会的資源を
もとに、天然資源を組み合わせて、人間が求める財・サービスに加工したり販
売したりして成り立っている組織である。本節では、企業の「価値」とは何で
あり、ステークホルダーとどのような関係にあるのかについて概説する。

1．市場評価と企業価値

　経済活動は、人体における血液のように、企業や家計、政府などの経済主体
の間で循環しており、社会のさまざまな企業や個人と関わりながら、「資源採
取−生産−販売−消費−廃棄」という一連のプロセスを繰り返しつつ私たちの
社会を成り立たせている。市場に提供された製品やサービスは市場から有用だ
と評価されて初めて貨幣と交換され、企業は金銭的な価値を得ることができる。
すなわち、企業活動が成り立つためには、こうしたプロセスを担う人や集団の
協力が必要なのであり、日常的に行われている多数の取引プロセスにおいては、
良い財・サービスを購入して下さいという働きかけがある。その結果として取
引の意思決定が行われ、財・サービスが移動したり、貨幣と交換されたりして
いるのである。

2. 企業を取り巻くステークホルダー

　さまざまな企業活動に関わる人たちのことを「ステークホルダー（利害関係者）」といい、このステークホルダーと良好な関係を構築・維持することが、企業の健全な発展には欠かせない。企業ではその役割を本社や事業所のスタッフ部門が担っている。その中で広報・PR部門は、ステークホルダーとのコミュニケーション機能を活用しつつ企業活動との調整役として機能している。企業には「消費者・顧客」「株主・投資家」「従業員」「取引先」「行政機関」「金融機関」「地域住民」「NPO・NGO団体」など多様なステークホルダーが存在する。各ステークホルダーについて、日本の現状を考えながら説明していこう。

(1) 株主・投資家

　今日の経済活動の中核は「株式会社」が担っている。株式会社とは、①法人として事業能力を保有すること、②売買可能な株式を投資家に発行できること、③投資家は有限責任を負うだけであり、会社への出資分以上の損失をかぶらないこと、が原則である。

　2015年6月から東京証券取引所の上場規則として導入された「コーポレートガバナンス・コード」によれば、上場会社は、①株主の権利・平等性の確保、②株主以外のステークホルダーとの適切な協働、③適切な情報開示と透明性の確保、④会社の持続的成長と中長期的な企業価値向上に向けた取締役会等の責務、⑤株主との対話、という5つの基本原則を適用するよう求められている。

　本来、株式会社の出資者の責任は有限でありながら、配当を含めた株式価値を無限大に享受できるという仕組みになっている。そのため、収益や成長性だけを追求すると、株主や経営者・従業員の暴走につながる危険がある。そこで、この5原則のように、「適切な情報開示と透明性の確保」を踏まえた「株主との対話やステークホルダーとの適切な協働」が求められるのであり、このことが企業コミュニケーション機能を担う広報・PR部門に大きく関係する。

(2) 従業員（グループ企業を含む）

　従業員は企業活動を現実に担うとともに、社内事情をよく知る存在である。従業員の仕事の成果によって、消費者をはじめとするステークホルダーに貢献できることもあるし、逆に迷惑をかける可能性もある。したがって、従業員の意見を聴き、それを取り入れることは、働きがいを増すだけでなく、職場の活性化や企業業績の向上につながる。

　日本企業は、戦後の復興経済から高度成長の頃まで、職場の親睦会や運動会、文化・スポーツ活動などのイベントを通じて社内コミュニケーションを活性化してきた。しかし、派遣社員や臨時社員など職場の従業員構成が多様になり、グローバル化によって人種構成も多様化しつつある上に、職場に Web コミュニケーションが浸透した結果、組織のタテ割り化の現象が強まってきたといわれている（第 10 章参照）。そこで企業風土変革のために、トップ経営者と若手従業員が気軽に語り合う会を設けたり、社内セミナーや表彰式、女子会から育メン会まで、さまざまなコミュニケーション施策が試行されている。

(3) 消費者・顧客

　企業だけが商品の価値や消費者の需要について、多くの情報を持っていた時代には、消費者とのコミュニケーションは、マーケティング部門や営業部門が担ってきた。現在では、ネットや SNS を通じて、消費者の方が企業に劣らないほどたくさんの情報を持っている。消費者とより緊密なコミュニケーションをとることが、製品の改良や新製品の開発に役立つ時代になった。ネットを通じた消費者との双方向コミュニケーションがますます活発化する中で、消費者相談室、サステナブル経営、情報システム、物流など全社横断的な機能とも連携し、広報・PR の視点から問題解決に取り組む必要も出てきている。

　法人取引の BtoB 企業の場合は、法人顧客が営業の対象であり、直接的なコミュニケーションの対象となる。しかしたとえ部品メーカーであっても、自社製品のユーザーは最終消費者である。消費者・顧客を「生活者」として捉えて、総合的な観点からアプローチを試みる企業も増えてきている。

(4) 取引先

　取引先とは、原材料や部材・部品の仕入先や、供給先・販売先などである。かつては「ケイレツ（系列）」と呼ばれるような長期的な取引関係があったが、現在は独立的な取引に移行しつつある。

　一方、サステナブル経営の観点からは、サプライチェーン（原材料の調達から生産・販売までのプロセス）を通じた取り組みも必要とされ、取引先の事情を理解しておくことも求められている。仕入先が社会的責任に反するような行為をしていると、取引していたメーカーが非難される時代である。可能な限り企業情報を提供したり、社会貢献活動などに協力したりしながら、お互いにフェアな取引を行えるような仕組みを構築することが重要である。

(5) 地域住民

　企業の工場や倉庫など、企業設備の周囲には地域住民が存在する。企業の工場ができることで、そこで働く人々が雇用され、税金も納付される。ときには、企業が病院・スポーツ競技場・博物館などの公共施設を設置して、地域住民にも利用してもらうケースもある。しかし、企業の工場の廃棄物等によって、真っ先に影響を受けるのも地域住民である。高度経済成長期には、地方に企業が進出することで雇用や納税による地域開発が進むと歓迎されたが、一方で、工場公害の発生などの弊害も発生した。

　企業の社会的責任が問われる中で、企業は地域との交流や社会貢献活動を次第に充実させてきた。近年では、多くの企業が環境保全に取り組み、サステナブル活動の一環として、企業施設の開放や地域でのボランティア活動などに取り組んでいる。またこうした活動は、企業や事業所のレピュテーション（評判）を向上させることにもつながっている。

(6) 行政機関

　政府・中央省庁や地方自治体は、法律・条例、安全に関する規制などを通じて企業活動に直接・間接の影響を与える。企業は、事業活動のさまざまな側面

で、監督官庁へ法的に決められた届け出や認可など、法的な手続きを行わなければならない。法律・条例の制定・改廃は、企業の事業活動を左右する場合があり、ビジネスチャンスを広げることもあれば、リスクマネジメントの対象になることもある。

　行政機関は企業への事業発注者であり、製品・サービスの購入者でもある。また、県庁や市役所などの地方自治体や保健所、社会福祉協議会などは地域社会の主体の 1 つであり、消防署や警察署とともに、災害や事故や事件など危機発生の際には従業員の安全・衛生、事業継続などにとって重要な存在となる。

(7)　NPO・NGO 団体

　1995 年の阪神・淡路大震災では、その惨状を知って多くの人々が全国から被災者支援にかけつけた。このことが契機となり、日本でも 1998 年の「特定非営利活動促進法」（NPO 法）の成立以来、数多くの NGO（Non‐Governmental Organization：非政府組織）、NPO（Non‐Profit Organization：非営利組織）団体が誕生した。環境、医療・福祉、人権擁護、災害などの分野で企業を上回る活動をグローバルに展開する団体も登場してきている。

　2011 年の東日本大震災以降は、従来の金銭や企業製品などの寄付に留まらず、現地へボランティアを派遣したり、復興支援計画を立案したりノウハウを提供するなど、広範囲に渡って企業と共働して活動を行っている。

Ⅲ　広報・PR 部門の役割

　次に、広報・PR 部門がどのような組織になっているのか、そしてどのような業務を行っているのか、などについて考えていく。

1.　広報・PR の機能

　一般的に企業の広報・PR 部門は、本社の「コーポレート・スタッフ」に位置づけられている。コーポレート・スタッフは広報の他、経営企画、経理・財

務、人事・総務、法務、資材、情報システム、監査などで構成され、①経営補佐、②事業支援、③企業文化の維持、などの機能を担っている。

「経営補佐」とは、経営が直面する課題の解決に向けて、経営陣を支援し、企画する機能である。広報・PR 部門は社会環境の変化についてアンテナを張っている役割であるから、情報面から経営トップをサポートすることが求められている。「事業支援」とは、企業の信頼を構築することで、事業部門が実施する活動を支援したり、企業イメージなどの社会的反響をモニタリングしたりする機能である。また「企業文化の維持」とは、企業理念を社内外で共有し、社会の変化に対応して企業としての存立を確保していく職務である。広報・PR 部門は、これらのコミュニケーション機能を通じて、企業と多様なステークホルダーとの良好な関係を構築・維持していく役割を担っているのである。

2. 広報・PR 部門の組織的位置づけ

全ての企業に広報部（室）という名称の部門があるとは限らない。企業によっては、経営企画部、総務部、人事部、秘書部などの部門に所属する場合や、コーポレート・コミュニケーション部の中に広報課機能を置く場合もある。広報部門の名称や位置づけに違いがあるのは、各企業の経営戦略や経営課題の中で、広報・PR 部門が占める位置づけに違いがあるためと考えられる。

広報・PR の本来の業務内容は、企業のコミュニケーションに関する幅広い分野にわたっているので、近年、広報・PR 部門の組織編成は複雑化する傾向にある。コミュニケーション担当役員が複数のコミュニケーション関係部門を統括するように組織改革を行う企業もある。

3. 広報・PR 部門の業務

広報・PR 部門で取り組まれている業務は（**図表 2-2**）、報道対応、社内広報、危機管理などを中心として、社外情報の収集、ブランド戦略の推進、IR 活動、文化活動・社会貢献活動、各地域での広報活動、サステナブル対応、ソーシャルメディア対応、消費者対応、政府・行政機関への渉外活動などである。この

【図表 2-2　企業の広報・PR 業務概要】

パブリックリレーションズ活動	内容	例
インターナル・コミュニケーション	従業員とコミュニケーションをすること	社内報、イントラネット、提案箱
企業広報	製品・サービスのためだけではなく、全組織を代表してコミュニケーションすること	アニュアル・レポート、会議、倫理綱領、ロゴマーク、シンボルマークなどのビジュアル・アイデンティティ、企業イメージ
メディアリレーションズ	全国や特定地域の新聞・雑誌・ラジオ・テレビのジャーナリスト、専門家、編集者とコミュニケーションをすること。あるいはWeb を通じたコミュニケーションをすること	プレスリリース、新聞社等へのパブリシティ、動画によるニュースリリース、ブリーフィング、プレスイベント
B to B	仕入れや小売など他組織とコミュニケーションすること	展示会、ワールドトレードショー、ニュースレター
パブリック・アフェアーズ	地方や中央の政治家など世論形成者とコミュニケーションをすること。政治情勢を注視すること	プレゼンテーション、ブリーフィング、個人的接触、街頭演説
インベスターリレーションズ	金融機関ないしは株主・投資家とコミュニケーションをすること	ニュースレター、決算説明会、ロードショー
戦略的コミュニケーション	将来の組織目標に対する現状や問題、問題解決に向けた確認及び分析をすること	組織の評判を改善するためのキャンペーンの調査・計画・実行
イシュー・マネジメント	政治・社会・経済・技術に関わる経営環境を注視すること	国内外の政治経済や規制の動向の把握、消費者問題や環境問題の傾向把握と対応策の検討
危機管理	素早い事態収拾あるいは緊急時に明確なメッセージでコミュニケーションをすること	組織的な不祥事や製品回収などを想定した危機管理、クライシスコミュニケーションなど
メッセージ文作成	さまざまな聴衆に対して十分に理解できるよう主張を書くこと	プレスリリース、ニュースレター、Web ページ、アニュアル・レポート
出版管理	新技術を活用して出版等の手続きを管理すること	小冊子、社内誌、Web サイト
イベント管理、展示会	いろいろなイベント、展示会を運営すること	年次大会、ランチョンミーティング、見本市

出典：Fawks, J. (2008)."What is public relations?" in *Handbook of Public Relations*, 3rd Edition. A. Theaker (ed). London Routage. に加筆・修正

ほかに、IR 活動、広告・宣伝活動、社史編纂、工場広報、Web 対応などの担当を置いている企業もある。広報部の業務が報道対応中心の場合、人数は数人の企業も多いが、コーポレート・コミュニケーション部門としてサステナブル推進室や IR 部も抱えて総合的な活動を行っている企業では、100 人規模の専任スタッフを置いている。

　広報活動の方針としての目標は、エクスターナル（対外的）では「企業価値の向上」や「ブランド価値の向上」などがある。この場合の企業価値とは、財務的な株主価値だけではなく、顧客価値、従業員価値、取引先価値、社会コミュニティ価値などの総和である。これらの向上のためには、まずステークホルダーに認知され、好意的な評価を得て、信頼を構築することが前提となる。広報・PR 部門は、このような企業価値の向上に大きな役割を担っているのである。

　一方、インターナル（対内的）な目標としては、「社内・グループ内における一体感の醸成」や「所属企業に対するエンゲージメント（会社への思い入れや愛社精神）の向上」などがある。近年は、エクスターナルと一体化してインターナル・コミュニケーションを行い、ブランディング活動などをすすめる企業も増えている。

　企業広報の発展については、後述するが企業のコミュニケーション対象が次第に拡大されてきている。しかも前述のように、ソーシャルメディアが急速に発達しつつある今日、ステークホルダーを特定して情報伝達を試みることは困難になってきた。そのため、企業が重視するイシュー（課題）ごとにステークホルダーを捉え直してコミュニケーション計画を立案したり、多様な情報発信を効果的に組み合わせたりする企業も増えてきた。

4. 広報・PR 人材のキャリア形成

　欧米企業は、高いスキルを持つプロフェッショナルを採用する傾向があるが、日本企業は長年、大学・高校を卒業した「新卒」で入社して定年まで同一企業に勤務することを想定した労働形態であった。近年は転職者の割合が増加したが、それでも新卒採用は各企業の人事採用において大きな比重を占めている。

そして企業内の経営・事業に関する豊富な知識や人的ネットワークを獲得する目的で、人事異動を繰り返して複数の部門を経験することが一般的である。

　広報・PR 部門の担当者も、他部門の人員と同様に、複数の部門を経験してから配属され、数年のうちに人事ローテーションで他部門に異動する傾向がある。しかし、この方法では広報・PR の専門職が育ちにくい。世界的な企業間競争が激化し、M&A を含むグローバル戦略を推進していく中で、グローバル広報のニーズも高まっており、広報・PR を専門職として人材を育成したり、専門性の向上のため中・長期的なローテーションに配慮したり、という人事面の配慮を行う企業も現れてきた。

　また、近年は欧米企業のように、広報・PR の専門職を中途採用するケースも増えてきている。広報部の専門職としてだけではなく、課長または部長クラスが他業種の広報部長として迎えられたり、広報担当者が経営幹部に昇進するケースもある。

Ⅳ 日本の企業広報の歴史

　第 1 章で日本の広報・PR 活動の始まりについて説明したが、その後、現在のような幅広い領域のコミュニケーション戦略に至るまでには、紆余曲折の変遷があった。本節では、第二次大戦前の歴史は省略して、戦後の復興期から高度経済成長期を経て 1990 年代までの日本企業の広報史を振り返り、今日の広報・PR 組織や業務内容がどのように形成されてきたかについて述べる。

1. 高度経済成長と宣伝・広報の連動

　日本の企業組織に独立した広報・PR 部門が置かれたのは第二次世界大戦後、高度経済成長時代においてである。さらに経営機能の 1 つとして本社機構に位置づけられるようになったのは、企業批判が高揚した 1970 年前後のことである。経済環境と広報・PR の発展には関連性があった。

(1) 労使関係正常化のための社内 PR の導入

　敗戦後の経済復興の中で日本企業は生産力を回復しつつあったが、それでもまだ 1955 年頃の生産性は欧米に大きく劣る状態であった。日本企業の課題は、設備投資はもちろんのこと、教育訓練や人事・給与制度の整備を通じて新技術に対応できる大量の労働力を育成していくことにあった。また先鋭化した労働組合に対して労使関係を正常化するための施策などへの対応を迫られていた。

　このような中で、労務管理や職場活性化を目的として、戦後まもなくから企業で社内報の復刊や創刊が始まる。1946 - 51 年の間に 117 誌、また 1951 - 55 年の間には 272 誌が新たに刊行されている。社内報活動の取り組みが拡大したのは、1948 年 4 月に結成された日本経営者連盟（日経連）の支援が大きかった。日経連は 1951 年に経営視察団を訪米させ、従業員の尊厳を重視するヒューマンリレーションズ（HR）や PR の概念や手法を持ち帰り、1953 年には「PR 研究会」を発足させる。こうして 1965 年には 1000 社を超える企業が社内報を創刊するようになるのである。

(2) 経済成長とマーケティング概念の導入

　1954 年 12 月から 1957 年 6 月までの好景気は「神武景気」と呼ばれる。1956 年の『経済白書』には、「もはや戦後ではない」という名言とともに「回復を通じての成長は終わった。今後の成長は近代化によって支えられる」と述べられている。ここでいう近代化とは、技術革新だけでなく、新製品・新サービス開発から貿易構造の変化、労働力の再配置にまで至る経済構造の全体の変革を展望した内容であり、今日のイノベーションに相当する概念であった。

　この頃から日本に冷蔵庫、洗濯機、白黒テレビが普及しはじめ、これらは「三種の神器」といわれた。大量生産・大量消費の時代に入って家庭生活は変わり、進学率が急上昇し、鉄道網が延び、道路が整備され、職場の環境は一変した。

　旺盛な需要に応えるために、欧米の新しい技術や生産方式・経営管理の方法などを導入することが求められた。1955 年に日本生産性本部が設立されると、企業に海外視察を呼びかけ、10 年間にのべ 6000 人に上る経営者・管理職が欧

米の視察に参加したという。「マーケティング」という概念は、同本部の第一次視察団によって日本に本格的に紹介されたといわれている。

　またデミングやドラッカーなど経営の専門家も多数来日し、IE（生産工学）、QC（品質管理）などの生産分野から情報技術、原価管理、研究開発、国際金融など、経営機能を支える新技術の講習を次々と行った。

(3)　マスメディアの発達とパブリシティ

　1950 年代、新聞や雑誌は戦中戦後の緊急体制を脱し、徐々に回復して活発な活動を始めていた。例えば、朝日新聞東京本社版は 1952 年には朝刊が 4 ページ建てだったが、1959 年に週 1 回は朝刊 12 ページ建てとなっている。週刊誌の発刊も相次ぎ、1956 年には『週刊新潮』が創刊され、1960 年までに 13 誌以上が創刊された。

　テレビは、1953 年に NHK と日本テレビ放送網がテレビ放送を開始した。当初は「街頭テレビ」の前には黒山の人だかりができたが、1950 年代後半から家庭に普及していった。NHK 受信契約世帯は、わずか 6 年間で 866 世帯（1953年）から 200 万世帯超（1959 年）にまで急拡大している。

　当時は、総務部などに広報担当者を置く企業が増え始めた頃で、独立の広報部門があるのはごく少数の企業だった。鉄鋼など一部の産業では定例の記者会見が行われていたが、経営トップへの取材は、秘書課（室）を通すか、記者が直接会いに行くのが常であり、業績データなどは業界団体が発表していた。現在のような企業広報の業務は、あまり必要とされていなかったのである。

　さらに、1958 年 7 月から 1961 年 12 月まで続いた好景気は「岩戸景気」と呼ばれ、日本の高度経済成長に拍車をかけた。企業のマーケティング活動が一層活発になっていき、製品プロモーションの一環として、宣伝・販促活動が拡大し、新聞やテレビを中心とした媒体広告費が増加していく。広告宣伝に関連してパブリシティの担当を宣伝部門の中に設ける企業もあった。広告需要の増大、企業宣伝部の拡充、広告代理店の成長に伴い、多くの PR 会社が創業したのもこの時代である。1960 年代には「新三種の神器」の 3C として、車、カラー

テレビ、クーラー（冷房機）が普及し、大量生産・大量消費の時代が続いた。
マスメディアへのパブリシティを併用して知名度向上や売上増加を図るという
販促活動も盛んになった。

2. 企業の社会的責任への対応

　日本経済の高度成長は、人々のライフスタイルを大きく変えた。平均寿命は
1950 年には男性 58 歳、女性 62 歳だったが、大阪で万国博覧会が開かれた
1970 年には男性 69 歳、女性 75 歳へ伸び、健康に対する価値観も変わっていく。

(1) 高度経済成長の光と影

　高度経済成長期に、企業の新製品によって生活は豊かになったが、一方で人々
の生活に脅威を与えたのも、企業の工場排出物による汚染や食品の異物混入
だった。

　最大の問題となったのは、工場排水などを原因とする公害病の発生である。
1955 年には「イタイイタイ病」が社会問題化し、1956 年には「水俣病」が公
式確認され、1960 年代に入ると「四日市ぜんそく」(1961 年)、「阿賀野川水銀
中毒 (第二水俣病)」(1965 年) などが発生し四大公害病と称された。そのほか、
1955 年には、脱脂粉乳による食中毒事件や、ヒ素の混入した粉ミルクを飲ん
だ乳児に障害が出た「ヒ素ミルク中毒事件」などが相次いだ。1960 年代に入
ると、睡眠薬等を妊婦が服用したことで多数の障害児が生まれた「サリドマイ
ド事件」(1962 年)、工業用添加物が食用油に混入して摂取した消費者に障害
が出た「カネミ油症事件」(1968 年) などが発生する。

　健康被害の発生や消費者の被害を防ぐための行政施策として、1960 年には
「薬事法」、1961 年には「割賦販売法」、1962 年には「景品表示法」「家庭用品
品質表示法」が制定され、さらに 1968 年には日本の消費者政策の基本理念と
なる「消費者保護基本法」が制定され、さまざまな規制がかけられるようになっ
た。公害規制についても、1967 年に「公害対策基本法」が施行され、1970 年
に政府は総理大臣を本部長とする公害対策本部を設置して本格的な対策に乗り

出し公害関係14法が成立した。翌1971年には環境庁が設置され、1972年には初の『環境白書』が刊行される。世界的にもこうした潮流があり、同年、ストックホルムで「国連人間環境会議」が初めて開催され、国際連合による環境政策の検討が本格的に始まった。

(2) 反企業運動と経済界の社会的責任に対する認識

1970年には大阪で万国博覧会が開催され、約6000万人の入場者を記録する。日本経済はまだ成長を続けていたが、経済力が強くなった日本に対して、資本自由化や通貨変動制など国際市場からの圧力が年々強まるようになった。

1972年7月に「日本列島改造論」を旗印として田中角栄内閣が誕生し、公共投資を中心とする1973年度大型予算が編成されると、全国的な土地投機・地価高騰が加速していった。さらに1973年秋の第一次石油危機（オイルショック）で石油価格が4倍にも高騰し、物不足の深刻化や物価の急上昇を招いた。

この時期の経済的混乱に対して、マスコミ報道は大企業の対応の不備を追及し、行政に是正措置を求める傾向が強くなった。政府・行政機関も値上げ・買占めなどの疑いで総合商社の代表者を国会に参考人として呼んだり、石油会社の責任を問う発言が出たりした。コンシューマリズム（消費者運動の思想）の動きも活発化した。1970年には主婦連、生協連、消費者の会など消費者5団体がカラーテレビの二重価格問題で企業に原価公表を申し入れした。当時は家電量販店などはなくテレビは定価で販売されていたが、輸出用テレビが国内の定価より安く売られていたことで大問題になったのである。

これをきっかけに、再販商品（書籍、化粧品、医薬品など定価販売が義務付けられた商品）の不買運動や、合成洗剤の追放運動などが次々に立ち上がりはじめた。反企業運動の矛先は、石油、化学、電機、自動車、総合商社など、多数の大企業に向けられた。

こうした批判に対して経済団体連合会は、1973年の総会で「社会の要請に応えて、企業として負うべき責任を果たすことは、企業の大小を問わず、今後、我々企業経営者にとって特に重要な責務である。我々としては、この際、企業

の責任体制を自主的に強化し、増大する企業の社会的責任を全うするよう全力を挙げるべきである」との決議を採択した。経済同友会や日本商工会議所なども同様の認識を示す。この時期に経済諸団体から提示された企業行動に関する提言には次の７つの共通点があった。

① 企業利潤と社会的責任の両立

② 企業行動の自主規制

③ 対話の重要性の強調

④ 企業活動の公開

⑤ 社会的貢献指標制定の動き

⑥ 社会との対話や交流を担当する部門の設置

⑦ 利潤の社会的還元

　企業批判への危機意識を受けて各団体で検討されたこれらの改善提案は、2000年代になってCSRとして発展していく。

(3) 広報・PR部門の設置と消費者保護に関する法的整備

　1970年前後から上場企業には広報・PR部門が設置され始める。当初は独立した広報・PR部門は少なく、総務部や営業部、宣伝広告部などに課や係として設置されることが多かった。国民経済研究協会の調査によると、1970年から1974年までの５年間に「広報部門の新設及び組織変更をした企業」は216社中の56％に上り、その設置や変更の目的は「パブリシティ強化」と「マスコミ対応」で全体の69％を占める。企業が広報部門の新設・再編強化を通じてマスコミとの関係を構築し、社会ニーズや世論を収集すると同時に、マスコミを媒介して企業情報の伝達やイメージ向上を推進する機能を獲得しようと動き出したことになる。

　一方、消費者問題や公害問題に対する行政施策の整備も進んだ。消費者保護のためのクーリングオフ制度の導入（1972年）や「国民生活安定緊急措置法」（1973年）、「訪問販売法」（1976年）の制定などである。1973年には全都道府県に消費生活センターが設置された。また、大気・水質・生物などの環境調査

や規制が行われ、光化学スモッグや土壌汚染、地盤沈下などの公害防除から生活に身近な悪臭、騒音・振動、生活ゴミなどへの取り組みも進み始めた。

　同時に、企業活動の面でも、世界的な不況により企業は減量経営を強いられ、資源・エネルギーを多く消費する産業から、技術・知識集約型産業への転換を目指して、さまざまな取り組みを開始した。

3.「国際化」の中での「攻めの広報・PR」

　1980年代は、多くの日本企業が海外に進出して工場の生産拠点を設置する動きが活発化し、進出先の情報を収集することに熱心になった。経済もオイルショックの影響を克服して再び活況を呈し、積極的なコミュニケーション活動が行われた。

(1) 構造転換企業の経営革新への支援

　1980年代に入り、徐々に景気が回復してくるにつれて、先端技術やエレクトロニクス（電子部品）中心の企業が成長し、産業構造は「重厚長大」から「軽薄短小」へと構造転換が進んだ。また、流通部門などの第三次産業の従事者が急増してきた。さらに、円高や貿易摩擦への対応から、海外に生産拠点を移す企業が増大する。

　特に1978年に改革開放政策に転じた中国市場には、1980年代後半から大企業だけでなく中小企業も大挙して進出した。国内では、日本電電公社（現NTT）、日本専売公社（現JT）、日本国有鉄道（現JR）などの民営化が進められ、官製のインフラ設備が市場競争に突入するなど、これまでの企業経営の「常識」が変わってきた。

　こうした市場環境の中で、商品のもつ文化性が注目され、大量生産から多品種少量生産へとシフトするようになった。企業の文化性も志向されるようになる。また、海外進出した企業は貿易摩擦を避けて現地と融和することを求められ、コーポレート・シチズンシップ（企業市民）の概念が導入された。

　企業の広報・PR部門は、企業市民の活動として国内外での社会貢献（フィ

ランソロピー）や芸術支援（メセナ）、スポーツ支援などに協力したり、広報・PR活動の一環として取り組んだりするようになった。これまでの「お知らせ広報」や「守りの広報」から「攻めの広報」への転換であるが、その契機となりブームとなったのは「CI戦略」の導入であった。

(2) CI戦略の普及

CI戦略とは、コミュニケーション活動に主体をおいた全社的な経営戦略である。アメリカから導入されたCI（コーポレート・アイデンティティ）戦略は、経営革新と市場でのイメージアップを意図していた多くの大企業に歓迎され、「CIによる企業変革」の取り組みが始まった。CI活動は、統合的なコミュニケーション活動を主軸に試行されたため、多くの企業が広報・PR部門にその事務局を置き、企業単体だけでなくグループ企業を含めて取り組んだことから、広報・PR部門は経営トップと直結する部門として、スポットライトを浴びることになった。

当初のCIは、企業シンボルやロゴ、企業広告や社屋・施設、商品パッケージや名刺など、その企業を象徴する外形的なデザインをVI（ビジュアル・アイデンティティ）によって統一し、企業のステークホルダーに強い印象を与えようとするイメージ戦略ないしデザイン戦略であった。しかし、従来の事業領域（ドメイン）から新たな事業領域への移行を志向する企業や、事業を多角化したことで自社イメージの混乱に陥っていた企業などに歓迎され、企業の本質（アイデンティティ）を明確にする活動へと発展していく。

こうしてCI戦略は、従業員の全員参加による企業理念・ビジョンの見直しや、企業文化の確立・革新、ドメインの再構築など、未来戦略の構築から従業員の意識・行動変革に至るまで、多様な企業革新運動として取り組まれた。当時はバブル経済の最盛期であり、「感性の時代」に積極的に乗ろうとした企業は、CI戦略を積極的に導入し、ドメインをデザインで表現し、社会や市場に自社の存在をアピールしていった。

CI戦略は企業ドメインの構築や理念のシンボル化など、本質的な経営戦略ではあるが、わかりやすくて容易なため、ビジュアル面のデザインが優先され

た。そのためか、1991年のバブル崩壊とともにブームは急速に終焉する。

　しかしCI活動で重視されたコミュニケーション戦略は、21世紀になって、日本企業が本格的なグローバル戦略を展開するにつれて、再度注目を集めた。BI（ブランド・アイデンティティ）を取り入れたさまざまなコミュニケーションプログラムが立ち上がり、広報・PR部門と経営企画や総務・人事部門などが協力して、企業評価を高めたり、優秀な人材を確保するプロジェクトを行う事例が報告されるようになった。企業のコミュニケーション戦略が業績の向上につながっていったのである。

(3) バブル崩壊と広報・PR活動の拡充

　1980年代の日本経済は好調であっただけでなく、日本的経営スタイルや日本の企業システムの優位性が世界的にも注目を集め、アメリカ経済の生産性の低さと対比されて議論されることが多かった。『ジャパン・アズ・ナンバーワン』が世界的ベストセラーにもなり、カイゼン運動（小集団による業務改善運動）やTQC（Total Quality Control＝全社的品質管理）運動などの経営手法が海外から注目された。バブル景気の中で企業の業績も良く、日経平均株価は1989年末に4万円近くに達していた。

　しかし、1990年に大蔵省（当時）が不動産融資総量規制の通達を出し、大口融資に歯止めをかけると、それを契機として日経平均は暴落し、9月には約半値にまで下がり、地価も急速に下落した。いわゆる「バブル崩壊」であり、この後、日本経済は長期間にわたって低迷する。1990年代は、地価下落・景気後退が続く中で金融機関の不良債権問題が浮上し、大手から中小まで多数の金融機関が破たんし、それらをメインバンクとする企業にも大きな影響が出た。

　この時期には金融リスクが企業経営において顕在化し、大きな問題となった時代である。同時に、グローバル経済の進展により市場競争が激化し、行政・教育・金融システムの改革、経済・財政・社会保障の構造改革などが着手され、設備・雇用・債務の「3つの過剰」が指摘されるようになった。

　20世紀末の経営環境の変化は、広報・PR活動にもさまざまな影響を与えた。

企業の広報・PR 部門は、自社の情報を発信するだけでなく、政府の経済政策や経済・社会面でのさまざまな改革に敏感に対応し、より経営課題に即した統合的なコミュニケーション戦略によって自己変革を志向するようになった。広報部門の人員削減や社内報のコストダウンが図られる一方、広報部門の組織を改革し、IR、宣伝、広聴、文化・社会貢献、ブランド戦略など活動領域の拡大に対応して「コーポレート・コミュニケーション」を冠した部門名を採用する企業も現れた。広報責任者が経営会議に出席するだけでなく、役員に登用される例も見られるようになった。

(4) 広報・PR 活動の未来──持続可能な発展に向けて

　21 世紀の現代社会は、気候変動や生態系の毀損、資源制約などの問題のほか、人権・宗教・民族・健康・貧困・多様性確保などにおいて、さまざまな課題を抱えている。一方で、グローバル化や IT 化、さらには AI 導入の波は企業のみならず一般家庭にも急速に浸透しており、複雑で幅広いコミュニケーション活動が営まれている。

　現代社会において、組織がその目的に沿って持続的に発展し続けるためには、社会のさまざまなステークホルダーと相互の利害を調整し、より良い関係を築きつつ維持していくことが求められる。ステークホルダーとの相互理解を通じて強い支持が得られると組織は発展するし、逆に利害調整ができないと、社会的な批判や制裁を受けて組織存亡の危機を迎えたりする。

　この利害調整のプロセスは、企業とステークホルダーとの効果的なコミュニケーション活動を通じて行われるため、広聴活動や調査機能の強化が求められる。しかも、グローバル化により、ステークホルダーは世界の多様な人々を含むようになった。また従業員が顧客であり株主であり、地域の住民であり NPO 活動の参加者である、という場合も少なくない。ステークホルダー自身も、グローバル化し多様化しているのである。しかも、情報技術の発達を受けて、企業経営についての多様な意見や実態データを提供し、世界中に情報拡散することもできるようになった。

　こうした大きな潮流を考えるならば、広報・PR において、これまで実践の中で形成されてきた概念や手法、経験則などを振り返り、企業価値の向上につながる企業コミュニケーション活動とは何なのか、広報・PR 機能を経営の中に効果的に位置づけるマネジメントとは何かについて、各企業がよく検討する必要があるといえよう。

(5)　パーパス経営

　近年では、組織の存在意義として、「パーパス」を新たに設定する企業が増えてきている。これはハーバード・ビジネススクールのマイケル・ポーター教授らが 2011 年に提唱した概念で、社会的価値と経済的価値の両方を追求するという経営のアプローチである。日本でも、企業理念と併用して「パーパス」（組織の存在意義）を挙げる企業も増えており、三井住友トラストグループ、東京海上ホールディングス、リクシル（LIXIL）など、合併企業が多い。複数の企業が合併・統合した際、それぞれの企業理念は異なっているが、社会的に新しい方向性を示す必要があり、「パーパス」概念が活用されているようである。

　具体的には、三井住友トラストグループは、「信託の力で、新たな価値を創出し、お客さまや社会の豊かな未来を花開かせる」、リクシルは「世界中の誰もが願う、豊かで快適な住まいの実現」である。また、合併企業ではないが、味の素は「アミノサイエンス® で人・社会・地球の Well-being に貢献します」で、富士通は「イノベーションによって社会に信頼をもたらし、世界をより持続可能にしていくこと」をパーパスとしている。各企業とも、社会的な価値に注目した文言が多く、企業理念のように、従業員の幸福などに言及した内容ではない。だからこそ、パーパスを導入した企業でも、企業理念（または経営理念）と併用しているケースが多いようである。

　企業がパーパスを導入するメリットとしては、経済的価値の創出だけでなく、社会課題の解決が企業目的に含まれることで、従業員が自身の業務の意味や価値を感じやすく、仕事への意欲や満足度が高まる場合もある。さらに、顧客や社会からの信頼や支持の獲得につながることも期待されている。

参考問題

> 問　企業経営と広報・PR に関する次の記述のうち、最も不適切なものを
> 選びなさい。
>
>   a. 広報課題が多様化する中で、すべてのステークホルダーに対し
> て整合的に情報発信することを目的にした統合的な広報組織を
> 編成する場合、重要なことは、経営トップを含めていかに情報
> がスムーズに流れるようにするかである。
>   b. 文化支援、社会貢献、環境問題など、CSR 関連の業務範囲の
> 拡大に伴い、広報部門の名称をコーポレート・コミュニケーショ
> ン本部または部に変更する企業が、1980 年代後半から増え始め
> た。
>   c. 企業の危機を未然に防ぐ機能を果たす上で、コーポレートガバ
> ナンスの重要性が指摘されている。その際、コンプライアンス
> 確保に向けた取り組みと法令遵守を社内に徹底させることは、
> 広報部門だけの役割である。
>   d. グローバリゼーションが進む中で、経営活動においては多様な
> 文化の中での共生とともに、社内的にはダイバーシティの確保
> も要求され、それに応じた広報活動が求められる。
>
>
> ＜解説＞
> コンプライアンス確保に向けた取り組みと法令遵守を社内に徹底させる
> ことは、広報部門のみでなしうることではない。この活動は経営トップ
> が率先しリードしていくものであり、広報部門の役割は、経営トップの
> 意志を各部門と連携しながら効果的に浸透させていくことである。
>
>   正解：c

問　企業経営においてコミュニケーション活動の対象となるステークホルダーに関する次の記述のうち、最も適切なものを選びなさい。

a. 企業がさまざまなステークホルダーとの関わりを考えるに当たっては、自社を社会の中心において考え、従業員など身近な関係者から順番に対象としていくことが望ましい。

b. ステークホルダーの中で、自社の製品・サービスを購入してくれる「顧客・消費者」は、企業にとって使い勝手や品質の満足度の評価者にはなるが、専門家ではないので商品企画に参加してもらうことは考えられない。

c. どの企業にも共通するが、企業の業態や向かおうとする戦略方向、あるいは立地、置かれた時代環境などによって、ステークホルダーに対する優先順位は異なってくる。

d. 各ステークホルダーとの関係構築や維持に当たっては、企業として一元管理を行うことの重要性から、営業活動などごく一部を除いて、すべて広報・PR部門で担当する必要がある。

<解説>
a. 自社の存立は、社会との関わり合いの中で位置づけられるものであり、自社中心的な考え方では通用しない。従業員も重要なステークホルダーではあるが、外部とのバランスの中で考慮するべきである。
b. 専門的でない消費者の声が価値を生む場合も多々ある。
d. 広報・PR部門が、全ての対外的コミュニケーションを担当する必要はない。

正解：c

 第3章 広報・PR活動のマネジメント

　本章は、企業理念・経営戦略・経営ビジョン・経営計画などの各段階において、広報・PR活動をいかに計画・実践していくかについて、理解を深めることを目的とする。「広報は経営そのものである」という言葉があるように、広報・PRの全ての課題は本社スタッフ部門の活動と関連するだけでなく、経営の意思決定を行う、マネジメントにも直結している。

Ⅰ 経営における広報・PR戦略

　企業環境が激変する中で、広報・PRに求められている内容も自ずと変化してきている。情報通信技術が急速に発展し、さまざまなコミュニケーション手段が発達したため、企業や組織に求められる事柄や、コミュニケーションのあり方・考え方も抜本的に変わった。したがって、広報・PRの考え方や価値観も変えていかなければならない。

1. 企業理念と広報・PR活動

　広報・PRは経営の一環であり、企業理念と広報・PRの取り組みの基本的な方針、理念は整合性がなければならない。「広報は経営そのものである」という言葉を実践する場合、大きく分けて3つの側面がある。

　第1は、企業理念等で示された企業・組織の本質的意義を広報・PR活動が実践しなければならないこと、第2は、理念やビジョンを社内外にしっかりと示し理解されるよう取り組むこと、そして第3は、広報・PRの側から主体的

に働きかけること、である。企業理念や経営ビジョンで示すあるべき姿を実現するために、戦略策定に関わるだけではなく、企業理念に従った事業活動を実現するために、コミュニケーション活動の面から全社活動の仕組みを立案し、実践のリーダーシップをとることが、広報・PR部門の積極的な意義となる。

2. 企業経営と広報・PR部門の関係

　次に、広報・PRが具体的にどのような役割を担わなければならないのかを考えていこう。

　まず、企業経営における広報・PRの位置づけを明確にしておくべきである。広報戦略が経営戦略に基づいて展開されることは、経営の観点からは当然のことであるが、重要なことは業務を実践する上で、どの程度の創造的応用ができるかである。具体的には、経営トップ（CEOや社長）と広報部門との効果的な関係構築であり、広報責任者とトップとの距離感覚が重要になる。

　経営トップは最も重要な広報資源であり、優れた「広報塔」であることが理想であるが、必ずしも広報やコミュニケーションの専門家ではない。トップをはじめ経営層に広報・PRの意義や本質を理解してもらわなくてはならないケースも少なくない。そのためにも、経営層との密接な連絡・調整や打ち合わせをすることが極めて重要となる。広報が「情報参謀」として、日頃から経営に貢献する情報活動が求められるのは、こうした理由からである。トップと広報との適切な関係の築き方は、業種・業態・規模や企業組織のほか、その企業で広報・PR部門が担っている業務などによって、当然異なってくる。

　例えば、緊急の広報事案が発生した場合に、すぐに連絡・調整がとれるようになっていることが必要だといわれる（危機管理については第13章参照）。単に何らかの連絡手段があることだけを指しているのではなく、常に必要な情報内容をすばやく共有できる関係になっていることがより重要なのである。

　これは広報・PR部門が組織的にどのような位置づけになっているかという問題であり、またトップとの人間関係の構築にも関わってくる課題であるため、現実的に画一的な方法で解決できるものではないところが悩ましい。いずれに

しても、まずは、経営層との定常時および非常時のコミュニケーションの即応性やその形式・手段などを明確にしておくことが必須事項であり、その上にトップと広報・PR 担当者との信頼関係を築いておくことが求められる。

　次に、企業理念に沿った経営戦略と広報・PR 部門の戦略が、無理なく整合性がとれるように整備されていることが重要である。一般に広報・PR 部門の戦略（事業計画や中期計画なども含む）の策定については、経営会議等の意思決定機関の承認が必要になるはずである。それだけを取り上げると、経営戦略と広報・PR 戦略の整合性はとれているように見えるが、形式的な承認だけでなく、実質的な内容に踏み込んだ確認ができているかどうか問題なのである。

　また、戦略や計画を策定した後、つまり推進段階における進捗確認において、経営層との間で、しっかりと意思疎通ができているかも大切である。経営層に対してあまりに些末な報告は必要ないが、企業活動にとって本質的な問題を常に広報・PR 活動の中核において考えることが求められる。

3. 広報・PR 部門の機能

　近年、企業の広報・PR 部門では、広報と広告、広報と IR、広報とマーケティングなど、領域が重なる業務が増えている。コーポレート・コミュニケーション本部制を採用し、IR やサステナブル経営、採用、渉外、イベント運営から全社運動の運営や、出版活動までを担うケースもある。企業の経営戦略や方針によって、コーポレート・コミュニケーションのどの範囲を「広報部門」が担うのかは異なる。

　広報部門の組織のあり方を決める絶対的な基準は存在しない。1960 年代まで、総務部門や営業部門内の一組織として存在していた広報部門が独立部門として確立したのは 1970 年代であり、その後時代の変遷を経て拡充されてきた。21 世紀に入り、コーポレート・コミュニケーション部門体制を採用する企業も増えている。重要なことは、経営戦略をベースとしてその企業グループや事業会社が行うべきコミュニケーション活動全般の現状を整理・分析して重点分野を定め、広報部門の組織編成を考えるべきだということである。理想的には、

広報部門が全社的な広報活動をサポートするだけでなく、各事業会社や各部門のコミュニケーションの司令塔であることが望ましい。しかも危機管理の際は広報部門の活動は不可欠のものになる。

　広報・PR活動は組織横断的な情報の受発信を必要としている。情報を各部門間で共有するような「横串機能」はコミュニケーションならではの機能であり、「横串」の共有意識を働かせるのが広報パーソンらしさになる。組織の中でさまざまな重要情報を管理している部門の人々とネットワークを構築していくのが広報パーソンのスキルなのである。また各部門において、個々の従業員の業務の取り組みについての情報共有やサポートをすることも必要である。つまり、経営と一体となって組織の「タテ・ヨコ・ナナメ」の立体的なコミュニケーション活動を展開していくことを目指すべきなのである。

4．戦略レベルの広報・PR活動

　経営ビジョンや企業理念を策定することは極めて重要な取り組みである。ビジョンや理念を見直すタイミングにあった場合、その理念を考えるのは経営トップであったとしても、トップの意思をよく整理してわかりやすい言葉に明示してまとめる作業を広報・PR部門が担うこともある。ビジョンや理念を社内外にしっかりと説明して理解を得て、共感・浸透させていくことも重要である。また、全社・全グループコミュニケーションの基本となる「コミュニケーション方針」等を定めている組織もある。これは、対外的・社内的なコミュニケーションを行う際のよりどころとなる行動指針である。

　経営に直結し、広報的に重要な事項としては、M&A（合併＆買収）など企業経営の基本に関わる件、増資など株式に関する件（上場準備も含む）、主要工場の建設・撤退、商品開発・研究開発、トップの交代などがある。これらはIR（第11章参照）と重なる部分が多く、上場企業では、広報とIRが同じ部門であるケースは多い。また、ブランド戦略、マーケティング戦略や製品広報、新卒・中途採用の広報などは、ブランド管掌部門、マーケティング部門、人事部門との連動・協力・役割分担の上で進められている。サステナブル経営につ

いても、全社的な推進体制の中で、広報・PR 部門がサステナブル経営担当部門と協力・連携して進めている。

　また、対外的なコミュニケーション活動の月次レポートによる経営層への報告などといった管理業務など、日常的なレベルの広報・PR 活動は多い。危機管理の際の情報収集や情報開示も広報・PR 部門が取り組むべき課題である。

　要するに、全社のコミュニケーション活動を俯瞰した上で、柔軟かつ機動的に経営の観点で機能の範囲・役割を整理することがポイントである。多くの場合、必要とされる機能にしたがって組織は編成され、かつ改編されていく。常に全社的に必要とされるコミュニケーション活動とは何かという観点で全社の業務と広報の必要性を視野に入れ、広報部門としての役割と担うべき機能を見直すべきなのである。

Ⅱ PDCA によるマネジメント

　広報・PR 部門のマネジメントは、経営戦略に基づいて設定されるコミュニケーション方針を基軸として、中長期計画あるいは年度経営計画に基づいた広報・PR 戦略によって立案される。中長期の広報・PR 戦略の例としては、「株式上場」「新市場進出」「CSR／コンプライアンス」「レピュテーション／ブランド確立」など数年かけて達成すべきテーマが考えられる。また比較的短期間に集中して取り組まれるものとしては、「企業合併／統合」「グループ再編」「トップ交代」「新規事業進出」「新商品発表や業績開示」「事業撤退」など、経営にかかわる重要課題の解決や目的達成に向けた体系的な広報・PR 活動がある。

1. 広報・PR マネジメントの概念

　広報・PR 活動におけるマネジメントの概念を、組織の企業理念や経営計画との関係を考慮しながら表したものが**図表 3-1** である。

　ここでいう広報・PR とは、メディアや社員に情報提供するだけでなく、ステークホルダーとの間に継続的な信頼関係を築いていくためのもので具体的かつ先

【図表 3-1　広報・PR マネジメントの概念】

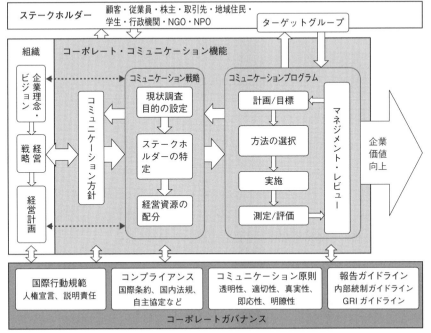

著者作成

を見越した行動である。そのことから、広報・PR 部門の活動対象となるステークホルダーは図の上部に描かれており、消費者・顧客、従業員、株主・投資家、取引先、地域住民、学生、行政機関、マスメディア、NGO/NPO など多様な人々や集団からなる。また広報・PR 活動を進めていく際に踏まえるべき発想や行動基準（コーポレートガバナンス）は、図の下部に示されており、戦略立案から日常行動まで必要な場合に参照され、組織全体としてステークホルダーに配慮した行動がとれるようになっている。

　ステークホルダーは、企業の多様な行動（その企業の製品・サービスやその広告、新聞・雑誌の記事、噂、トップが外部に示す理念や行動、社員の接客態度やサステナブル活動など）から自分なりの企業イメージや知識、評価を抱い

ている。そのようなステークホルダーが持つ企業イメージや知識、評価は、しばしば企業自身が認識する内容とギャップがある。そのギャップを知りかつ埋めていくのが広報・コミュニケーション活動である。認識ギャップがどの部分に、どの程度あるのかについて正確に認識し、それを埋めるための経営課題に基づいてコミュニケーション戦略が設定される。

コミュニケーション戦略を展開していくためには、経営陣と活動目的や対象ステークホルダーに関して合意し、広報・PR 活動を展開するのに必要な経営資源（予算や人員体制、設備・機材のほか業務委託先の選定等）を確保する必要がある。また広報・PR 戦略は、経営企画やマーケティング、財務、人事、総務、法務、サステナブル経営などコーポレート部門と密接に連携して進めることが求められるため、経営ビジョンや経営計画に準拠し、可能な限り明確な達成成果を想定しておくことが必要となる。

2. コミュニケーション戦略と PDCA サイクル

コミュニケーション戦略に基づいて、具体的な広報・PR 活動を進めるマネジメントを PDCA からなる 4 つのステップで行うのが効果的である。このことは、マネジメントサイクルや PDCA サイクルと称される。

PDCA サイクルは、組織における業務活動の品質を維持し、成果を継続的に向上させるための管理手法である。PDCA サイクルは、今日、生産管理や品質管理などから環境マネジメントや事務処理の場面まで、多くの職場で活用されているが、もともと、第二次世界大戦後に、品質管理の仕組みを構築したアメリカのデミングらによって提唱されたものである。広報・PR 業務は非定型の仕事が多いため適用しにくい面もあるが、戦略的なコミュニケーション活動を適切に進める業務運営のために必要になる。

広報・PR マネジメントは、狭義では、「計画／目標設定」から「広報・PR 手法／メディアの選択」「広報・PR 活動の実施」「活動成果の測定／評価」、「マネジメントレビュー」（責任者による見直し）に至る一連のステップを指す。

特に重要な経営課題を推進していくために、必要な場合は社内外の専門家を

含めた「経営目的を達成するためのチームを設定し、チームメンバーの役割を明確化しつつ有機的に連携させる」プロジェクト・マネジメントの手法を活用することもある。重要な経営課題であるほど専門知識やネットワーク（人脈）が求められるからである。このような複合的なコミュニケーション戦略は、今日では行政組織や病院、大学などの非営利団体の経営でも活用されてきている。

　前述したPDCAサイクルの各段階は、以下のように説明できる。

Plan（計画・目標設定・方法/ツールの選択）：実績や達成目標などをもとにして、課題を達成すべくコミュニケーション計画を作成する段階

Do（実施・実行）：計画内容に基づいて、実際のコミュニケーション業務を行う段階

Check（測定・評価）：コミュニケーション業務を行った結果を測定したり分析したりして、計画と比較して何が良かったのか、何が悪かったのかを評価する段階

Act（処置・改善）：評価結果をもとにして計画達成状況を確認し、何をどのように改善すべきかを検討する段階

　このような一般的なPDCAサイクルは、一種のフィードバック手法である。実施した結果を測定・評価し、事細かく計画を修正していく進め方が特徴であり、この手順を何度も繰り返して業務品質を順次向上させていく手法である。

　この手法はルーティンワークで処理できる広報・PR活動にはうまく適用できる。しかし、重要かつタイミングを必要とする経営課題を扱うコミュニケーション戦略の場合は、失敗する可能性をできるだけ事前に排除しておかなければならない。また判断の時機を逸してはならない場合もある。そのような場合には、ステークホルダーの特性・ニーズ調査や認知ギャップ調査を行って現状分析したり、目的達成のための手段（代替案）を全て列挙して、投資額や効果、問題点などを数値化したり、これらのデータに基づいて最適な計画案を決めるなどのプロセスを設定する必要がある。このように広報・PR案件によって、PDCAサイクルの適用分野を仕分ける必要がある。

　また広報・PR活動は、ステークホルダーとの関係性に依拠するため、社会・経済状況によってその成果が左右され、同一行動が逆の結果を招く場合もある。このため事務処理のようにPDCAサイクルを機械的に適用するのではなく、社会・経済状況や対象となるステークホルダーの見解や世論を常に注視しつつ、広報・PR案件を取り巻く状況分析を行うことから始める必要がある。

3. カトリップの「PRマネジメントプロセス」

　戦略的・実践的なPR活動においては、ただちにPDCAサイクルに基づいた業務から開始するのではなく、現状分析からスタートする「APDCサイクル」を基本にする必要がある。カトリップらの『体系パブリック・リレーションズ』

【図表3-2　パブリックリレーションズの4ステップのプロセス】

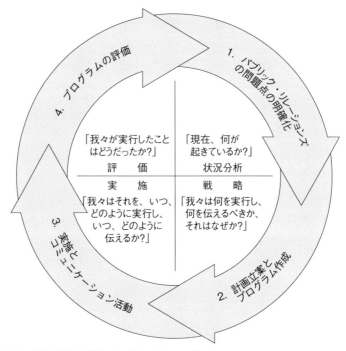

出典：カトリップ他『体系パブリック・リレーションズ』

に図表3-2のような概念図をもとにしてPRマネジメントが示されている。

第1ステップは「問題点を明らかにする」段階である。組織とステークホルダーの間にどのようなコミュニケーション上のギャップ（認知や認識上の問題）が生じているのかを調査・分析し、コミュニケーション課題を明確化することがポイントとなる。日本企業の多くがこの第1ステップを重要視しない傾向にあるが、コミュニケーション課題を明確にすることこそ、広報・PR戦略立案の基礎に他ならない。

第2ステップは「計画を決定しその具体化を図る」プランニングの段階である。第1ステップで得られた戦略的視点からの情報をもとに、コミュニケーション対象を絞り込んで目標を具体化し、最も適切なコミュニケーション手法を選択して具体的な行動や日程・人員・予算などを決定していく。コミュニケーション課題に応えるために、メッセージ（事実や主張内容）についても検討し決定することになる。

第3ステップは「コミュニケーション活動を実践する」段階である。計画目標を実現するために、どのようなステークホルダーに対して、いつ、どこで、どのような機会やメディアによって、メッセージが届いたかが問われる。

第4ステップは「成果を測定し評価する」段階である。クリッピングや各種記録などをもとに、準備から実行に至る実践の結果を測定し、評価する。コミュニケーション課題によってマネジメント・レビュー（経営陣による見直し）を担当する階層や頻度は異なる。広報・PR戦略は適宜、経営会議や取締役会で検討され、改善が図られる。定型的な個別案件は部門内で検討され、次のコミュニケーション活動に活かされることになる。

このような循環的な業務が広報・PR活動のマネジメントでは要求される。広報・PR活動が双方向コミュニケーションであることは、社内外のステークホルダーと相互に情報をやりとりすることを意味するだけではない。フィードバック回路を内部業務構造に組み込むことは業務改善に役立つだけではなく、ステークホルダーからの批判や認識ギャップがあるときには、経営戦略や企業活動の見直しを検討することも必要になる。

Ⅲ 広報・PR 活動の調査分析と計画策定

　広報・PR 活動も他のさまざまな経営活動と同様に、戦略的な見地から運営されるが、この活動を業務の流れという観点から、より具体的に眺めてみると、**図表 3-3** のようなコミュニケーション・プロセスを想定することができる。経営戦略を背景として、広報・PR 計画に基づいてコミュニケーション活動を行い、報道などを通じてステークホルダーの態度や行動に変化が見られるというプロセスである。

1. 調査分析の必要性

　広報・PR 戦略や広報・PR 活動を立案する際には、マーケティング戦略の立案に市場調査や顧客調査が不可欠なように、ターゲットとなるステークホルダーの意見やニーズ、またステークホルダーを取り巻く情報環境を分析して、ステークホルダーの実態を把握することが重要になる。

　21 世紀を迎える頃からマスメディアの構造や政治・社会・経済構造に変化が現れ、近年はグローバリゼーションによりその変化が加速している。役員・従業員の価値観や属性も急速に多様化し、人々の意識や行動が変わり、時代が

【図表 3-3　広報・PR 活動のプロセスと目標設定の関係】

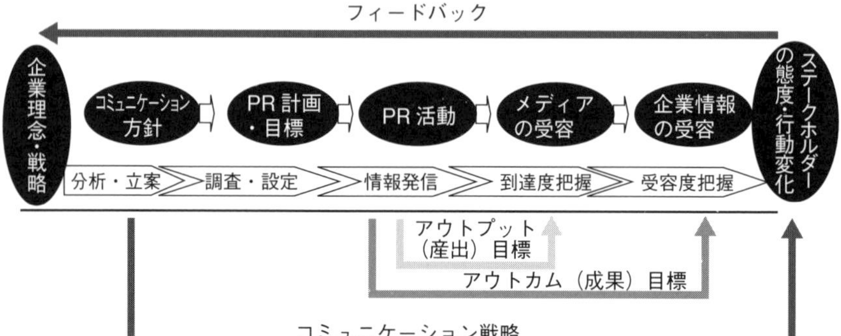

著者作成

変化している。

　これまでの広報・PRや企業コミュニケーションの考え方では、企業を中心に置いてその利害関係者（ステークホルダー）を周辺に丸く並べた図形がよく用いられてきた。しかし各々のステークホルダーを分ける境界が消失してきている場合も多くなってきた。例えば、2001年から導入された確定拠出年金を導入した従業員の場合、投資の連用の仕方によって受取額が変わるため、次第に投資家としての意識を高めていく。従業員は被雇用者であるだけでなく、投資家としての利害意識を持つようになる。

　すなわち、グローバル化やAI利用が急速に進展している今日、ステークホルダーの範囲や特性は驚くほど変容しつつあり、多面化・重複化してきたのである。孫子が「敵を知り、己を知れば、百戦危うからず」と述べたように、コミュニケーションの対象となるステークホルダーを複数の視点から正確に把握し、自社の強みや弱みと合わせて両者の関係性を的確に分析することが、経営戦略及び経営計画を効果的に実現させ、企業価値を向上していく道となる。

　近年、特に重要視すべきなのは、従業員やグループ企業関係者、取引先など、いわゆる「ウチの会社」「ウチのグループ」にかかわる人々の価値観や行動の多様化である。例えばトップの失言が企業存亡の危機を招くだけでなく、ひとりの従業員の行動や発言も企業行動への疑念を高め、場合によればレピュテーションを下げる契機となる可能性もある。従業員は身近な関係者であるが、その意識変化を捉えていくことが求められよう。

2.　調査分析の手法

　調査分析は、情報の整理から始まる。まず外部環境として、①マクロ環境分析（グローバル社会及び国内の政治・社会・経済動向など）、②競合分析（目標・経営戦略、事業動向、コミュニケーション評価など）、③ステークホルダー分析（自社との関係性、属性、見解、ニーズなど）を行う。次に内部環境として、④自社・グループ分析（経営戦略、広報・PR戦略、事業動向、広報・PRの目的や評価など）に関して、**図表3-4**のような手法で調査を行う。

【図表 3-4 広報・PR 戦略立案の際に検討すべき調査方法（例）】

ステークホルダー	主な調査方法	主な調査内容
マスコミ	インタビュー／論調分析	・広報テーマ注目点・注目理由
オピニオン・リーダー、官庁・議員	インタビュー	・企業／団体イメージ評価 ・評価要因（含む競合）
アナリスト	インタビュー／論調分析／アンケート調査	・事業／広報活動評価 ・評価要因（含む競合） ・認知経路・ニーズ
株主、取引先、顧客、地域住民、一般生活者	インタビュー／グループインタビュー(座談会)／アンケート調査	・企業／団体イメージ評価 ・評価要因（含む競合） ・事業／広報活動評価 ・評価要因（含む競合） ・認知経路・ニーズ
経営陣・社員	インタビュー／グループインタビュー(座談会)／アンケート調査	・企業／団体イメージ評価 ・評価要因（含む競合） ・将来強めたいイメージ項目・強み ・弱みとなる事業活動 ・事業／広報活動評価・評価要因（含む競合） ・社内広報ツール評価 ・現状の企業風土・将来目指したい企業風土 ・ニーズ

出典：電通パブリックリレーションズ編著『戦略広報』

　このような本格的な調査は、企業コミュニケーション全般の課題に対応する状況分析を行うことになるため、顧客窓口、IR、グループ・社内広報、広告・宣伝、ブランド管理、情報管理、工場総務などから、マーケティング、技術開発、調達、環境、品質、安全管理などに至るまで、グループ全社各部門の協力を得る必要がある。

　広報・PR 部門が行わなければならないのは、マスコミやアナリストを対象とする「報道状況分析」や「論調分析」に加えて、従業員や顧客などの SNS への書き込みをトレースしながら行う社内・グループ法人の「コミュニケーション状況分析」である。

　広報・PR 活動において、「第三者が見た自社の姿」を知ることはコミュニケーション・プログラムの課題を抽出するために不可欠となる。自社に対して取材

や分析を行うマスコミ記者や編集者、アナリストに対する「ヒヤリング／イン
タビュー」も課題の抽出に効果的である。

　さらに、多面的なステークホルダーへ効果的に情報を伝えるツールとなる
「ニュースリリース」や、各種「コーポレート・レポート」「Web サイト」、事
業活動や CSR 関連の資料類、また年々増加する各種データ類の様式や表現方
法、それらが意味するメッセージ内容の正確性や適切性、明瞭性などを評価・
改善し、その提供先や提供方法についても点検しておくことが求められる。

3.　広報・PR 活動の計画

　広報・PR 活動の基本的なアウトラインが確定したら、経営戦略を具現化し
たコミュニケーション方針に基づいて、「広報・PR 目標」と「広報・PR 計画」
を策定しなければならない。それは組織メンバーの能力や志向、行動特性など
をよく把握し、彼らが能力を最大限発揮できるよう経営資源を適切に配分し、
ステークホルダーに向けた彼らの活動を効果的に進め、その成果を正しく評価
する基準を与えるためである。

　より良い計画を立案するためには、今後はどのような社会経済状況の中で計
画を実行していくことになるのか、マクロ的なデータを収集・分析し、自社の
経営目標と照らし合わせて検討することから始めるとよい。計画とは、課題解
決に最もふさわしい活動をどのように組み合わせるかを決定することである。
また計画が適切な内容であるためには、その時々の問題への対処方策やアイデ
アだけではなく、達成すべき内容や目標が明示され、担当者やメンバーに共有
されていなければならない。

　その計画の明細をより具体的に表すために、責任者・業務体制、実施テーマ、
日程、実施手段、達成目標などの要素をもとに実行の手順を記述したものが、
コミュニケーションプログラムである。コミュニケーションプログラムを具体
的に定めることによって、計画通りに手続きが進められているかどうか、その
活動が目標達成に適切か、また業務品質を確保できるかどうかなどについて、
より効果的に検討することができる。さらに、広報・PR活動はステークホルダー

との関係性だけでなく、コミュニケーションを媒介するマスメディア自体の特性や、記者・編集者のタイプにも依存する。

　また、広報・PR 活動計画を効果的に進めていくのがマネジャーの役割であることを考えると、計画内容が適正かどうか、体制や責任は明確化され、計画相互の関連はとれているかどうかなども十分に検討しなければならず、計画途上での経営環境や情報環境の変化にも目を配る必要がある。そうした計画立案のポイントは**図表 3-5** の通りである。

4.　アウトカム及びアウトプット目標の設定

　計画を立案する際には、できるだけ具体的な目標を設定することが重要である。計画（Plan）と目標（Goal）は、実施（Do）内容を指示し、測定・評価（Check）し、見直し（Act）をする際の基準となる。数値など具体的な達成基準が設定されている方が、監査したり、測定したりすることが容易になる。

　広報・PR の「目的」が広報・PR 戦略の達成を目指して設定される「広報・PR 活動の到達点」とすれば、広報・PR の「目標」は、広報・PR 戦略の目的

【図表 3-5　広報・PR 計画立案のポイント】

①データ収集	計画達成に必要な情報は全て収集され、すぐ参照できるよう整理されているか
②データ分析	組織へのプラス、マイナスの影響を検討し、今後のトレンドと PR 目標との関係を研究したか
③課題と機会	分析結果をもとに十分な討議を行い、何が課題で何が機会（チャンス）かについて明確にしたか
④過去の事例	過去のプログラムや記録をチェックし、類似の成功・失敗の事例はないか
⑤他社の事例	競合他社や他企業に類似の事例はないか
⑥将来の動向	現在の問題状況だけでなく将来のトレンドについて検討したか
⑦代替案評価	現行のプログラムだけではなく、代替案は複数ある。それぞれの代替案のプラス、マイナスを評価したか
⑧選択の決定	代替案の絞り込みの際に、PR 目的と PR 手段を取り違えていないか
⑨影響度評価	特定のプログラムを実施する際にプラス要因、マイナス要因の比較検討を行ったか
⑩計画の実施	必要な準備を整えたか、関係するメンバーに十分に周知されているか、進行途上で問題は発生していないか、計画修正や追加作業、追加投資の必要はないか、計画中止を考慮する必要はないか

を達成するために設定される、具体的なパフォーマンスのことである。

　このパフォーマンスには、直接的な産出物（アウトプット）と間接的な成果物（アウトカム）とがあり、例えば、ニュースリリースを配布して記事が掲載されたり放映されたりした場合にその産出されたものを「アウトプット」、その記事を読んだステークホルダーが何らかの態度や行動の変化を示した状態（関心を持ったり自分の行動を変えるなど）を「アウトカム」（成果）と言う。

　また、掲載記事数などに基づく報道分析データによる「アウトプット目標」を設定することもよく行われている。定量的な数値や指数によるデータをとると、前年対比や他社比較も可能になる。さらに、報道結果のみに注目するのではなく、報道された結果、対象ステークホルダーにどの程度の態度・行動変化が現れたのか、その「アウトカム（成果）目標」を設定する企業もある。アウトカム目標を設定する際は、ターゲットの認識や行動の変化をとらえる必要があるため、マーケティング・リサーチの手法が活用される場合が多い。

　いずれにせよ、できるだけ定量的な目標を設定して、目標と実績の差を確認して問題点を発見し、課題解決につなげていくことは、広報・PR活動を改善していくための基礎データとしてきわめて重要である。

Ⅳ　広報・PR活動実施の留意点

　広報・PR活動が「経営戦略そのもの」であることを体現していくためには、ステークホルダーやメディア関係者だけでなく、トップ（CEOや社長）の信頼を獲得する必要がある。そのために必要な行動原則は以下の通りである。

1．問題意識の共有

　行動原則の第1は、経営上の問題意識を共有することである。

　組織内外の公式、非公式の調査やヒアリングを通じて、組織の現状と社会とのギャップをできるだけ正確に把握するとともに、トップの現状認識や危機意識も真摯に学ぶことである。トップと直接接触することが難しい場合には、トッ

プの意を受けた役員や幹部から説明を受けたり、社内講話や社外での講演、インタビュー記事なども参考となる。食事などの同席や出張での同行などを利用して、できるだけ直接話を聞くのが望ましい。

2. ステークホルダーの特定

行動原則の第2は、コミュニケーション・プログラムの対象者を特定し、その実像をできるだけ具体的につかむことである。ステークホルダーを絞り込み、優先順位付けができれば、メッセージやコピーの内容、デザインなども明確に決めることができる。またステークホルダーは常に変化していることを考慮すべきである。ステークホルダーごとにその関心事や利害は異なるし、争点や渦中の問題によって関心事も対応姿勢も異なることにも留意すべきである。

3. 柔軟な業務推進体制

行動原則の第3は、可能な限り柔軟な業務体制を組んでおくことである。

インターネットの発達やSNSの普及などにより、情報伝達のスピードや伝達プロセスは格段に速くなっている。また、グローバル化に伴って企業活動は24時間体制になった。したがって、トップへの報告や依頼にも素早く対応できる体制を整備しておく必要がある。

報道発表（情報開示）とともに取材対応が必要になることもあるし、速報による短縮されたメッセージが関係者の誤解を招くこともある。広報・PRの仕事は、ステークホルダーがどのように受け止めるかを常に意識しておくことが求められる。社内または社外にモニターを設けておくことは有用である。

4. 日常業務のシステム化

行動原則の第4は、日常業務をシステム化することである。広報・PR部門の業務は、企業活動に関わる情報収集・分析とその情報受発信のためのコミュニケーション活動、そして戦略や計画・目標立案／改善のための調査活動などから構成されている。こうした業務のシステム化とは、以下のような業務シス

テムが確立されているということである。

①広報・PR 計画や目標に沿った手順・手続きが確立されている

②一定の能力か役割があれば誰でも確認できる

③広報・PR プロセスやパフォーマンスの記録が確認できる

④経営環境や情報環境に応じて素早く見直す仕組みが含まれている

　このようなシステムを自社内で構築することが難しい場合には、広報・PR 業務のアウトソーシングを検討する方法もある。PR 会社などの専門家に業務委託する方法で経営戦略と連動したコミュニケーション戦略を重視する場合には、コンサルティングの実績をもつエージェントを選ぶべきである。

5.　スピーディな報告と定期的な報告

　行動原則の第 5 は、広報・PR 活動の内容をトップに定期的に報告して、どのようなパフォーマンスを発揮しているのかを認識してもらうことである。経営会議や取締役会に定期的に報告することも制度化しておくとよい。

　企業活動はあらゆる側面で透明化が求められている。広報・PR 活動も例外ではない。そのことは、組織の外部から要請されているだけではなく、組織内部の意思決定者や関連業務担当者（特に海外担当者）からも要求されている。

　広報・PR 活動だけでなく、IR 活動やサステナブル活動など戦略的コミュニケーション活動において、ステークホルダーの認識や評価が企業価値の形成に重要な影響を及ぼすことが関係者にわかっていても、組織内部（グループ会社やサプライチェーンの関係者も含む）の役員や従業員は社会的視点で自社像やイメージを把握することができない場合が多い。このため、メディアの報道やステークホルダーからの意見・要求を彼らに的確に伝えることが重要になっている。自社に関わる情報を共有でき、必要な対応やコミュニケーション活動が迅速に行えるよう、トップや従業員に、適切な報告を行うことが望ましい。

　トップ経営者にとって「耳の痛い話」や「マイナス情報」は聞きたくない情報でもあるため、担当者から上申するのが難しい場合が多いが、それは広報・PR 担当者がトップ経営者との間に十分な信頼関係を築けていないためである

ことが多い。経営学者のドラッカーが指摘するように、「コミュニケーションは受け手から始まる」のであり、広報・PR 担当者はまず「信頼関係の構築のための会話」から始めなくてはならないのである。

Ⓥ 広報・PR 活動の効果と評価

　前述したアウトプットやアウトカムの評価意義については、半世紀以上前にドラッカーが『現代の経営』（1954 年）の中でマネジメントの役割の１つとして指摘している。PR 先進国のアメリカでも取り組みが始まったのは、1977 年にアメリカのメリーランド大学で開催された「PR 効果測定全国会議」が最初の試みとされている。その後、1982 年に PRSA（アメリカ PR 協会）が主催するシルバー・アンビル賞（優れた PR プログラムに贈られる賞）の選考基準にプログラム評価が取り入れられたことや、企業が PR プログラム効果の定量データを要求しだしたことなどを契機としてアメリカ企業でも普及が始まったが、そのアメリカでも測定・評価手法が確立されたとはいえず、PR 効果の測定技術はまだ発展途上である。

1．効果測定・評価に対するニーズの高まり

　経済広報センターの「企業の広報活動に関する意識実態調査」（2018 年）によると、広報部門が日頃抱えている悩みとして 71.4％の企業が「広報活動の効果測定が難しい」を挙げている。これは目標設定とも関連するが、広報計画に従った定量的な目標設定が行われていないと効果測定も不十分な結果になるからである。また広報活動を測定する指標としては、「新聞等に報道された文字数、行数、頻度」（51.2％）や「記事をプラス、マイナス、中立などに分類し測定」（22.1％）を採用している企業が多い。その一方、「特に指標はない」とする企業も 24.2％ある。この他の指標としては、「自社で定期的に行っている企業イメージの調査結果」24.9％、「マスコミ各社が行う企業ランキング調査の結果」22.5％、「マスコミ各社の注目度」19.2％、「株価の動向」12.2％、「他社・他団

体による PR・広告・宣伝関連の表彰」10.3%、「求人に対する応募状況や学生の人気ランキング」9.4%の順である。

2.　各種手法の特徴と留意点

　経済広報センター調査で第1位の「文字数、行数、頻度」による分析は、「報道分析手法」の基盤となるデータであり、効果測定を実施しない場合でも記録しておくべきデータである。このデータを単純集計しただけでも、広報活動を振り返る際に役立つので、最も活用されているデータといえる。多くの企業では、このデータをもとに、記事のアウトプット（量的側面）に注目し、その件数や量（記事量や発行部数など）を何らかの指標に換算しているが、その中で最もポピュラーなのが、記事スペースを同一媒体・紙面の広告費に換算する「広告換算手法」である。

　広告換算手法では、記事と広告との印象やインパクトの違いが考慮されていないことなどから、近年、国際的な会合でも使用すべきではないとの意見も有力になりつつある。ただし、広告費換算によりマネー（金銭的価値）を共通尺度にすることができるため、他社分析をしたり海外拠点との比較をしたりする場合などには便利な手法である。

　さらに記事内容に着目して、報道記事にプラス（好意的）、マイナス（否定的）、中立といった定性分析を行って指標化する「論調分析手法」もある。これは、経営戦略の転換、M&A や危機管理など、経営の重要局面の折に、経営方針や企業姿勢がどう評価されているか、コミュニケーション戦略の実効性を検討する場合に有効である。ただし、メディアの論調と重要なステークホルダーの見解や行動が異なる場合があるので、十分留意しなければならない。

3.　評価調査の基本ステップ

　カトリップの『体系パブリック・リレーションズ』には、PR プログラムを評価する際には、**図表3-6** のような 10 ステップを踏むことが示されている。

　プログラム評価は、担当者が異なれば異なる意味を持つ。ある人にとっては

「業界の表彰状」であったり、クライアントからの賞賛の手紙であったりする。また、専門団体や地域団体からの講演依頼であったり、新聞・雑誌記事のクリッピング冊子であったりするかもしれない。

　しかし、第三者にとって唯一意味がある評価は、組織の認知向上や世論や態度変化、行動変化などのような科学的基準によるデータである。特に公共政策や社会問題に関する専門家やジャーナリストにとっては、経済的、政治的、社会的変化の信頼に足る具体的証拠が重要なのである。

　図表3-7 は、同書の効果測定の基本概念であり、主に「準備評価」「実施評価」および「効果評価」の 3 要素から構成されている。このうち準備評価が前述した「プロセス評価」に対応し、実施評価が（報道記事などを活用した）「アウトプット評価」、そして効果評価が「アウトカム評価」に当たる。

　また**図表3-7** には、プログラム評価の段階やそのレベルが示されている。この順位は、典型的な場合には有用であるが、問題解決や社会の変化状況によっては十分なものではない。プログラム評価において共通する最大の失敗は、実施評価の基準を効果評価の基準に代用してしまうことである。担当者が、リリースを送った、小冊子を頒布した、会見を行った、などの回数は、人手や予算をつければつけるほど増えるものであるが、必ずしも、効果とは比例しない。

　いずれにしても、今後、コミュニケーション戦略や広報・PR 活動が経営活動とのリンクを強めれば強めるほど、広報・PR 効果測定の意義は大きくなる。

【図表 3-6　PR プログラム評価ステップ】

> 1. 評価の活用法と目的に関する合意を形成すること。
> 2. 評価することに対する組織的保証を行い計画に忠実な調査を行うこと。
> 3. 各部門において評価調査の合意を形成すること。
> 4. 計画（プログラム）の目的は、観察でき、計測しうる要素で書くこと。
> 5. 最も的確な基準を選択すること（目的を意図する成果で表現する）。
> 6. 事実収集の最善の方法を決定すること。
> 7. 計画（プログラム）記録を完全にとること。
> 8. 評価結果を活用すること。
> 9. 評価レポートをマネジメントにつなげること。
> 10. 専門家の見解を付加すること。

出典：カトリップ他『体系パブリック・リレーションズ』に加筆、修正

自社に合った適切な効果測定を行い、広報・PR業務が適正な評価を得られるように工夫すべきであるといえよう。

【図表 3-7　PR評価のレベル概念】

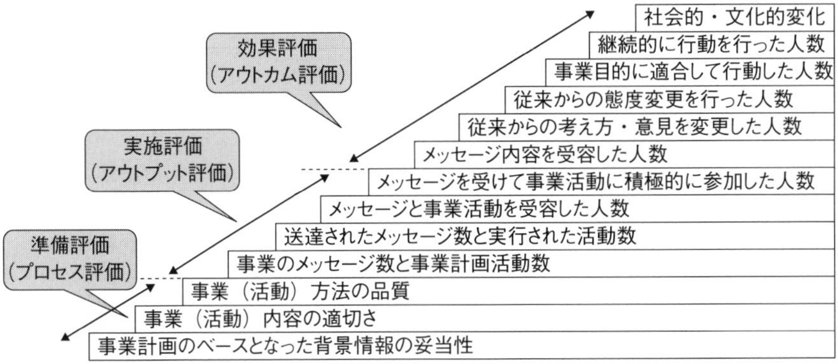

効果評価
（アウトカム評価）

実施評価
（アウトプット評価）

準備評価
（プロセス評価）

社会的・文化的変化
継続的に行動を行った人数
事業目的に適合して行動した人数
従来からの態度変更を行った人数
従来からの考え方・意見を変更した人数
メッセージ内容を受容した人数
メッセージを受けて事業活動に積極的に参加した人数
メッセージと事業活動を受容した人数
送達されたメッセージ数と実行された活動数
事業のメッセージ数と事業計画活動数
事業（活動）方法の品質
事業（活動）内容の適切さ
事業計画のベースとなった背景情報の妥当性

出典：カトリップ他『体系パブリック・リレーションズ』に加筆修正

 参考問題

問 PDCA（Plan Do Check Act）サイクルに関する次の記述のうち、
最も不適切なものを選びなさい。

　　a. 組織における業務活動の品質を維持し、成果を継続的に向上さ
　　　せるための管理手法である。
　　b. 予算達成目標を大幅に上回る業績をもたらすための経営手法で
　　　ある。
　　c. 品質管理の仕組みを構築した、アメリカのデミングらが提唱し
　　　たマネジメントの手法である。
　　d. 実施結果を測定・評価し、計画を修正していく経営のフィード
　　　バック手法である。

＜解説＞
　b 以外は全て適切である。PDCA サイクルの効果により業績へのよい影
響が出ることは考えられるが、それを目的とした経営手法ではない。

　　正解：b

問 広報・PR活動の戦略立案の際に検討すべき、ステークホルダーと調査内容に関する次の組み合わせのうち、最も不適切なものを選びなさい。

    a. 一般生活者　－　自社の企業イメージ
    b. 社員　　　　－　自社の企業風土
    c. アナリスト　－　自社の社内広報・PRツールに対する評価
    d. マスコミ　　－　自社が行う広報活動への評価

＜解説＞
　c.アナリストの役割は、証券市場において企業と市場との間にあって、企業の適正な株価形成を支援することである。社内広報やPRツールの在り方には関与しない。
　d.広報・PR活動の現況についてメディアの記者や編集者の意見をヒアリングすることは、1つの調査方法である。

　　正解：c

 # コミュニケーションの基礎理論

「コミュニケーション」という言葉は日常的に、いろいろな人間関係において用いられる。企業によっては広報部門が「コーポレート・コミュニケーション本部」だったり、宣伝部門が「マーケティング・コミュニケーション本部」だったりする。この「コミュニケーション」の概念を理論的に考えてみよう。

Ⅰ　コミュニケーションの基本

　世の中にあふれている雑多な情報を収集し、頭の中で認識し、自分の体験と結び付けて理解し、記憶し、他人に発信するのが情報の生産である。コミュニケーションの定義や語源とは次の通りである。

1.　コミュニケーションの定義
　コミュニケーションとは「身振り、言葉、文字、画像・映像などを媒介として、知識、感情、意思などを伝達し合う人間の相互作用」（『社会学小辞典』有斐閣）と定義される。人間社会における情報の生産（＝収集、処理・加工、蓄積、発信）や、伝達・交換、受容（受信、脳内での処理・加工、蓄積）などの過程を示す。
　政治家のスピーチ、教会や教壇での講義、家族や友人との雑談など、全てがコミュニケーションであり、電話やネットなど「メディア」を通じて行われることもある。メディア等を通じて発信された情報を受信した人は、受け取った情報を認識し、理解し、記憶する。即座に次の発信がなされて双方向のコミュ

ニケーションが行われることもあれば、情報の生産から受容への過程が一方向の場合もある。情報内容が正確に伝わるかどうかは、発信者の意図、発信者と受信者の信頼関係、コンテクスト（文脈）の共有度合、受信者の理解力など、いろいろな側面によって決まる。だからこそコミュニケーションは複雑で、正解は1つではなくケースバイケースといわれるのである。

2.　コミュニケーションの語源

　「コミュニケーション」の語源は、キリスト教の聖体拝領や聖餐などを示すラテン語の「コミュニス（Communis）」に由来する。イエスは信徒と同じテーブルでパンと葡萄酒を分け合うことで教えを「伝えた」のである。さらにいえば、このラテン語の語源は古典ギリシャ語の「コイノーイア」であり、古代ギリシアでは家族や仕事仲間などの共同体を意味したという。こうした語源からも明らかなように、情報が伝達・交換され、コミュニケーションの受信者がその情報を理解し、情報の発信者と情報を共有することでコミュニケーションは成立する。コミュニケーションの対象は、家族間や友人間、職場の上司と部下や同僚、取引先や消費者など、さまざまなレベルがある。いずれの場合でも、送り手が情報を受け手に伝え、送り手と受け手が相互に情報を理解することがコミュニケーションなのである。

　コミュニケーションを行うことは一種の社会的な情報行動である。相手に何かを伝えようとする気持ちと、何かを聞き取ろう（あるいは読み取ろう）とする気持ちが相互に機能し合うことで可能となる。その際、送り手と受け手が情報環境を共有していないとコミュニケーションは成立しない。例えば、首をタテにふれば肯定の意味を示す、という共通理解のもとでは、簡単に同意の気持ちを伝えることができるが、諸外国には首をヨコにふる行為が肯定の意味を示す国もある。送り手と受け手の文化習慣が異なっていると、「異なっているのだ」という情報を共有しない限り、相互の理解は進まない。つまり、送り手と受け手が社会的背景と情報環境を共有していることが、円滑なコミュニケーションの第一歩なのである。

3. コミュニケーション理論の誕生

　コミュニケーションを最初に理論化したのは、数学者のシャノンであり、1949 年にウィーバーと共著でコミュニケーションモデルを発表したことが、情報理論の幕開けとされる（**図表 4-1**）。情報通信について、情報を記号化し、記号化された信号をメディアが送信し、受信者が記号化された情報を元の内容に復元する、というプロセスをモデル化した。送信者が送ろうとした情報を受信者が完全に受け取るわけではなく、間にノイズ（雑音）が入るという概念が今日的といえる。

　また、マクルーハンは 1964 年に「メディアはメッセージである」と主張し、それまで媒体と考えられていたメディアの社会への影響力を論じた。メディアの発達による「グローバルビレッジ（地球村）」という概念を提唱するなどして注目を集めた。

　シャノンやマクルーハンの理論は、21 世紀に入ってインターネットなどの新しいメディアが活用されるようになっても、基本概念は古くなることなく、しばしば引用されている。コミュニケーションとは日常的な動作だけでなく、このように学問的に研究分析する対象であるということを、広報・PR 担当者は知っておいてほしい。このほかコミュニケーション理論には、人間同士の関係を扱う社会心理学や、企業の組織心理学、マス・コミュニケーション理論、情報通信論、異文化コミュニケーション論、カルチャー論、マーケティング・

【図表 4-1　シャノンのコミュニケーション・モデルの基本概念】

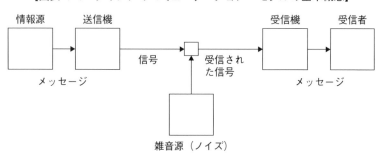

コミュニケーション論など、さまざまな分野があるが、本章ではマス・コミュニケーション理論に絞って解説していく。

Ⅱ　マス・コミュニケーションの歴史

　現実的な広報・PR 業務においては、マスメディアを経由した情報発信が大きな割合を占める。そこで、次に「マス・コミュニケーション」はいつから始まったかについて、基本的な流れをまとめておきたい。近年はネット社会の進展によってコミュニケーションのあり方が大きく変わったが、歴史的な流れを押さえておくことで、目先の変化に惑わされることなく、今後の方向性を考えることができるはずだ。

1.　マス・コミュニケーションの始まり

　マス・コミュニケーションの発達した地域は、経済活動が活発な地域である。市場が活性化すれば、必ず情報に対する需要が生まれ、各時代の先端技術を活かしたコミュニケーション方法によって、多数者に伝える工夫が生まれるからである。

　したがって、多数の受け手に情報を伝える、という観点で「マス・コミュニケーション」の歴史をたどると経済史を遡ることになり、紀元前の古代エジプト文明から始まる。当時は「クライヤー（叫び屋）」という人間メディアがいて、王の発布する法令を触れて回ったり、貿易船が港に着くと海外の名産品を宣伝して回ったりした。

　このクライヤーという専門職人は中世ヨーロッパまで引き継がれ、目立つ格好をして鐘を鳴らし、広場など人が集まる場所で公的な情報を口頭で伝達した。印刷技術がなく識字率が低かった時代に、重要なマス・コミュニケーションの役割を果たしたといえる。中世のフランスでは、ワインクライヤーなど業界ごとの組合があって、国王の認可機関だったという。現代ではこの制度は廃止されているが、2015 年 5 月にイギリスでプリンセスが誕生した際には、中世の

衣装を着てクライヤーに扮した男性が産
院前で祝福の鐘を鳴らして御誕生を告
げ、世界中のニュースになった。

　その後、手書きメディアが登場する。
13世紀末にはジェノバやヴェネツィア
（イタリア）などの商人が、地中海貿易
の覇権をとって手書きのニュース新聞を
販売している。それまでイスラムのラク
ダ隊商らが独占していた「情報」が、経
済的な付加価値を生むニュースとして西
欧社会に流通し始めたのである。

タウンクライヤー（観光客向けの扮装）
出典：アマナイメージズ

　14世紀後半にはハンザ同盟（ドイツ北部）の全盛期となり、アウグスブル
グ（ドイツ南部）のフッガー家が世界の情報を収集し、顧客への情報提供サー
ビスに活用している。そうした経済環境の下で、ライン河に沿って繁栄したマ
インツ（ドイツ中部）で、15世紀半ばにグーテンベルクが印刷技術を発明し
たのである。当時のマインツは神聖ローマ帝国の最重要都市の1つとして政治
的権力があり、産業や交易が栄え、織物職人や金細工職人のギルド同業者の自
治団体が組織された先進都市だった。グーテンベルクは金属加工職人で、ワイ
ン製造所の小型圧縮機をヒントにして活版印刷機を作成したといわれている。
彼はラテン語の聖書を印刷し、それまで3年かけて写本されていた聖書複製の
常識を覆した。もっとも当時は識字率が低く、印刷工は先端技術の専門職であっ
たので製造コストが高く、教会で司教の説話を聞く機会の方がはるかに多数者
の受容する「マス・コミュニケーション」だったので、グーテンベルクは印刷
技術を商業的に成功させることなく生涯を終えている。しかしその後、この印
刷技術によって聖書が市民に普及するようになり、16世紀の宗教改革へとつ
ながっていくのである。

　なお、中国では8世紀の唐時代に木版印刷の技術が発達し、仏教の経典など
が印刷された。日本にも飛鳥時代にその技術が伝わり、770年に法隆寺へ納め

られた「百万塔陀羅尼（ひゃくまんとう・だらに)」は現存する世界最古の印刷物
といわれている。

2.　近代新聞の発刊と大衆化

　世界最初の印刷された定期刊行物としての「新聞」は、17 世紀にアウグス
ブルグやライプチヒ（現在のドイツ）で創刊されている。当時の商業取引の中
心地である。

　17 世紀には、イギリスでも数多くの週刊新聞が発行されるようになった。
そして 18 世紀初めの経済発展を背景として大規模な流通網や社会資本が整備
され、大衆が「知的消費」を行う手段として政党新聞やゴシップ紙の発行が相
次いだ。当時、経営情報を公開して商談する場や、事業内容を説明して出資を
募る場所は、イスラムを起源とする「コーヒーハウス」だった。ここは企業家
や投資家が情報を交換する場であるだけでなく、実業家の社交の場であり、証
券取引所や海上保険会社の先駆けにもなっていく。同時に記者が経済情報を取
材する場であり、新聞を無料で閲覧できる場でもあった。

　つまり、コーヒーハウスは市民の情報拠点であり、情報を収集・生産して多
数者に発信するというマス・コミュニケーションのための「公共圏」を提供し
たのである。そしてイギリスが「世界の工場」と呼ばれるような産業革命の中

で商業広告は急増し、政府
や政党からの支援・検閲を
受けない独立した「新聞」
が増加していく。当初は新
聞広告には税金がかけられ
ていたが、徐々に引き下げ
られ、19 世紀半ばには撤
廃された。こうして新聞産
業は新しいマス・コミュニ
ケーションの媒体（マスコ

コーヒーハウスの店内の様子
出典：WikimediaCommons

ミ）として急激に発展していった。

　一方、アメリカは18世紀半ばに独立してから経済発展を続け、19世紀後半の南北戦争後には一気に成長し、識字率も高まった。新聞産業も興隆し、紙面は大衆化路線をたどる。二色印刷が可能となり、黄色い服を着た少年（イエローキッド）の漫画が連載された。大手二社が部数拡大主義で俗悪な内容を掲載したため、それを揶揄して「イエロージャーナリズム」という批判も受けた。サーカス興業師のバーナムは、「お金がないから広告が

イエローキッド
出典：アマナイメージズ

打てないのではなく、広告を打たないからお金がないことに気づけ」と言ったというが、当時の広告には倫理規定もなく、彼の広告にはサーカスの見世物小屋など非人道的な写真や合成画もあり、非難の対象となった。

　こうした時代背景の中で、1906年にアイビー・リーが世界最初のPRオフィスを開設し、「正直な等身大の情報発信」を広報の課題として挙げたのは画期的といえよう（第1章参照）。

3.　通信社とラジオの誕生

　19世紀にロスチャイルド家は一族が欧州各国に分散して事業を拡大しており、親族間で迅速に情報交換を行うため、伝書鳩を飼って連絡手段にしていたというのは有名な話である。当時は伝書鳩が最も早い情報通信ツールだった（日本の新聞社も1960年ごろまで伝書鳩を活用していた）。

　19世紀半ばにプロイセン（現在のドイツ）政府が電信線を商業通信用に民間開放したことで、通信社が開設される。そうしてヨーロッパの都市間に通信網が敷かれて遠距離でも瞬時に情報が伝達できるようになったのである。

　20世紀初頭にはメディアが多様化し、写真・映画・ラジオなどが商業利用されるようになっていく。特にラジオの実用化は、広い国土に住む国民が一斉に同じ音声を聞くことができるメディアとして画期的な技術革新だった。1929年の世界大恐慌後、F. ルーズベルト大統領が公共事業による経済復興を図る

ため、ラジオで語りかけて国民の理解を促
したのは有名な話である（第1章参照）。
自由放任主義の市場経済に政府が介入して
財政政策を導入することや、銀行の安全性
を訴えて金融市場の預金取り付けを防止す
るために、彼はラジオの定期番組で親しみ
を込めて語った。大統領が自宅の暖炉の前
にいるような口調でプライベートなことや
愛犬の話をしながら国民に語りかけたラジ

ラジオで語るルーズベルト大統領
出典：WikimediaCommons

オ番組は「炉辺談話（Fireside chat）」と呼ばれる。F.ルーズベルトは記者会
見を定例化するなど、国民とのコミュニケーションの拡充に熱心だった。

　「19世紀は新聞だが、20世紀はラジオである」と言ったのは、ナチスドイツ
のヒトラーであり、1933年にラジオ演説によって選挙戦を行い、ナチ党は高
得票を得た。ヒトラーが政権についてからはラジオをレストランなど公共の場
に設置させている。音楽などの娯楽放送の合間に演説を行うなど、大衆向けの
マス・コミュニケーションによって巧みに世論を誘導したのである。

4. テレビ時代の幕開けと技術の発展

　20世紀の半ばに世界でテレビの実験放送が始まり、日本では1953年に
NHKが日本最初の地上波の本放送を
開始した。テレビ受像機は高額だった
ため、駅や公園などに「街頭テレビ」
として設置されており、番組はほぼ全
て生放送で、相撲・プロレス・野球な
どのスポーツ中継が多かった。1950
年代、テレビは電気冷蔵庫や電気洗濯
機と並ぶ「三種の神器」となり、各家
庭の電化製品の1つとして普及してい

街頭テレビの聴衆
出典：Ⓒ朝日新聞社/アマナイメージズ

く。1960 年にはカラー本放送が開
始し、東京オリンピック時に一気に
浸透した。1969 年に日本はテレビ
受像機生産台数が世界１位になって
いる。

　1960 年、J.F. ケネディが新しいメ
ディアであるテレビの特性を活かし
て大統領選に勝利したのは有名な逸
話である。アメリカ初のテレビ討論

暗殺直前のケネディ大統領
出典：WikimediaCommons

が行われ、民主党のケネディと共和党のニクソンが演説を行った。ニクソンは
現職の副大統領で知名度が高く、当日の討論をラジオで聞いた聴取者への調査
ではニクソン氏の支持がやや優勢だった。しかし、テレビで映像を見た視聴者
への調査ではケネディ氏の支持が多かった。ケネディ氏はスーツの色やメイク
の方法などテレビ映えを意識しており、結果的に史上最年少で選挙戦に僅差で
勝利したのである。そして 1963 年、ダラスでオープンカーに乗ってパレードし、
テレビ中継されている最中、狙撃されて死亡した。テレビ時代の幕開けを象徴
する大統領だった。

　日本では、1984 年には NHK が世界初の BS 試験放送を始め、1989 年に本放
送を行っている。1991 年には日本初の民間衛星放送局の WOWOW が、放送
衛星「ゆり３号ａ」を使って本放送を開始した。1996 年には、通信衛星「JCSAT-3」
を使って日本初の CS デジタル放送「パーフェク TV ！」の放送が開始される
（1998 年に「パーフェク TV ！」と「Ｊスカイ B」の運営会社が合併し、「スカ
イパーフェク TV ！」）。2000 年からは BS デジタル放送が始まっている。

　2003 年、地上デジタル放送が関東・中京・近畿の三大都市圏を皮切りにスター
トする。デジタルテレビが登場し、2006 年には 29 都府県で地上デジタル放送
の携帯・移動端末向けサービス「ワンセグ」本放送がスタートする。そして
2011 年には、地上アナログ放送と BS アナログ放送が終了した（岩手・宮城・
福島の３県では、東日本大震災に伴う電波法の特例で 2012 年３月まで延長）。

こうしてテレビの技術は進化して、いつでもどこでも、たくさんのチャンネルでデジタル放送を楽しめる時代になったが、皮肉なことに、テレビ技術の進歩とともにテレビ離れは進んでいる。現在では、特に 10〜30 歳代においてはインターネット利用者がテレビ視聴者を上回っている。

5.　インターネットの始まりと普及

　1958 年、アメリカ国防総省に、最先端科学技術を軍事的に利用するための研究組織として高等研究計画局（ARPA＝Advanced Research Projects Agency）が設置された。東西冷戦時代のソ連（現ロシア）に対抗するための軍事開発だったので、ネットワークの一部が攻撃されても対応できるよう、中央管理型でなく分散管理型のシステムを開発した。1969 年には世界初のパケット通信ネットワークである ARPANET（Advanced Research Projects Agency Network）の実証実験が行われ、1970 年代に入ると、開かれたネットワークの概念が広がり、複数のコンピュータを接続した通信実験が始まった。

　1986 年には、学術研究用のネットワーク基盤として NSFNet が作られ、軍事用の ARPANET から分割された。同じころ、日本国内では、1984 年に慶應義塾大学・東京工業大学・東京大学がネットワークで接続され、国内の大学や企業の研究機関を接続した「JUNET」ができ、実験的なインターネットが始まったが、当時は電電公社以外が通信線を引くことは法律違反だったため、本格的な普及には至っていない。

　1989 年のマルタ会談で東西冷戦は終結し、ベルリンの壁は崩壊した。インターネット技術は一気に平和利用へと転化していく。1991 年には、欧州原子核研究機構（CERN）の研究員が「World Wide Web プロジェクト」を発表し、今日の Web 技術の基礎が誕生した。1995 年にはアメリカの NSFNet は民間委託された。1995 年はマイクロソフト社から「Windows95」が発売された年でもあり、ここからインターネットの本格的な商業利用が始まる。当初は固定電話によるダイヤルアップ接続が中心だったため、通信速度が遅く電話料金も高額だった。しかし 2000 年頃から ADSL（2024 年 3 月末でサービス終了）が普

及し始め、事業所や家庭でのブロードバンド接続が可能になり、光ファイバー網を用いたサービスなどが開始され、インターネットの利便性が高まり急激に普及した。企業の Web サイトも急速に拡充し、社内広報においても、インターネットのプロトコル技術を応用したイントラネットが普及していった。

インターネットの普及で企業の情報発信ツールが広がり広報の利便性が高まった反面、新たな問題も浮上した。1999 年には「東芝クレーマー事件」が起こり、消費者対応が不適切であったために暴言がネットで公開され、それがマスメディアで取り上げられて大問題となり、当時の副社長が報道陣の前で本人に謝罪させられるという事態に発展している。同じ 1999 年に「2 ちゃんねる」が開設されており、こうした掲示板への書き込みや一般人の個人ブログが企業不祥事の火種となることも多くなった。

さらに、SNS（ソーシャルネットワーキングサービス）が始まり、2004 年には Facebook や mixi が、2006 年に Twitter（現在の X）がサービスを開始した。2011 年には LINE がサービスを開始し、新たなコミュニケーションツールとして急激に普及していった。企業のサイトとして Facebook や Twitter（現在の X）を開設する企業も増え、情報のメンテナンスの頻度や書き込みの管理など、新たな課題が生まれている。

Ⅲ マス・コミュニケーション効果の諸理論

マスコミュニケーションの効果についてはさまざまな社会学的研究があるが、広報・PR に関しては絶対的な効果測定の方法はない。一般的には報道機関でのニュースの扱いや情報番組での製品露出などについて、掲載スペース幅や放送時間枠が広告であればいくらかかったかを基に計算することが多いが、媒体別のウェイトづけや記事のトーンによりプラスやマイナスの評価を加味するなど、PR 会社によって広報効果の算出方法が異なる。しかも情報をメディアに露出させるだけではなく、企業の認知度を上げたり、購買行動などの態度変容に向かわせたりすることも広報・PR の実務では求められているし、近年

は Web サイトでの情報拡散を狙ったイベントによる話題作りも広報・PR の業務として増加しており、効果指標をどこに置くのかは悩ましい問題である。

　そこで本章ではマス・コミュニケーション効果の基本に立ち返り、過去の理論研究を概観しておこう。ちなみにマーケティング研究の分野では、広告効果の理論について、「媒体に企業名が登場することは認知や好意を形成して購買を促進するのに効果的だ」という仮説が当然のこととして支持されているし、仮説を検証する研究も多く、長年、この仮説を基にして広告会社はスポンサー企業に営業をかけてきた。しかし、報道記事に関するコミュニケーションの受容理論については、多数の研究者がさまざまな調査研究を行っているにもかかわらず、実はそれほど簡単に媒体への露出効果が認められた定説があるわけではなく、マスメディアに消費者行動を変容させるような力があるわけがない、という否定的な学説もある。

　ただし、いくつかの主要な効果仮説は提唱されており、学術的な検証はともかく、現実の広報・PR 業務においては肯定せざるをえないものは多い。こうした仮説は広報・PR の入門書にもしばしば引用されており、ステークホルダーへのコミュニケーション効果を考える上で参考になるだろう。

　そこで次に、マス・コミュニケーションの効果に関する基本仮説をまとめておく。アメリカの大統領選挙を題材にした研究が多いが、これはメディア効果の研究者がアメリカに多く、キャンペーンが期間限定で候補者の露出度を比較しやすく勝敗がつくので効果が明確だからである。仮説を理解するためには、社会的な情報環境を知ることが不可欠であるため、各仮説の用語を覚えるだけではなく、各概念の時代背景や地域性なども考慮して読み進めてほしい。

1. 「選択的接触」と「二段の流れ」仮説

　社会学的なマス・コミュニケーション効果研究の草分けは、1940 年にアメリカ大統領選挙のキャンペーンに際して、ラザースフェルドらがオハイオ州エリー郡で行った調査である。この調査では、人は自分が所属する社会集団が潜在的に支持している政党の情報について、新聞・雑誌・演説などから得ようと

する傾向があることがわかった。つまり、自分の周囲の人たちが支持している政党の情報をマスメディアから得ようとするのであって、反対派の政党の主張を詳しく読んで比較検討するのではなく、むしろ支持政党の情報だけを好んで見るのであり、これを「選択的接触」と呼んでいる。

　また、この調査では、選挙に関心の低い人は、所属集団内のオピニオンリーダーから個人的影響（パーソナル・インフルエンス）を受けており、新聞・雑誌のマスメディアの情報はオピニオンリーダーを経由して伝達される、という「コミュニケーションの二段の流れ」があることもわかった。さらにラザースフェルドはカッツらと一緒に、1945年にイリノイ州でも調査を行い、オピニオンリーダーはマスメディアとの接触度が大きく、決して市長や村長のような「上から目線」の関係ではなく、同僚や隣人など相手との「対等な関係」の中で意見を述べることで、結果的に相手に影響を与えていることなどを明らかにした。近年の現象でいえば、雑誌の読者モデルやInstagramのインフルエンサーが最新情報に接触しながらも消費者と対等な立場で流行やファッションの情報発信リーダーとなっている、という現象と共通性があるだろう。

　なお、この仮説は社会学には「マスコミ効果限定論」として位置づけられることが多いが、それは、買い物・流行・映画鑑賞などの行動領域に関してパーソナルな影響が強いことが示されたからであり、社会的・政治的問題についての行動領域については、マスメディアによる影響の方が大きいことが実証されている。

2. 「認知的不協和」仮説

　これは1957年にフェスティンガーという社会心理学者によって提示された仮説で、前述の「選択的接触」と共通性がある。この仮説によれば、人は自分が持っている2つの認知要素（信念や態度）について不協和（葛藤）が生じたとき、この不協和を低減しようとする。自分の信念や態度と合わない情報は自尊心が脅威を受けるので回避し、自分の行動を正当化するような情報に接触しようとする傾向があるという。例えば自分が購入した自動車や不動産を好意的

に評価した情報には積極的に目を通すが、購入しなかった方の製品を称賛する情報や広告と接触するのは無意識のうちに避け、自分の購買行動を正当化しようとする。これは「認知的不協和」を低減しようとする行動だと考えられる。

　また1960年にクラッパーは、自分の態度と合致する情報は好んで接触し、しかもその内容を覚えているが、自分と相容れないメッセージは回避する傾向があること、マスメディアは受け手の態度を変容させるよりも、既存の態度を補強する作用があること、だからこそ受け手のニーズに応えて商業的活動を維持するためには、社会で優勢とみられるような見解を伝達する傾向があること、などを実証している。例えば近年の現象にあてはめれば、自動車や冷蔵庫など耐久消費財の広告は、消費者の購買に対する潜在ニーズを補強する作用があるし、購買後の顧客に対しても、製品の優位性をメッセージとして発信し続けることで、自分の購買行動を正当化し、製品の使用に満足してもらえるという効果があると考えられる。

3.「議題設定機能」仮説

　この仮説は、意見広告や企業のメッセージ発信において、非常に該当性の高い仮説である。

　マーコムズとショーは、1968年のアメリカ大統領選挙キャンペーンを調査し、有権者への質問と新聞・雑誌・テレビの内容分析を行った。外交政策や財政政策など15項目の論点に分類して分析した結果、マスメディアの報道内容と有権者が選挙の中心的争点だと考える項目には強い相関関係があり、マスメディアは人々が何を重要な政治的争点と考えるかという点（争点顕出性）について影響力があることがわかった。つまり、人が重要な政策だと考える課題はマスメディアで提起されたものである、という仮説である。

　この「議題設定機能」仮説は、マス・コミュニケーション研究のキー概念となり、仮説を検証するような多数の調査研究が続いた。例えば、コムストックは1978年に、社会的問題はマスメディアによって相対的重要性が与えられていくことを示し、マスメディアの「地位付与」機能を指摘した。日本でも、新

聞やテレビのトップニュースになるような政治テーマは人々の意識の中で重要性が高まるが、ニュースにならない事象は顧みられることが少ないし、近年の企業の不祥事においても、マスメディアで取り上げられたことで事件性が高まり、社会的な相対的重要性が増していくケースが多いことを考えると、この仮説は合理性があるといえるだろう。またザッカーは同じ 1978 年に、メディアの議題設定力は争点の特性によって異なり、自分で直接経験できる争点よりも、経験できない争点であるほどマスメディアによって判断を左右される割合が高いことを示した。さらにウィーバーは 1976 年の大統領選挙キャンペーンを調査し、候補者（カーターとフォード）のイメージ形成において、新聞の議題設定効果が認められることや、直接経験できない争点の方が影響を受けていることなどを実証している。

　なお、近年はネットでのニュース閲覧が増えているが、閲読しやすいサイトは閲読数や書き込みが増え、そのアクセス数がカウントされて人気スレッドとして示されてさらに閲読数を増やし、そこでの争点があたかも重要な議題であると考えられていく傾向がある。本章で紹介している仮説はインターネットが普及する前に示されたものだが、メディアの議題設定機能という意味では共通性があると考えられる。

4.「沈黙の螺旋」仮説

　「沈黙の螺旋」とは、自分の考え方が多数派の意見とわかれば公的な場で安心して主張するが、少数派の意見だとわかれば沈黙する傾向があり、マスメディアは多数派の意見が何かを伝える媒体であるから、マスメディアの論調が主流派の意見となる、という仮説である。少数派の意見は沈黙しているためにマスメディアで報道されることがなく、たとえ一定数の人数がいたとしてもサイレントマジョリティになっていく。これをノエル＝ノイマンが東京で開催された国際心理学会（1972 年）で提唱し、さらに 1976 年の西ドイツ連邦選挙時に住民の意識を段階的に調査して実証した。

　当時、選挙キャンペーン開始時の意識調査では、キリスト教民主同盟（CDU）

の支持者がやや多かったが、CDU の勝利を予想する回答者は次第に減少し、ドイツ社会民主党（SPD）、自由民主党（FDP）連合の勝利を予想する人が増加していった。特にテレビでの選挙報道をよく見ている人は、CDU は勝てないと思うようになっていった。一方、同時に報道関係者を対象とした意識調査も行ったところ、最初から「SPD と FDP の連合」が勝利すると考える人が圧倒的に多く、公共放送の選挙ニュースの内容を分析すると、連合側の候補者に対するカメラアングルが好意的だった。結果的に選挙は僅差で SPD と FDP の連合が勝った。報道関係者の意識が選挙報道の論調に反映され、それを見た人がテレビと同じような意見を持つようになったとされる。

　なお日本では、テレビ報道は選挙時に中立を保つべきであるという絶対的な義務があることになっている。1993 年の衆議院総選挙の際に細川連立政権が誕生し、自民党が結成以来、初めて野党に下ったが、その選挙時にテレビ朝日の報道局長が「自民党政権の存続を絶対に阻止して、反自民の連立政権を成立させるような報道をしようではないか」という発言をしたことが判明して大問題になったことがある。国会の証人喚問や外部委員の調査などが行われたが、結局は偏向報道の具体的な指示はなく、世論への影響があったという事実は確認できないということで、厳重注意の行政指導に留まった。

　報道局長が選挙を一方向へ煽るような発言をしたからといって、現場のスタッフが一丸となってそのような映像を作ったというわけではないし、テレビ視聴者が自分の気持ちが動いた理由を細かく分析できるわけでもない。ニュースの内容を分析したり、報道関係者の意識を調査してその影響を定量的に実証したりするのは、非常に困難な調査である。

　また、イギリスやアメリカには、報道の中立性を表明せず、二大政党のうちどちらかに肩入れしているメディアが多く、フランスでは少人数の意見を表明することが個性として尊重される国民性があるなど、学術的には「沈黙の螺旋理論」はマイノリティ理論となっている。しかし、「メディアで自分の意見が多数派であることを確認すると、安心して自分の意見を表明するようになり、ますます多数派の意見となっていく」という主張は感覚的に納得できる要素が

強い。特に、日本の企業には「同調圧力」（組織内で少数意見者にプレッシャーをかけて態度変容を迫ること）があることも多く、企業不祥事の火種を見つけても声を上げることができない場合もある。何かのきっかけでメディア報道されることによって、少数派からの内部告発が増えることがあるのは、それまで少数派が沈黙の螺旋に陥っていたからといえる。

5. マスコミ効果論の複合的影響の可能性

　以上の仮説は、マスメディアでの広報・PR の効果を考えた社会学的アプローチによるものである。これらのメディア効果は単独で現れるのではなく、複合的に影響し合うことも考えられる。

　特に近年の若年層は、新聞で広く情報を一覧するというより、ネットサイトによって限定的な情報を深く検索する傾向が強い。自分の気に入ったニュースサイトで何度も取り上げられる情報を重要な課題だと思い込んだり（議題設定機能）、自分の応援する政党関連のネットサイトを頻繁に見ることで多数派の意見だと思い込んだり（選択的接触）、自分が賛成できない意見は読まずにスルーしたり（認知的不協和の低減）と、現代も同じような傾向がある。

　いずれにしても、多数者への情報伝達（マス・コミュニケーション）においては、誰か一人の意思ではなく、いろいろな人々の行動や情報環境が加味されて、結果として多数者の意識変革や行動変容につながっていく。企業として誤解を受けないよう、等身大の理解を得るためには、社会的動向を受信して、適切なタイミングで情報発信を行っていくことが重要といえよう。

Ⅳ メディアに関する諸概念

　最後に、マス・コミュニケーション理論の中から、広報・PR 実務に携わるなら知っておきたい基本概念を挙げておく。日常的に使っている用語であっても、意外と本質的な意味を知らずに用いていることが多いのではないだろうか。

1.　プロパガンダ

　プロパガンダ（propaganda）とは、意図的な情報操作を行い、人々の思考や態度を一定の方向に誘導する説得的なコミュニケーションである。

　この言葉の語源は中世ヨーロッパに遡る。前述のようにグーテンベルクが印刷技術を開発し、16世紀初頭にドイツ語訳の新約聖書が発行されるようになり、都市の市民階級にカトリック教会を批判する宗教改革の波が広がった。それに対抗してローマ教皇庁は東方諸国への布教を開始し（その結果、フランシスコ＝ザビエルが来日した）、カトリックの教義を新世界に広げるための「プロパガンダ」と呼ぶ機関を設置した。語源となる「propagare」はラテン語に由来し、現代イタリア語で「伝える・普及する」という意味である。

　また、第一次世界大戦ではクリール委員会が絶妙なプロパガンダ作戦でアメリカの参戦と世界各国の共感を煽り、連合軍を勝利へ導いた。これに感化されたドイツのヒトラーが、第二次世界大戦時に国民啓蒙宣伝省を設けて国民の思想をプロパガンダで誘導したことは有名である。ナチス政府のポスターは視覚的に力強いデザインを用い、演説ではわかりやすいキーワードをリズミカルに繰り返し、「ハイル」の敬礼というパフォーマンスやカギ十字の紋章というロゴを考え、ビジュアルに権力と権威のメッセージを発信した。ラジオ、新聞、絵画、映画、彫刻など、あらゆるメディアを用いて「強いアーリア人」のイメージとユダヤ人が危険であるかのような偽メッセージを流したのである。日本でも、大本営発表として虚偽のニュースを流したり、雑誌が国民から公募して「欲しがりません勝つまでは」「鬼畜米英」などの標語を選んだりした。同時に英米でも日本軍やナチスの残虐性を煽る虚偽のニュースを流していた。

　このほかの戦争でも、参戦と国威発揚のために大規模なプロパガンダ活動が行われてきた。1991年の湾岸戦争では、イラク軍の残虐さを象徴するように「油にまみれた水鳥」の映像が世界中に配信されたが、これは戦争とは無関係なタンカー事故によるものだったことが後に証明されている。また、イラク軍がクウェートの病院で乳児を殺害したと看護師が米公聴会で証言したが、戦後にこの看護師はクウェート大使の娘でアメリカ在住であり、プロパガンダのための

偽証言だったことが判明している。

　プロパガンダと広報・PR は決定的に異なる。プロパガンダは世論誘導のために意図的に事実を歪めて伝えることであり、広報・PR は等身大で透明性の高い情報開示が至上命題であるのと対照的である。

2. ジャーナリズム

　「ジャーナリズム（Journalism）」とは、世の中の出来事や時事的な問題を報道、解説、論評することであり、これを担うのが「ジャーナリスト」である。新聞社やテレビ局など報道機関に所属して取材活動を行う人が多いが、フリーランスで活動する人もいる。写真を専門にしている「フォトジャーナリスト」もいる。報道メディア以外へ寄稿する人は「ライター」や「カメラマン」であって、ジャーナリストとは呼ばない。また、報道機関の「記者」であっても、誰もが「ジャーナリスト」という評価を受けられるわけではない。適切な報道対象の選定を行い、政治・経済問題や社会課題の深層を掘り下げるような取材を行い、正確性・客観性のある報道記事を書くことで、世の中の問題を明らかにする、という使命感が求められる。一般人でも個人ブログや SNS を活用すれば自分の意見を発信できる時代になったが、取材や事実に基づかない随筆は単なるエッセイである。そして、一般人が報道機関に所属せずに時事問題を多面的な角度から取材して客観的な記事を書くことは、事実上不可能といえよう

　アメリカの有名大学の大学院には「ジャーナリズム専攻（School of Journalism）」があり（コロンビア大学、UC バークレーなど）、報道記者の養成機関となっている。ジャーナリズムの実習などで基礎を学んでから地方新聞や地方テレビ局に就職して実績を積み、大手新聞やキー局の記者となり、一流のジャーナリストになるのが一般的なコースである。フランスやイタリアにもジャーナリスト養成校があり、ここを卒業することでジャーナリストユニオン（労働組合）への加入資格を得て記者として活躍できる。

　日本の記者は、ジャーナリズムを大学で学ばない学生も大手新聞社やテレビ局に「就職」するため、ジャーナリスト精神というものを意識せず、速報性や

効率性を追求するサラリーマン気質が強いと言われている。しかし、本来の意味からいえば、「ライター」は記事を書くことが業務であるから、広告記事やインタビューのまとめなども行うが、「ジャーナリスト」は「自分の問題意識を持ち、取材によって仮説を裏付け、記事を書いて正義を社会に伝える」という使命感を持った仕事である。したがって「ジャーナリズム」は、いわば「ペンの力で悪代官を懲らしめる」ような、正義の味方としての義侠心を指し、これが報道機関の記者たちの矜持となっている。

　ジャーナリズムの例えでよく挙げられるのが戦争報道である。従軍記者は軍部発表の情報をそのまま配信するが、戦争ジャーナリストは目の前の惨事を世界に伝える。発表内容を文章にするだけでなく、自らの調査取材で真実を探すのである。1960年代のベトナム戦争時は、多数のジャーナリストが現地へ取材に行き、戦争の残酷さを映像によって世界へ伝えたことで、軍部のプロパガンダ作戦は成功せず、若年層に反戦運動が拡大していった。1970年代のアメリカ・ウォーターゲート事件では、ニクソン大統領の司法妨害問題などが、ジャーナリストの調査報道によって暴かれるなど、社会的に重要な役割を果たしてきた。日本で1960年代に公害が全国的な社会問題に発展していった経緯にも、その頃に多数の週刊誌が創刊され、ジャーナリストたちが現地取材をして実態を報道したことが大きな役割を果たしている。

　しかし、本物のジャーナリストであろうとすれば、苦しい局面に立たされることもある。一般には、目の前で災害が起きていても、現地で救援活動に加わるのではなく、被害状況を写真または動画に撮り、記事にして配信するのがジャーナリストの使命だとされる。自分一人の力には限界があるが、報道によって世界に惨状を知らせることができれば、多くの救援を得られるからだ。一方、こうした考え方は批判されることもある。1993年にアフリカ・スーダンでハゲワシが飢餓で死にそうな少女を狙っている写真が『タイム』誌に掲載されて世界中から寄付金が集まり、翌年のピューリッツァー賞（優れたジャーナリストに贈られる世界的な賞）を受賞したが、人命より報道を優先すべきなのか、という厳しい批判が殺到した。2011年の東日本大震災でも、現地のテレビク

ルーが地震や津波の映像を配信したことで災害の深刻さが世界に伝わったが、被害を見ながらにして助けられなかった罪悪感で、多数の報道関係者が精神的なダメージを受けている。

　2023 年には、ウクライナ東部の要衝マリウポリを取材した AP 通信のスタッフがピューリッツァー賞を受賞した。一方で、戦争報道は命懸けの仕事である。国際ジャーナリスト団体「国境なき記者団」の発表によれば、報道活動に関連して死亡したジャーナリストは、2022 年で 57 人、2023 年は 45 人に及ぶ。パレスチナ自治区ガザやウクライナなど、紛争地帯で犠牲になったジャーナリストが多い。

　このように、ジャーナリズムの社会的な役割は非常に重要であり、精神的にタフでなければできないハードな仕事である。プロパガンダとは対極の概念である。記事を書くメディアがニュースサイトやソーシャルメディアなどに多様化した時代だからこそ、真実を調査報道する力が一層試されているともいえる。

　娯楽性の高いわかりやすい情報が志向されている時代に、気骨のあるジャーナリズム精神を持った記者に出会ったら、敬遠することなく、むしろ業界背景をレクチャーするなどして信頼関係を構築することに努めるべきだろう。自分なりの仮説を持って調査取材を行うのが本来のジャーナリストなのであり、企業の宣伝文句をそのまま記事にすることはジャーナリズム精神の欠如とされているのだということを知っていれば、だからこそプレスリリースに自分の取材した情報を書き加えたいと思っているのだと解釈でき、たとえ広報の意図した表現にならなくても腹立たしい気持ちになることもないはずだ。広報担当者としては、むしろ記者を正しいジャーナリストとして育てるような気持ちで接するべきだといえる。

3.　メディアリテラシー

　自分が読んでいる情報は、プロパガンダなのか真実なのか、それを見抜く目を持つのが「メディアリテラシー」である。メディアリテラシーとは、「情報社会の中で、人間がメディアに媒介された情報を、構成されたものとして批判

的に受容し、解釈すると同時に、自らの思想や意見、感じていることなどをメディアによって構成的に表現し、コミュニケーションの回路を生み出すこと」（『情報学事典』弘文堂）である。「リテラシー（Literacy）」という言葉は、もともと読み書き能力を意味していたが、単に文字を読み書きできるだけでなく、文学作品の鑑賞能力なども含むようになった。転じて「メディアリテラシー」は、マスメディアやネット上の情報を読み、やみくもに内容を信じず自分の頭で判断し、さらに自らも情報を発信できるような表現力を持つこと、を意味する言葉となっている。

　記事や映像に出てくる情報が現実の事象の全てではない。同じ事象を見ても感じ方は人によって微妙に違い、記者の感じ方によって同じ情報でも異なる表現で伝えられる。長いインタビューは全部放送できないから、一部が切り取られて放映される。それを受信した読者・視聴者は、情報には無意識のうちに何らかのバイアスやノイズが生じていることを自覚しておくことが重要である。

　かつてはマスメディアの情報を批判的に見る、というのがメディアリテラシーと思われていたが、近年はメディアが多様化しており、ネットの情報も真実かどうか、自分で判断する力が求められる。特に X（旧 Twitter）や Instagram でプライバシーを公開するような情報は、実生活の充実をアピールするための誇張であることもある。また、ネット上にどこまで自分の周辺の話を書き込んでいいのかを判断する力もメディアリテラシーである。アルバイト先のコンビニや外食チェーンで悪ふざけをして、それを SNS で公開したことで、社会問題になって店が閉鎖に追い込まれたケースもある。有名人の YouTube で発言が炎上して、社会問題になることも多い。これらは典型的なメディアリテラシーの欠如である。ネットの情報が必ずしも真実とは限らない。そしてそこに書き込んだ情報は、たとえ削除しても何年も残り、全世界の人が閲覧できる状態になっている可能性があるということを理解して、慎重かつタイムリーで適切な情報発信を心がけるべきだろう。

> **問** 報道機関は「ジャーナリズム」であり、記者には「ジャーナリスト」としての矜持があるといわれる。以下の記述のうち、本来のジャーナリズムの意味から考えて最も不適切なものを選びなさい。
>
> a. 災害や戦災などの現場で目の前に救助を求める人がいたら、手を差し伸べるよりも写真を撮って報道することで、全世界の人が問題点に気づいて大きな救援の力になる。
> b. 談合や粉飾決算など、企業の悪い慣行をメディアで社会に知らせることで、警察や司法当局が介入するきっかけとなり、世の中の不正を減らすことができる。
> c. 企業のM&A（買収・合併）に関する情報を早くつかみ、公式合意の前にスクープすることで、関係者間の調整をスムーズに進めることができる。
> d. 政治家の政務活動費などの使い道を追及し、多額の資金が私的に流用されたことを明らかにすれば、たとえ違法性はなくても辞任に追い込める場合もある。
>
> <解説>
> 　ジャーナリズムは、日々生じるニュースを受け身で報道するだけでなく、隠されている重要な事実を独自の調査や取材によって掘り起し、公共性を持ったメディアを通し、能動的にニュースを作り出す報道を行うことが本来の使命である。a.b.d.は、そのような事柄であるが、cは、これらとは異なり、当該のM&Aが公共の利益によほど大きな影響がない限り、そのスクープは、ここで言うジャーナリズムの本意とは関係のない事柄である。
>
> 　　正解：c

問　新しいメディアを効果的に活用して、国民とのコミュニケーションを
行ってきた政治家は多い。以下の人物と彼らが活用したメディアの組
み合わせのうち、最も不適切なものを選びなさい。

　　a.　ウッドロウ・ウィルソン　―　新聞
　　b.　アドルフ・ヒトラー　―　ラジオ
　　c.　フランクリン・ルーズベルト　―　テレビ
　　d.　ドナルド・トランプ　―　ソーシャルメディア

＜解説＞
　マスメディアの歴史や、歴史上の人物と出来事を確認しておきたい。
　フランクリン・ルーズベルトは大恐慌克服のニューディール政策を、ラ
ジオ放送で国民に伝えた。なお、テレビの登場は、20世紀半ばとなり、
日本では1953年にNHKが日本最初の地上波の本放送を開始した。
　ドナルド・トランプは、ソーシャルメディアを活用し、メッセージを発
信した。

　　　正解：c

メディアリレーションズ

第5章

本章では、メディアリレーションズについて基本的な実務と意義を整理しておこう。日本の広報・PR 実務の現場において、とても重要な分野である。

I メディアの種類と特性

日本企業の広報・PR 実務において、重要なメディアリレーションズであるが、各メディアの特性を十分に理解できているだろうか。まずはどのようなメディアがあり、どのような特徴があるのか、基本的なことを整理しておこう。

1. 新聞

日本の新聞の最大の特徴は、発行部数の多さである。近年は部数が減少したとはいっても、『読売新聞』約 642 万部、『朝日新聞』約 375 万部、『毎日新聞』約 178 万部、『日本経済新聞』約 159 万部、『産経新聞』約 97 万部である（2023 年 1 〜 6 月平均・日本 ABC 協会）。この発行部数を支えているのが「戸別宅配制度」である。各家庭・各職場に毎朝毎夕、新聞が届けられる「宅配制度」は日本独特の制度であり、全国津々浦々までニュースを届けるシステムが、巨大なメディアであることを可能にしてきた。部数は減少しているが、海外に比べるといまだに影響が大きいメディアといえるだろう。

新聞には、全国に読者をもつ全国紙、地域のニュースを中心とした地方紙、特定の業界や分野だけを対象にした専門紙など、さまざまな種類があり、デジタル版のみの発行も増えている。デジタル版では、紙媒体と同じ記事のほか、

過去の記事や速報、さらにはオリジナル記事も掲載されていることが多い。

　『読売新聞』『朝日新聞』『毎日新聞』『日本経済新聞』『産経新聞』の5紙は、総合的なニュースを提供し、日本中の多くの地域で購読が可能であるため、「全国紙」に分類される。「地方紙」との対比で「中央紙」と呼ばれる場合もある。

　地方においては地方紙の影響力が大きく、中でも『北海道新聞』『中日新聞』『西日本新聞』などのブロック紙や、『静岡新聞』『中国新聞』『高知新聞』『徳島新聞』『福井新聞』などの県紙は、各地域で高いシェアを誇っている。

　新聞は大別すると、次の7種類に分類される。

①**全国紙**：読売新聞・朝日新聞・毎日新聞・日本経済新聞・産経新聞

②**産業紙**：日経産業新聞・日刊工業新聞・日経MJ

③**ブロック紙**：北海道新聞・中日新聞・西日本新聞

④**地方紙**：河北新報・秋田魁新報・信濃毎日新聞・新潟日報・北國新聞・東京新聞・神奈川新聞・静岡新聞・京都新聞・神戸新聞・中国新聞・山陽新聞など

⑤**スポーツ紙**：日刊スポーツ・スポーツ報知・スポーツニッポン・サンケイスポーツ・東京スポーツなど

⑥**夕刊紙**：夕刊フジ・日刊ゲンダイ

⑦**専門・業界紙**：日本証券新聞・保険毎日新聞・化学工業日報・繊研新聞・日刊自動車新聞・日刊建設工業新聞・日本農業新聞・日刊電波新聞など

2.　雑誌

　雑誌とは、定期的に発行され、ジャンル別のさまざまなニュースやイベント、技術、解説、人物、歴史などの情報を集めた出版物の通称である。文字通り雑多な情報をまとめた定期刊行物で、総合雑誌とターゲット別の雑誌に分かれる。雑誌は書店や駅売店・コンビニ等で販売されるほか、定期購読や電子版もある。

　雑誌の分類には、発行頻度別と、ジャンル別、ターゲット別などの方法がある。月刊か週刊か、ビジネス誌かコミック誌（漫画）か、男性誌か女性誌か、などである。

　発行頻度別では、毎週発行される「週刊誌」、2週間に1回または1カ月に2

回発行される「隔週誌」、毎月1回発行される「月刊誌」、2カ月に1回発行される「隔月誌」、1年に4回発行される「季刊誌」などがある。

　ジャンル別では、一般週刊誌、ビジネス誌、コミック誌、ファッション誌などがある。男性向けの「コミック週刊誌」は、最も発行部数が多い。

　女性向け雑誌で最も激戦市場なのはファッション誌で、こうした出版社の戦略を支えているのは、付録を含めた広告出稿である。誌面には、広告とタイアップした編集企画ページも多く、総合的なアプローチが求められている。

3. テレビ

　テレビの最大の特徴は、同時に多くの人に同一の情報を与えることが可能なことである。テレビ放送は社会的影響力が大きいだけに、放送局には公共性を重視した責任が求められている。社会的な公序良俗に反するような映像は放映できないし、政治思想的にも不偏不党の中立性が要求される。

　地上波の放送局には、「NHK（日本放送協会）」と「民放テレビ局」「独立系 UHF局」がある。「NHK」は特殊法人であり、視聴者の受信料を財源とする、営利を目的としない放送局である。民放テレビ局は、東京のキー局を中心に全国にネットワーク網を持つ。「日本テレビ放送網」「TBS（東京放送）」「フジテレビジョン」「テレビ朝日」「テレビ東京」などがある。テレビ放送は放送衛星を用いた BS（Broadcasting Satellites）放送や通信衛星を用いた CS（Communication Satellites）放送など多様化しており、豊富なコンテンツを展開している。とりわけ、有料が多い CS 放送は、映画やスポーツに特化した趣味の合わせたチャンネルが多い。

　日本ではテレビ番組の成否を決める判断材料として、ビデオリサーチ社による視聴率調査を使うのが一般的である。同社の視聴率調査は、一般世帯から選ばれたサンプリング対象家庭に視聴率調査のための機械を設置して集計されている。視聴率調査には、どのくらいの世帯でテレビをつけていたかを示す「世帯視聴率」と、性別、年齢別、職業別などの属性ごとの「個人視聴率」がある。

　インターネット回線が良くなったことにより、インターネットテレビが広く

普及した。スマートフォンやパソコンなどで見ていたYouTubeなどのインターネット動画を大画面でみることもできる。また、電波も地上デジタル放送に置き換わり、インターネットとテレビはますます融合するようになっている。

4．Webニュース

　生活者がインターネットやWebサイトをニュースメディアとして利用することが一般的になっている。特に「Yahoo!ニュース」などに代表される総合ポータルサイトのニュースコーナーはニュースメディアとして大きな影響力を持っており、ここにある企業・団体が取り上げられると、その企業・団体のWebサイトにアクセスが集中することもある。すぐに記事になるという点でWebニュースは速報性が高い。ポータルサイトのニュース記事は「ニュース・コンテンツ・プロバイダー」と呼ばれる、新聞社や通信社など報道機関の記者が取材と記事の執筆を行い、有料でポータルサイト運営会社等に提供している。

　また、Webニュースには、新聞・雑誌・テレビなど既存のメディア以外にも、キュレーションメディアやまとめサイトなど多様なメディアが存在している

5．SNS（ソーシャルメディア）

　SNS（Social Networking Service＝ソーシャルメディア）とは、人々の会話がインターネット上で広く可視化されたメディアである。スマートフォンの普及に伴い、高齢者も含め利用者が増加している。本来は、一般生活者による、個人間のコミュニケーションのためのメディアであったが、近年では、広報・PR活動においても重要なメディアの1つとなっている。

　SNSの代表的なプラットフォームには、Facebook、X（旧Twitter）、YouTube、Instagram、TikTokなどがある。総務省の『令和3年版情報通信白書』によれば、SNSの利用率は全世代の平均で73.8%となっている。年齢別で見ると20〜29歳が最も多く、年齢が上がるにつれて利用率が低下している。

　また、LINE、WhatsApp、Facebook Messenger、WeChat、Skype、Telegram等のメッセージの送受信が可能なアプリケーション（メッセージン

グサービス）の利用についても、20〜29歳が最も多く、年齢が上がるにつれて利用率が低下している。

　フォロワー（SNS 上でつながっている人数）の多い人物のことを「インフルエンサー」と呼ぶ。インフルエンサーによる SNS 上での発言や投稿が話題を生み反響を持つこともあり、メディア以上に影響力を持つこともある。インフルエンサーとの関係づくりも、メディアリレーションズと同様に重要である。

Ⅱ　メディアリレーションズにおけるニュース価値

　メディアリレーションズにおいては、企業がメディアに提供する情報にニュース性があることが必要不可欠である。報道に値するニュース価値がなければ、広報担当者が努力して情報を出しても結果（記事・報道）は出ない。「ニュースの要件」について基本を押さえておこう。

1.　ニュースとは何か

　ニュース価値は、メディアの記者とその上司のデスクが判断する。記者は記事にするかどうか、デスクは記事を掲載するかどうかを判断するわけである。読者がその記事を読んだとき、どう受け止めるかが基本的な判断基準であり、2つの角度から考えられる。

　第一は、受け手にとって影響が大きい情報かどうか、である。例えば、天気予報において、巨大な台風が日本に上陸という情報は、多数の国民が被害を受ける可能性があるので、報道側にとっては重大ニュースである。また、日経平均株価が暴落すれば、株主が損をするだけでなく、市場環境が悪化して多くの産業に悪影響が広がる可能性が高いため、これも重大ニュースである。

　第二は、受け手が直接的な影響を受けなくても、関心が高い分野であること、つまり読者の興味があることだ。メディアの受け手（読者・視聴者）にとって重要であり、関心の高い情報が「ニュース」になる。ニュースの受け手の関心・興味は人によってさまざまであるので、メディアは多数者の特定の関心や興味

を中心テーマに設定して記事にすることになる。

　一方、メディアは「社会の木鐸」といわれるように、受け手の関心が低いことでも、社会に警告を発し、正しい方向に導くために警鐘をならし、行く手を示すという「ジャーナリズム」としての使命がある。報道機関の「ジャーナリスト」としての使命を考えて、読者・視聴者に訴えかけるニュースもある。政治家の汚職問題や大手企業の不祥事がニュースになるのは、報道機関がそういう使命感を持っているからだ。

　また業界専門誌は、業界関係者が読者の中心なので、全国紙ではニュースにならないような業界特有の話でも、記事化されて読者に大きな関心を持たれる。ニュース価値は受け手によって、つまりメディアによって異なるのである。

2.　ニュースの基本条件

　ニュースの基本条件は、当然のことだが、まず事実でなければならない、ウソやデマ、事実と異なることはニュースとは言えない。多くの場合、「NEWS」の語源から考えてもわかるように、ニュースは新しい（New）ことが基本である。記事としてすでに他のメディアに取り上げられている場合（新製品や新サービスなどのストレートニュースの場合）や、すでに広告として掲載されている場合は、メディアは「ニュース」として扱わない。

　また、ニュースは客観性が重要なので広告表現のように自己主張が強すぎたり、主観的なアピールで誇張が多かったりすると、ニュースにはならない。メディアの記者たちがニュースと判断する基本条件は、以下のようなものである。

①　新奇性

　ニュースは、新しいこと、新奇性があることほど高いニュース価値がある。世界初、日本初、業界初、地域初など、「初めて」の要素があった方がニュースとしての価値は高い。

②　タイミング（絶対価値ではなく相対価値）

　毎日発行される新聞のページ数は決まっているし、テレビの放映時間も1日何時間と限定されている。毎日のメディアの総報道量は限定的なのである。し

かし、重大ニュースが多く発生する日もあれば、少ない日もある。つまり、その日のニュース発生件数や重大ニュースの有無によって、本質的にはニュース価値が低い情報が大きく報じられたり、逆に大ニュースなのに小さい扱いしかされなかったりすることもある。

　つまり、ニュースの価値は絶対価値ではなく相対価値である。その日その日で価値が変わってくるのである。

③　社会性（公益性）

　社会的な関心が高いものはニュースになる。社会性の高い事柄は、みんなが知りたいことにつながるからである。メディアもその辺を理解しており、企業が中心となる事柄であっても、社会課題の解決につながる事柄や、公益性が高い事柄（公共の利益につながるもの）であればニュース価値は高い。

④　地域性

　最もニュースが多く、掲載されるまで競争が激しいのが東京で、次に大阪、名古屋、福岡、地方などの順である。新商品の記者発表を東京で実施しても他のニュースが多くて大きな扱いにならないことが多いが、例えば福岡で記者発表をすれば九州地区のローカルニュースでは大きな記事になる可能性が高い。

⑤　著名性

　誰が(Who)ということがニュースの価値に与える影響は大きい。誰もが知っている有名人・著名人がキャンペーンに登場するとか、有名企業や大企業の活動であれば、ニュースの扱いは大きくなる。記者会見でもその出席者が役員か、社長かで記事の扱いは変わってくる。地位や注目度が高い人物が会見に出た方が、ニュース価値は上がるのである。

⑥　意外性

　社会通念や一般常識と異なる事象はニュースになる。冬に豪雪地帯で雪が降らないとか、涼しいはずのヨーロッパで猛暑になるなどは、温暖化の象徴としてニュースになった。小学生が気象予報士に合格したとか、中学生が史上最年少でプロ入りを果たしたことなども、一般的な慣習を超えた意外な快挙だったので、ニュースとして扱われた。ニュース価値は社会環境に応じて変化してい

く。近年は Web や SNS を通じた風評・告発・社会行動によって、異常性のあるニュースが報じられることも増えてきた。

⑦　**地理的近接性**

　人は自分が住んでいる場所や近いエリアで発生したことには強い関心を持つが、国名も知らない遠い国で発生したことは、重大な事件・事故でもあまり気にならない。したがってメディアの扱いも小さくなる。

　新聞の地方面は、読者の注目度が高い。自分が住んでいる身近な地域の情報には強い関心があるからである。地方ではブロック紙などの普及率が高いのも同じ理由で、全国紙では自分の住んでいる地域のニュースがあまり取り上げられないため、住民は身近なニュースが多い地元新聞を好んで購読するのである。

⑧　**情報の独占性**

　記者は日々、「抜いた」「抜かれた」の特ダネ（スクープ）競争に明け暮れている。もし、1つのメディアだけが特ダネでニュースを独占的に報じた場合、その扱い（記事の大きさ）は当然大きくなるが、同じニュースでも、特ダネでなく一斉発表された場合、各メディアの扱いは小さくなる。メディアでは情報の独占度が高いほど、「特ダネ」としてニュース価値が高くなるのである。

3.　ニュース価値の要素

　社内報でも新聞記事でも、原稿を書く際の必要不可欠な要素は5W1Hである。5W1Hとは、誰が（Who）、いつ（When）、どこで（Where）、何を（What）、何のために（Why）、どのように（How）である。ニュース価値は5W1Hの各要素にあり、その総和がトータルなニュース価値になる。

　とりわけ、誰が（Who）、何を（What）という2つの要素は大きな意味を持つ。例えば、一般人の結婚はニュースにならないが、歌手・俳優・スポーツ選手など、有名人なら大きく報道される。誰が（Who）という要素がニュース価値の大小に影響するからである。どこで（Where）も重要で、ホテルや結婚式場で式を挙げてもニュース価値はないが、深海での水中ウェディングや飛行中の機内、富士山頂でなら、一般人でもニュースになることがある。

特にテレビやネットのニュースは、映像や写真の有無とその内容（インパクト）がニュース価値に大きな影響を与える。インパクトのある映像や写真がなければ活字メディアではニュースになってもテレビでは報道に値するニュースとして評価されにくい。特に近年は、インターネットの動画サイトが注目を集め、一気に世界的なニュースとしてテレビ等で紹介されることも多い。映像の有無はニュース価値を決める要素として存在感を増している。

Ⅲ　パブリシティの特徴

第1章で説明したように、企業を取り巻くステークホルダーには、社員、株主、投資家、顧客、取引先など、さまざまな対象がある。このステークホルダーに情報を提供するのが「パブリシティ」である。

1.　メディアリレーションズとは何か

ステークホルダーとの関係づくりには、さまざまな機能がある。例えば、株主・投資家とはインベスターリレーションズ（IR)、社員やその家族、さらにグループ企業の社員に対してはインターナルコミュニケーションと、対象ごとに目的をもって広報活動を行っている。

しかし、これらのステークホルダーは、一般メディアを通しても情報を得ておりメディアを経由してステークホルダーに伝わる情報は多く、特に日本のマスメディアは発行部数が多いので企業の広報・PR部門はメディアリレーションズを最も重要視し、メディア対応に最も時間とパワーを費やしている。経済広報センターでは「企業の広報活動に関する意識実態調査」を3年ごとに実施しているが、30年以上にわたって「広報部で対応している広報活動」の第1位は「報道対応」である。「メディアの向こうに消費者がいる」というのは、不祥事会見などで冷静になるためによく使われる鉄則である。

広報・PR活動の目的は、企業とステークホルダーとの間に相互に利益をもたらすWin-Winの信頼関係、つまり良い評判（レピュテーション）を構築す

【図表 5-1　メディアリレーションズとステークホルダーとの関係】

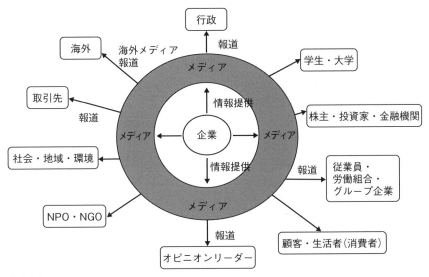

著者作成

　ることだが、メディアは最終的な対象（ステークホルダー）との間に介在し、
ニュース（報道）を通じて大きな影響を与える存在なのである（**図表 5-1**）。
メディアは企業と直接の利害関係がなく、公的な第三者であり、多くのステー
クホルダーに「信頼される情報源」として受けとめられている。企業にとって
特別な役割を持つ重要な存在である。そのメディアとの関係づくりが「メディ
アリレーションズ」なのである。そしてメディアリレーションズの中でも報道
してもらうためにメディアにアプローチする活動を「パブリシティ」という。

2. パブリシティの特性

　パブリシティとは、企業が自主的にメディアに対してニュースの素材となる
情報（社会性、公共性のある情報）を提供し、メディアの取材記者または編集
者に情報に対する関心を持ってもらい、さらに事実確認（取材）をして、メディ
アの責任で主体的に報道してもらうことである。パブリシティの結果として記

事やテレビ番組等に取り上げられれば、ステークホルダーがそれを見て企業や
製品の情報を知ってくれる。つまり、「メディア経由のステークホルダーへの
アプローチ」がパブリシティということになる。

　パブリシティの対象は、直接的には新聞、雑誌、テレビ、ラジオ、Webニュー
スなどのメディアの記者・編集者等であるが、最終的なターゲットはメディア
の報道に接する一般の生活者等のステークホルダーである。メディアは企業が
アピールしたいターゲットとの間に介在し、利害関係のない信頼できる第三者
としてニュースを報道する立場にある。

　企業が自主的に提供する情報は、メディアが報道するような価値がある
「ニュース」でなければならない。報道するかどうかの情報選択権や報道決定
権はメディア側にある。報道された記事・報道の内容は、読者・視聴者の目か
ら見ると、元の情報は企業発だということがわかっていても、「メディアが発
信した情報」として記憶に残る。「あの番組で紹介された店」のような印象で
ある。客観的で信頼できる第三者としてのメディアによって報道された記事（情
報）だからこそ、高い信頼性が付与されるのである。

3.　パブリシティと広告の違い

　メディアを通してステークホルダーに情報を伝えるという意味では、パブリ
シティと広告は共通性がある。しかし情報を伝えるという最終目標は同じでも、
広告は広告主が有料で出稿するものなので、パブリシティとは大きく異なる（第
1章 p.9 参照）。それぞれの相違点を詳しく考えていこう。

（1）担当部門と掲載面の違い

　新聞社、通信社、テレビ局などの大手メディアは、記者は記者としての採用、
広告は広告部門での採用、といった「職種別採用」を基本としており、業務ご
とに明確なタテ割り組織になっている。パブリシティの対象部門である編集部
門と、広告・総務・販売といった他の部門とは、入社段階ではっきりと区別さ
れているのである。さらに大きな特徴として、メディアには「編集権の独立」

があり、有料の広告スペースやCM枠と、編集・報道内容を決める判断基準は明確に分けられている。したがって、広告を出稿しているからといって、良い記事を書いてもらえるなどの配慮は一切ありえない。

(2) 情報選択権・報道決定権と発信主体の違い

　広告は、紙面（スペース）や放映時間（CM枠）を売買するビジネスであり、社会倫理や公序良俗に反しない限り、出稿者である企業が広告内容を自由に決定できる。広告を見る読者や視聴者も、広告を出稿している企業が広告の発信主体だと見ている。

　一方、新聞記事やテレビの報道は、金銭の授受によって提供されるのではなく、客観的で中立・公正な第三者のメディアが、企業の情報にニュース価値がある、と判断した結果だと思って見ている。読者・視聴者は、記事は広告と違い、メディアが情報選択権・報道決定権を持っていることをわかっており、記事・報道の責任主体は掲載した新聞社、テレビ局だと受け止めている。このことが情報の信頼度の高さにつながっている。

(3) 情報特性と交換物の違い

　広告は、広告料という対価で、紙面というスペースや、放映時間というタイムを買っていることから、ある程度は主観的、情緒的、感情的なイメージ訴求も許される。しかし、パブリシティの場合は「報道」であることから、何よりも客観的な事実が重視される。これは大きな差異である。メディアは読者・視聴者にお金で買えない価値ある情報（ニュース）を提供しているのである。

(4) 信頼度の差異

　記事欄の報道と広告欄やCM時間の情報の間には信頼度の違いがある。同じ情報が広告と記事の双方で掲載されたとして、どちらの信頼度が高いかを考えてみてほしい。記事になっているということは、メディアが取材して、事実を確認し、メディアが情報の発信元になっているのだから、信頼できる情報で

あると読者は受け止める。広告料という金銭が介在せず、第三者として信頼できるメディアが、公共性、社会性を考慮した上でニュース価値があると判断し、発信元として責任を負っている、という社会全体の共通認識が、メディア報道の信頼性の源泉になっている。

（5）コスト、計画性、チェックの差異

　広告は、時間とお金をかけて周到にキャッチコピーや表現を工夫し、計画的に何度でも出稿して、伝えたいことをストレートにアピールできるという点で、ステークホルダーへの訴求力は高い。端的にいえば、お金さえ払って大量の広告・CM を投入すれば、伝えたい情報を多くの人に伝え、高い認知を短期間に得ることができる。情報の到達（リーチ）度ではパブリシティを大きく凌駕する。

　一方、パブリシティは同じメディアに同じ記事が何度も掲載されることはないし、掲載されるかどうか、いつ掲載されるかを決める決定権は、企業にはない。記事になる前に内容をチェックして文言を修正するといった要求は、メディアからは「検閲」だと強く拒否される。しかし、ニュースリリースを作成してメディアに情報を提供する手間と時間がかかるだけで、コストは広告に較べれば極めて安く、最終的に接触（注目）度と信頼度は報道の方が圧倒的に高い。

　このように、パブリシティと広告には一長一短がある。それぞれの特性とメリットを考えて有効に活用することが必要といえよう。

Ⅳ　メディアリレーションズの手法

　企業はメディアに情報を伝えるために、さまざまな手法を用いる。ニュースリリースの発行、記者発表会、取材対応などである。

1. ニュースリリースの特性と構成要素

　広報・PR の実務において、最も基本的な活動となるのがニュースリリースの作成である。ニュースリリースとは、企業が広報・PR 活動を展開するに際

して、メディアにニュースの素材となる企業のさまざまな情報を伝えるため、その内容を簡潔にわかりやすくまとめたメディア向けの発表資料である。最も代表的かつ基礎的な、そして最強の武器といえる。

ニュースリリースのテーマ・題材は新商品や、新サービスに始まり、新規事業や業務提携、新工場・新店舗、社長交代、組織変更、新制度、さらにマーケティング・販促計画、社会・地域貢献等、CSR、IR に関連するものまで幅広い（**図表 5-2**）。ニュース価値がある情報であれば、企業活動の全てがニュースリリースの素材になりうるといっても過言ではない。

情報氾濫時代にあって、記者や編集者が毎日受け取るニュースリリースは膨大な数になっており、しかも年々増え続けている。紙の山に埋もれてしまわないためにニュースリリースとして考えなければならないことは、「メディアにとって報道に値するニュース価値があるかどうか」である。たくさんのリリースを送れば一定の確率で記事化されるというものではない。価値のないリリースを何回も大量に出しても全く記事化されないが、ニュース価値の高い素材を出せば、すぐに記事化される可能性がある。

ニュース価値の判断では、社内と社外のメディアとの間でギャップがあることに注意しなければならない。社内では「画期的な新製品・新サービスだ」と騒がれていても、一般的に見ればニュースとして価値がないこともあるし、逆に、CSR に関する情報など、社内ではあまり重要でない業務であっても社会

【図表 5-2　ニュースリリースのテーマ例】

ジャンル	テーマ
人事・組織	経営トップ交代、機構改革、組織改正、倫理規定策定、人事異動、資格取得プログラム導入、新人事制度、ボランティア新制度、周年プログラムなど
商品・サービス	新製品、新サービス、価格変更、新デザイン、新パッケージ、売上数字（好実績）、新店舗オープン、事業開発、新施設、新工場、企業博物館
IR	決算データ、ディスクロージャーデータ
販売促進	ショー、展示館、イベント
事業展開	新規事業、業務提携、経営戦略、キャンペーン展開、チャネル拡大、調査データ
マーケティング	キャンペーン、イベント、広告計画、CM
社会環境	オープンハウス、地域社会貢献

著者作成

的にニュース価値がある情報もある。広報・PR 業務においては、常に社外の
メディアの視点に立った判断が必要である。

　ニュースリリースの基本構成は、タイトル（最もアピールしたいことを端的
に表現したもの）、リード（全体を要約して 5W1H で簡潔にまとめた 4〜5 行
ほどの文）、ニュースの詳細、連絡先である。各構成要素は次の通りである。

① リリースの体裁

　リリースの体裁は、A4 サイズ横組みを基本とし、一目見てどの会社のリリー
スかわかるように、会社のロゴや社名をデザインした用紙（レターヘッド）を
使用するのが一般的である。文章は「ですます」調で、商品の特長などは箇条
書きでわかりやすさを優先する。文章はセンテンスが長いとわかりにくくなる。
極力、一つひとつのセンテンスを短くし、長くなるようなら 2 つの文章にする。
1 つのリリースでアピールすることは 1 つのテーマだけにする。「1 リリース 1
テーマ」が基本である。いくつものことを 1 つのリリースで伝えようとすると
文章の焦点が定まらず、記者にうまく伝わらない。

② 全体構成

　前述のように、記者が記事を書くときに不可欠な基本要素は、Who（誰が）、
When（いつ）、Where（どこで）、What（何を）、Why（なぜ）、How（どの
ように）の 5W1H であり、リリースは記事を書く素材を提供するものである
から、この 5W1H の要素は絶対に必要である。日本のメディアは抽象的な表
現より、具体的なファクトや数字を重視する傾向が強い。新商品や新サービス
のリリースなどでは、5W1H に加えて、Yesterday（過去の経緯）、Today（現
在の動向）、そして Tomorrow（将来の展望）の数値情報や客観的なデータを
加えることが、記者が記事を書く上で有益な情報提供となる。

③ タイトル

　記者は日々、多忙なので全てのリリースを読む時間はない。最初のタイトル
を見て興味がわかなければ、そのリリースはゴミ箱へ直行である。リリースで
まず何より重要なのは、記者の関心を呼ぶタイトルの付け方である。記者の立
場に立って、最もアピールしたいことを強く印象づけるインパクトのあるタイ

トルを作るには、少なくとも複数案は考えて、その中からベストタイトルを選ぶことが必要になる。

④　リード

　タイトルの次に重要になるのが、全体をサマリーとして（要約して）まとめたリード文である。主語（Who）と述語（What）を明確にして、When（いつ）、Where（どこで）、Why（なぜ）、How（どのように）を加えて、簡潔にアピールする。タイトルとリード文はリリースの要（かなめ）で、記者がリリースを読んでくれるかどうかの関門であり、記事化の成否のカギとなる。

⑤　本文

　タイトル、リードを見て記者が興味を持ってくれたら、次は本文である。ニュースについての詳細な説明を書くわけだが、このときの本文は、できれば1ページにまとめたい。多くても2ページ以内にし、参考資料は別添にして、全部で4～5ページ以内に収めることが基本となる。ニュースリリースの構成は、日本の新聞記事のスタイルにしたがって、重要なこと（結論）を最初に書き、順次、詳細情報へと「逆三角形型」で書いていく。

⑥　その他

　最後に問い合わせ先として、社名、住所、担当部門と担当者名、電話、Fax、メールアドレスを必ず記載する。担当者名は、記者向けには広報担当とし、Webサイトで公開する際には、お客様窓口に差し替えるケースが多い。

　リリースが完成したら最後に必ず校正をする。重要情報の固有名詞、数字やデータのチェックは必須で、誤字、脱字があっては情報の信頼性が失われる。

　近年、重要性が一層増しているのが、写真や動画（映像）、図表などのビジュアル素材を添付することも多い。文字だけではなかなか伝わらない情報もビジュアル素材があれば一目で理解が得られ、インパクトも強い。

2.　その他のメディアリレーションズのツール

　広報・PR活動においてはニュースリリース以外にもさまざま目的で特色のあるPRツールが活用されている。主なPRツールは以下の通りである。

① プレスキット

　記者発表会などで記者に配布するリリースや資料類をフォルダーにひとまとめにして提供するものがプレスキットである。ニュースリリースを始め、ファクトブック、会社概要、発表する商品やサービスの関連資料と写真、社長や役員のプロフィールと写真、発表会で使ったパワーポイントのハンドコピー等をフォルダーにセットして配布する。

② ファクトブック

　会社紹介のデータ版で、会社の沿革や事業分野、市場の動向や経営陣のプロフィール、売上高や事業別業績などのデータを紹介したものである。デザインはシンプルにし、グラフや図を中心に作成する。ポイントは、客観的な事実に基づいた情報を表や図、グラフ、チャート等を使ってわかりやすく表現し自社の業界における位置づけを明確にすることが重要である。

　記者発表会などのほか、決算説明会などの IR 資料としても作成される。新たに自社（業界）担当となった記者への説明資料としても活用できる。定期的に変更内容をチェックしてデータを更新することが不可欠である。

③ ニュースレター

　記者・編集者向けに企画のヒントや参考になる情報、データをコンパクトにまとめた資料である。月刊から季刊まで、発行サイクルは企業によってさまざまである。ニュースリリースのようなストレートニュースではなく、企業や業界、商品・サービスのトレンドなどに関連する情報を幅広くまとめて、企画記事やトレンド記事、業界関連記事等を書くときのヒントとなるデータとして提供するものが多い。

④ データリリース

　記者が特定のテーマやジャンルに関する企画を立てたり、傾向記事や業界記事を書くときに参考となるような、各種の関連情報や基礎情報をまとめたデータ集である。調査データや市場データ、話題性の高いトピックスや数値情報を、自社情報に限らず、業界団体や行政の発表データも出典を示して編集して提供する。教育情報産業が、塾や習い事の教育費の世帯平均をまとめたり、不動産

会社が大都市圏の住宅購入の傾向をまとめたり、その内容はさまざまである。ニュースで「○○の調べによると」と企業名が紹介されることでパブリシティになる。

⑤　ホワイトペーパー（白書）

　企業が特定のテーマに関してまとめた報告書をホワイトペーパーという。本来は政府の公開年次報告書を指す用語であるが、近年は一般企業が自社で実施した統計調査の結果や技術関連資料、市場動向や事例集などを、毎年定期的に「ホワイトペーパー」と称してメディア等へ提供することが増えている。

⑥　ビデオリリース

　自社で撮影した映像素材をテレビメディアに提供し、自由に報道や番組で使用してもらうツールである。インターネットでの動画配信が進み、テレビ局だけでなく、広くオンラインメディア向けの動画映像コンテンツの提供やYouTube 等を活用した番組チャンネルの設定が、PR ツールとして定着した。オンラインニュースでは、映像や写真ニュースだけのコーナーも増加しており、動画コンテンツの重要性や影響力は一層大きくなったといえる。

3.　記者クラブとプレス発表

　企業がメディアに情報を積極的に提供し、ニュースとして報道してもらう手法がプレス発表である。プレス発表には、記者クラブでの記者会見から、直接プレスキャラバン、リリース送信など、さまざまな手法がある。

（1）記者クラブとは何か

　記者クラブとは、日本新聞協会加盟の新聞社・通信社・放送局（テレビ・ラジオ）などの報道機関から派遣された記者などで構成する取材拠点である。中央官庁・警察署・県市庁などの官庁系と、経済（業界）団体や商工会議所等の民間系の2タイプがあり、全国では数百か所に上る。

　メディアの記者は、各担当業界の記者クラブに常駐し、取材の拠点として利用するだけでなく、実質的に一種の取材調整機関として機能している。主な記

者クラブは**図表5-3**の通りである。記者クラブのスペースや維持管理費や受付担当者の人件費は、各官庁や財界・業界団体が提供している。

　ほとんどの記者クラブには、業界を担当する記者が常駐している。メディア各社を1社ずつ回って発表（説明）しなくても、記者クラブで発表すれば、1回で多くのメディア（担当記者）にまとめて伝えることができるというメリットがある。

　ただし、記者クラブには雑誌メディアやオンラインメディア、フリージャーナリストは加盟できないところが多いので注意が必要である（加盟していないメディアでも希望すれば会見には出席できるようになりつつある）。

(2) 記者クラブでの発表のルール

　記者クラブを通じてプレス発表を行う方法には、企業のトップ（役員以上が原則）が記者クラブに出向いて記者に直接発表する記者会見と、ニュースリリース等の発表資料を記者クラブで配布する資料配布と、発表テーマに詳しい幹部が説明を加えながらリリース配布するレクチャー（レク）付資料配布等がある。

　記者クラブには輪番制で「幹事社」という記者クラブで発表を希望する企業とクラブ側との調整を担当する役割の記者がいる。企業が記者クラブで発表したいときは、必ず幹事社に連絡を取って承諾を得なければならない。記者クラブでの発表においては、主催権が記者クラブ側にあるからで、幹事社の承諾なしで勝手に発表することはできない。

　記者会見をする際は、発表テーマ、希望日時、出席者を申込用紙に記入し、電話やファクス等で申し込む。資料配布だけの場合も、発表テーマ、希望日時を明らかにして申し込む。幹事社は企業側の希望を聞き、ニュース価値やクラブ側の事情を踏まえて諾否を判断する。企業側の要望が通らないこともある。

　このほか、面倒なルールがいくつかある。例えば、幹事社が記者会見や資料配布を承諾した瞬間から発表までは、記者クラブ加盟記者は当該案件の取材・報道はできない、というルールが記者クラブにあり、「黒板協定」あるいは「白板（ホワイトボード）協定」と言われている。資料配布でも配布時間の48時

【図表5-3 記者クラブの一覧表（東京）】

官庁系	
内閣記者クラブ(国会内、内閣府の記者クラブ)	文部科学記者会（文科省内）
衆議院記者クラブ（国会内）	学術記者会（日本学術会議事務局内）
参議院記者クラブ（国会内）	厚生労働記者会（厚労省内）
両院記者会（国会内）	経済産業省ペンクラブ（経済産業省内）
永田クラブ(正式には内閣記者会)(首相官邸内)	国土交通記者会（国土交通省内）
経済研究会(内閣府内、経済関係の記者クラブ)	国土交通省交通運輸記者会（国土交通省内、専門紙）
司法クラブ（裁判所記者クラブ）	海上保安庁ペンクラブ（海上保安庁内）
法曹クラブ（法務省記者クラブ）	科学記者会（文科省内、専門紙）
財政研究会（財務省内）	総務省記者クラブ（総務省内）
財政クラブ（財務省内、主に地元紙記者）	防衛記者会（防衛省内）
南極記者会（文科省内）	環境省記者クラブ（環境省内）
農政クラブ（農水省、一般紙・放送）	労政記者クラブ（厚生労働省内、専門紙）
農林記者会（農水省、農業専門紙）	警視庁七社会（警視庁内）
林政記者クラブ（林野庁、林業特化）	警視庁記者倶楽部（警視庁内）
人事院記者クラブ（人事院内）	ニュース記者会（警視庁内、民放）
国税庁記者クラブ（国税庁内）	東京都庁記者クラブ（都庁内）

民間系		
経済団体記者会	兜倶楽部	日本外国特派員協会（FCCJ）
東商記者クラブ	ラジオ・テレビ記者会	日本記者クラブ
エネルギー記者会	東京放送記者会	ときわクラブ
自動車産業記者会	レジャー記者クラブ	丸の内記者クラブ
貿易記者会	日本旅行記者クラブ	情報通信記者会
農協記者クラブ	体協記者クラブ・JOC記者会	郵政記者クラブ
金融記者クラブ		

日本パブリックリレーションズ協会作成

間前までに幹事社に申し込まなければならないという「48時間ルール」もある。

　最近は、こうしたルールを撤廃・緩和する記者クラブも増加している。ルールは記者クラブによって異なるので、企業は事前の確認が不可欠である。

(3) 自社主催のプレス発表

　企業が主体（主催者）となってプレス発表する手法もいろいろある。記者クラブ発表は、記者クラブ加盟の記者が対象であり、相手が限定されるが、自社主催では、発表したいメディア、記者を自由に招待できる。自社主催のプレス発表でも、記者クラブ加盟のメディア（記者）をもちろん招待できる。自社で

記者発表会を実施する時は、記者クラブの各記者個人宛てに案内を出せばよい。

　プレス発表では、「記者会見」「記者発表会」あるいは「記者説明会」といった、さまざまな表現が使われる。「記者会見」と「記者発表会」に大きな違いはないが、記者クラブでは「記者会見」と表現される。自社主催の場合はM&Aや事業提携などの発表は「記者会見」で、新製品発表の発表を行うときは「記者発表会」と称されることが多い。ただし、事件、事故、不祥事等ネガティブな問題発生時（緊急時）は「緊急記者会見」と表現している。「記者説明会」と表現されるケースは、新商品や新サービスのプレス発表で、すでにあるメディアが先行報道していて、他の多数のメディアにも直接説明したいという場合などに使われることが多い。発表テーマがそれほどのニュース価値がないときにも「記者説明会」という用語が使われることが多いようである。

　いずれのプレス発表も、出席してほしいメディアを選んで、テーマ、会場、出席者を明記した案内状を出し、事前に出欠確認をとる。同時に、ニュースリリースを作成し、会見者のスピーチとQ&Aのトレーニングを行うことが必要だ。

(4)　ワイヤーサービス

　PR発祥の国であるアメリカは、日本に比べて各新聞社の規模が小さいこともあり、通信社が大きなポジションを占めてきた。通信社の他にも、ニュースリリースを各メディアに配信代行する専門企業（ワイヤーサービス）が古くからあり、メディア側も情報源としてこうしたサービスを活用してきた。

　日本でも本格的なインターネット時代を迎え、メールが通信手段として定着したこと、Webメディアの影響力が急激に大きくなったこと、さらに広報・PR活動を実施する企業が増加したこともあって、ニュースリリースの数が急増している。

　こうした動きに伴って、ワイヤーサービス会社が増加し、配信サービスも定着した。記者クラブの担当記者等が交代するたびにリリースの送信先リストを書き換えたり、記者クラブ以外のメディアに送信したりするためには、自社の広報部門でフォローするのは大変な作業であるため、今日では、多くの企業が

活用されている。ワイヤーサービス会社には、PR TIMES、共同通信 PR ワイヤー、ビジネスワイヤー、@PRESS などがある。

　ワイヤーサービスの内容は、サービス提供企業によって若干異なるが、基本は、リリース配信の許諾を得たメディアにメール（実際はフォーマットに入力）でリリースを配信代行するものである。配信を受けたメディアがリリースを見て関心があれば、確認取材を経て、記事掲載に至る。

　サービス提供会社では、常に配信先のメディアリストを最新のものに更新し、ジャンル別、業種別、エリア別等に分類して、リリースのテーマ、ジャンルに合ったメディアだけに配信している。メディアへの配信とは別に、記者・編集者・フリージャーナリストが個人として会員登録をし、ジャンルやテーマを設定して、自分の望むリリース配信を受けられるシステムもある。

　海外メディアへの配信を行っているワイヤーサービスもある。メディアリストの作成・更新は手間がかかる作業であり、まして海外メディアとなればその困難性は一層増す。海外の大手ワイヤーサービス専門会社を通じての海外配信は、機能、コスト、実務面で海外 PR に不可欠なものになっている。日本のリリースと海外（英文）リリースはスタイルが大きく違うため、翻訳だけでなく、専門知識を生かしたサポートを行っているところもある。

　最近は、ワイヤーサービス提供会社のサイトでも SNS アカウントを立てて、リリースを掲載する業務をスタートさせている。リリースの情報が SNS で拡散されるという効果を狙ってのことである。

(5)　公式 Web サイトと公式 SNS での掲載

　ほとんどの企業の公式 Web サイトおよび公式 SNS には、ニュースリリースを掲載するコーナーがある。元来、ニュースリリースはマスメディアだけを対象にしたものだったので「プレスリリース」と呼ばれていたが、近年はリリースを自社の公式 Web サイトおよび公式 SNS に掲載することが当然になり、一般の生活者がリリースを情報源として活用するようになった。現在では、ワイヤーサービス提供会社の公式 Web サイトおよび公式 SNS に一般の生活者がア

クセスすれば、全てのリリースを閲覧できるようになっている。

(6) 新聞の締め切り

　新聞社の間では、印刷所に紙面を渡す時間を定めた降版協定があり、それに基づいて夕刊・朝刊の最終版の締め切りはそれぞれ午後1時半、午前1時半が目安とされている。地方への配送に要する時間に応じて複数の締め切りがある。プレス発表においては、この締切時間を考慮しなければならない。

4. メディアリレーションズの原則

　どんなに素晴らしいリリースを用意しても、記者とのコミュニケーションが悪ければ、良好なメディアリレーションズはできない。メディアの記者とつきあう上での基本原則は、以下の5つである。

① 迅速な対応

　ニュースを扱う報道機関の場合、締切時間は記者の仕事において最も重要なものである。どんなに優れた記事を書いても、締切に間に合わなければ記事は掲載されない。記者は毎日、締切に追われている。そうした記者に対応するためには、常に締切に合わせたスピーディな対応が必要である。

② 正確な対応

　広報活動には、事実に立脚した双方向のコミュニケーションが必須である。情報は正確でなければならない。間違いがないように何度もチェックするのは当然である。事実を隠したり、ウソをついたりすることは、広報として決してやってはいけないことであり、メディアの記者は何よりも嫌う。虚偽の情報を出したりすると取り返しのつかない厳しいしっぺ返しを受ける。万が一、情報に間違いがあったら、すぐに訂正の連絡をしなければならない。

　その他、誇張した表現を使ったり、都合の良いことだけを発表したりすることは許されない。これは広告宣伝との大きな違いである。さらに、過去に他のメディアで報道されていることや、すでに広告やWebサイトに出ているようなことをニュースだとして発表するのはもってのほかである。

③　誠実な対応

　メディアの記者と広報担当者は相互に信頼関し合える関係となるのが基本であり、正確な情報を伝えなければならない。

　とはいえ、取材に対して、記者の聞きたいこと、望むこと全てに回答できることはあり得ない。知らないこと、わからないこと、今は言えないことは多い。そうしたときは、知らないことは知らない、わからないことはわからない、とはっきり言わなければいけない。ただ、できればいつになれば回答できるかを約束し、その約束を守ることが大切である。メディアへの対応は、良いときも悪いときも、誠実・正直に対応する、という同じスタンスを保ち、軸がぶれないように心がけるべきだろう。

④　公平な情報公開

　重大案件のプレス発表で気をつけなければならないことは、すべてのメディアを平等に扱うことである。重大ニュースを自社が報道できなかった場合はどのメディアであっても大きな問題となる。記者の取材努力によってスクープ（特ダネ）される場合は別だが、重大ニュースを企業側が一社だけに意図的に情報提供することは、他紙の記者の強い反感を生むことになる。

　ただし、一斉発表ではほとんど報道されない可能性が高い場合は、一社だけに独占的に情報提供すること（リーク）もある。これは他メディアとのバランスを考えながら慎重に行わなければなず、高度な広報テクニックといえる。

⑤　原稿は一任する

　大手メディアの取材において、取材を受ける前にどんな記事になるのかを細かく尋ねたり、取材を受けたのだから記事になる前に原稿を見るのは当然だという考えで、事前の原稿チェックを要求したりすることは、最も嫌われる。記事は、そもそも広告のように金銭の支払いの対価ではない。取材するかどうか、取材しても原稿にするかどうか、原稿をデスクに送っても実際に掲載されるかどうか、すべての決定権はメディア側にあるからだ。対談や人物インタビューでコメントした言葉に間違いがないかを事前にチェックすることはあるが、一般には記事になる前にその原稿を見せろと要求することはタブーである。

問 パブリシティと広告に関する次の記述のうち、最も不適切なものを選びなさい。

a. 広告はメディアのスペースや時間を金銭で売買するというビジネスであり、広告を見る人は広告を出している企業が情報（広告）の発信主体だと見ている。

b. パブリシティの成果は報道であり、したがってその情報特性は客観的な事実が基本となる。一方、広告はウソであったり社会倫理に反したりしなければ、主観的で情緒的なイメージ訴求もある程度は許される。

c. 広告は、費用を考えなければ、計画的に何度でも同じ内容のものを繰り返し掲載・放映することができるリピート性が特徴である。

d. 広告スペースを購入し、記事風にしたペイドパブリシティは、読者に対してメディアが情報の信頼性を保証するとの誤認を与えることから、広報・PR活動として実施すべきではない。

<解説>
　dのペイドパブリシティは、「記事体広告」又は「タイアップ広告」とも呼ばれ、通常の広告表現とは異なり、ある程度、客観性を帯びた表現が可能な広告の一形態である。したがって、メディアやスポンサー企業は、読者が一般記事と誤認しないように、この記事が広告であることを「協力（提供）：○○社」などの付記によって明示することが肝要である。この条件を満たせば、広報・PR活動の総合的戦略には、一部、広告によるコミュニケーションも含まれているので、誤認を招く形態でなければペイドパブリシティも実施範囲となる場合もある。

　　正解：d

問　記者クラブに関する次の記述のうち、最も不適切なものを選びなさい。

a. 記者クラブに加盟できるメディアは、基本的には国内の新聞社、通信社、テレビ・ラジオ局であったが、近年は加盟条件が緩和されつつある。

b. 記者クラブは、中央省庁、警察署、自治体などの官庁系と経済（業界）団体などの民間系の２つのタイプに分かれる。

c. 企業が記者クラブで記者会見を行う場合、発表の可否、実施日時などの決定権はクラブ側にある。

d. 記者クラブを置くスペースの賃貸使用料や維持管理費、受付担当者の人件費は、すべて記者クラブに加盟しているメディアが均等割で負担する。

＜解説＞
　d.記者クラブの上記の諸経費は、官庁系の場合は、当該官庁が、経済団体など民間系の場合は、当該業界が負担している。
　c.記者クラブ内での会見は、発表内容の重要度、緊急度、期日、時間などを勘案して記者クラブの幹事社が可否を決定する。

　　　正解：d

第6章 マーケティングの基礎理論

　近年、企業や団体のマーケティング活動において、広報・PRへの期待が高まっている。環境問題、少子高齢化、食品の安全・安心、働き方改革などの社会的課題への対応や社会貢献活動が企業のマーケティング活動に大きな関わりを持つようになってきたためである。社会あるいはパブリックとの望ましい関係づくりがマーケティング活動においても重要視されるようになり、広報・PRがマーケティングに果たす役割が大きくなっている。

　マーケティングの一環としてのPRは、製品広報、マーケティングコミュニケーションまたはマーケティングPRと呼ばれ、計画立案・実施・検証・改善という全てのプロセスにおいて、マーケティングの基本知識が必要とされる。本章では、マーケティングの基本概念や、マーケティング戦略立案のための基本について概説する。

Ⅰ マーケティングの基本

　「マーケティング」は実際のビジネスの場面で頻繁に使われている用語である。しかし、誤用されている場合も多く、「市場調査＝マーケティング」や「広告宣伝活動＝マーケティング」という偏った解釈で使われていることがよくある。市場調査で顧客のニーズをつかんだり、競合製品の動向を把握したり、コミュニケーション活動によって製品の認知を高めたりすることは重要だが、それはマーケティングの一部にすぎない。そこで、まずマーケティングとは何かをまとめておこう。

1.　マーケティングの定義

　マーケティング（Marketing）は、英語の綴りの通り、"Market" と "ing"
の合成語である。いわば市場を変化させる「市場創造活動」と表現してもよい。

　米国マーケティング協会（AMA）の定義では、「マーケティングとは、顧客、
依頼人、パートナー、社会全体にとって価値のある提供物を創造・伝達・配達・
交換するための活動であり、一連の制度、そしてプロセスである」としている。

　ドラッカーは「マーケティングの理想は、販売を不要なものにすることであ
る」と語った。つまりマーケティングとは短期的な「製品を売る」ための活動
ではなく、むやみに売り込みをしなくても「売れ続ける仕組み」を構築してい
く中長期的な活動なのである。

　コトラーとケラーは、「マーケティング・マネジメントとは、標的市場を選
択し、優れた顧客価値の創造、伝達、提供を通じて、顧客を獲得、維持、育成
する技術及び科学である」と定義している。「顧客の獲得、維持、育成」とは、
製品が「売れ続ける仕組み」をつくる活動と同じ意味である。

　つまり、マーケティングとは「ターゲットとなる市場を選択し、顧客を獲得、
維持、育成」する活動だといえる。「市場調査」はターゲットとなる市場選択
や顧客価値を見出すための手段であり、「広告宣伝」や「販売促進」は、顧客
を獲得、維持、育成する活動の一部に過ぎない。

　なお、本章において「製品」とは、市場のニーズを満たすために市場に提供
される全てのものを指す。製品は形あるものだけに限らず、サービスや、場所、
アイディアなども含まれるが、本章では簡略化のため、製品とサービスを区別
せず、「製品」と呼ぶ。

2.　顧客に価値を提供するマーケターの役割

　マーケティングを理解するキーワードは、市場、顧客、交換、価値である。
市場（しじょう）とは、売り手と買い手が取引する場所であり、マーケティン
グでは顧客の集合体と捉えることが多い。

　交換とは、求める製品を他者から手に入れ、お返しに何かを提供することで

【図表6-1　マーケティングの概念図】

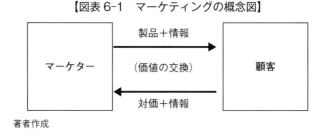

著者作成

ある。

　例えば企業側が製品を提供し、消費者側がその価値にあう金額を対価（価値の尺度となるものが貨幣）として支払う、このプロセスが交換である。価値の交換は、経済的有用性に基づいて行われるのが代表的であるが、交換による社会的地位の獲得、集団間の結びつきの強化といった社会的側面も重要である。マーケティングは市場における顧客との価値の交換の過程である、と考えることができる。したがって、マーケティングを行う「マーケター」は顧客のために価値を選択し、提供し、伝達する役割があるといえる（**図表6-1**参照）。

3.　経営とマーケティング

　マーケティングは、生産、人事、財務などと並んで企業経営の重要な方法である。経営とは、継続的・計画的に事業を遂行すること、特に、経済的活動を運営することである。代表的な経営として企業経営を挙げることができる。経営学者のドラッカーは、企業の目的は「顧客の創造」であり、基本的な方法はマーケティングとイノベーションで、この2つだけが成果を生むものであり、その他の方法は費用（コスト）だけしか生まないと説明している。

　企業経営のほかに、学校経営、病院経営、非営利組織の経営などについて考えても、企業経営と同様にマーケティングが重要な役割を果たす。政府・地方自治体のような公共機関もマーケティング活動を行っている。

　マーケティングの対象は、一般的な理解では製品・サービスであるが、近年、対象を拡大する動きが目立っている。コトラーとケラーはマーケティングの対

象として、製品、サービス、イベント、経験、人、場所、資産、組織、情報、アイデアの 10 種類を挙げている。

　「人」については、芸術家、企業の CEO、世間の注目を浴びる弁護士や投資家など、著名人のマーケティングが重要なビジネスになってきている。「場所」については、市、州、地域が、観光集客、企業の工場や研究施設などの誘致、住民の移住を競い合っている。「情報」については、学校、新聞、テレビ、雑誌、Web メディアや、情報関連企業が情報や映像コンテンツに付加価値をつけて有料サービスとして流通させようとしている。

　日本でもマーケティングの対象を拡大する傾向は顕著になってきている。県や市による「場所」のマーケティング活動は盛んに行われている。コトラーとケラーによれば、「情報」については Web 関連メディアの活動が目立ち、これと関連して広報・PR の役割も増大している。

Ⅱ　マーケティングの進め方

　前述のとおり、マーケティングの目的は「顧客の獲得・維持・育成」による市場創造にある。市場を継続的に創出・拡大していくために、マーケティング計画をどのように組み立てるべきかを整理しておこう。

1.　中長期計画と短期計画

　「マーケティング計画」には、経営戦略に位置づけられる計画と、事業戦略上の計画の 2 つのレベルがある。前者は企業の全社的なマーケティング戦略を策定することが目的で、通常は 3 年から 5 年先までを見据えて、中長期のマーケティング目標を設定したり、新市場への参入・既存市場からの撤退などの重要な戦略転換に応じて経営資源の再配分を行う。

　「戦略市場計画」と呼ばれるこうした中長期マーケティング計画の策定にあたっては、経営トップが意思決定に関与する場合が多い。後者の事業戦略としてのマーケティング計画は「マーケティング機能戦略」と呼ばれ、事業部門の

ミドルマネジメントのための実行計画となる。事業部門の計画は、半年から1年の期間を視野に入れて、計画・実行されるのが一般的である。

2. マーケティング活動の基本要素

　次に、マーケティング活動に求められる基本プロセスとそのおおまかなフローを紹介する（**図表6-2**参照）。マーケティング活動の基本的な枠組みは、3つのフェーズ－「分析」「計画」「実行」から成り立っている。

3.「分析」のフェーズ

　企業を取り巻く市場環境要因の分析を行うのが「市場機会の分析」である。環境要因にはマクロ環境とミクロ環境がある。

【図表6-2　マーケティング・プロセス】

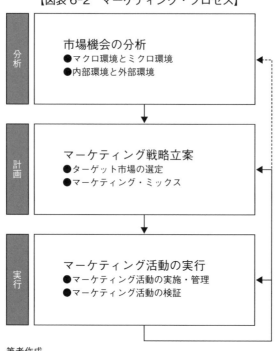

筆者作成

　ミクロ環境とは、自社が展開する製品の戦略に直接的な影響をもたらす競合企業や顧客の動向、自社のさまざまな組織や市場におけるポジション、さらに自社と取引のある供給業者や仲介業者（流通業者、物流業者）から派生する諸要因を指す。また、マクロ環境とはミクロ環境に影響を与える社会的環境要因であり、人口動態の変化、政治・経済・社会・文化の動向などがある。詳しくは後述する。

4.「計画」のフェーズ

　マーケティング戦略の立案には、全社的な戦略・事業部門戦略、中長期戦略・短期戦略があり、戦略テーマに応じたアプローチの方法が求められる。企業が置かれている競争上の地位や事業方針によって取るべき戦略は異なる。

　戦略立案にあたっては、まず、製品を投入する市場を明確にするために「ターゲット市場（しじょう）」の選定を行う。「市場」とはある製品の現実の顧客と潜在的な顧客の集合であり、製品の多くは、ある特定の顧客層に強く支持され、高い満足を提供することによって収益を上げている。効率的なマーケティングを行うためには、高い収益をもたらす顧客層を明確にして、その顧客層のニーズに合致した施策を展開する必要がある。製品を受け入れてくれる顧客層を特定し、区分する方法を市場セグメンテーション（細分化）と呼ぶ。

　次に、自社が選定したターゲット市場に対して、マーケティング戦略に基づく目標（売上げや利益、市場シェア獲得、新規顧客の獲得）を達成するための計画策定を行う。その中核をなす計画が「マーケティング・ミックス」と呼ばれる戦略である。このマーケティング・ミックスは、製品、価格、流通、プロモーションの4つの政策（4P）を配慮して、計画を立案する作業である。

5.「実行」のフェーズ

　戦略は計画的、効率的に実行されなければ期待した成果を生み出せない。最大限の効果を生むためには、立案した計画をタイミングよく的確に実行できる組織体制と予算のコントロールが必要になる。マーケティングは組織を横断す

る総合的な活動であり、推進母体となる事業部門のみならず社内の関連部署（研究開発部門・製品生産部門・広告宣伝部門・広報部門・営業部門など）との連携が不可欠である。

6.「検証」のプロセス

　マーケティングの実行とともに欠かせないのが検証のプロセスである。目標と実際の成果を比較しそのギャップを明確にし、その要因を探ることがマーケティング活動に一貫性をもたらし、成功に導く。検証すべき対象は、「分析」「計画」「実行」の全てのフェーズに存在する。市場機会や顧客分析におけるデータの読み違い、4つの政策と市場の不適合、投入予算や実施時期の過ち、社内の部門間の連携不足などの内部要因と競合企業の参入や社会環境の変化などの外部要因などから、目標と成果にギャップが生じているようなら次のマーケティング計画に向けた課題を見極めなければならない。マーケティングは分析・計画・実行のプロセスを循環させながら、上向きのスパイラルを構築していくものである。同じ過ちを繰り返さず、的確な分析・計画・実行のプロセスを踏むことによって、効率的・持続的なマーケティング活動が実現する。

Ⅲ　市場機会の分析

　ここでは、マーケティング活動の第1フェーズ「市場機会の分析」について論を進める。まず、マーケティング活動に影響を与える環境要因について整理しておこう。

1.　マクロ環境とミクロ環境

　マーケティング活動の目的は「顧客の獲得・維持・育成」にあると前述したが、マーケティング環境とは、顧客を開拓し良好な関係を構築して、顧客を維持・育成していく活動に影響を及ぼすさまざまな要因を指す。マーケティング環境はミクロ環境とマクロ環境に大別できる。

【図表6-3　マクロ環境とミクロ環境】

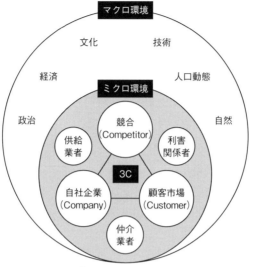

出典：コトラー他『コトラーのマーケティング入門 第4版』

　コトラーは、ミクロ環境として「企業自身（自社企業）、供給業者、仲介業者、顧客市場、競合他社、利害関係集団」を挙げている。ミクロ環境は企業のマーケティングに密接な関わりがあり、マーケティング活動に直接影響を及ぼす。また、ミクロ環境に影響を与えるもっと大きな社会的要因がマクロ環境であり、主な要因として「人口動態、経済、自然、技術、政治、文化的要因」があげられる。マクロ環境は、個々の企業が直接コントロールできるものではないが、中長期的にはマーケティング戦略に大きな影響を及ぼす要因となるので、事前にマクロ環境の動向を予測しておく必要がある。

2．3C分析のポイント

　ミクロ環境要因の中でも、特に自社企業（Company）、顧客市場（Customer）、競合他社（Competitor）の3つの視点からの分析は、マーケティング環境分析の基本となる。この分析手法は、英語の頭文字を取って「3C分析」と呼ば

れている。「３Ｃ分析」のポイントは次のようなものである。

　まず「自社企業の分析」のポイントは、マーケティングが担当部門だけでなく、自社のさまざまな部門（財務、研究開発、購買、製造、営業、広報、広告・宣伝など）が関与する組織横断的な活動だと考えることである。他部門との連携を図ってマーケティング計画にあたらなければ、自社の強みを生かした戦略構築はできない。そのためにも他部門の組織上・機能上の特徴を把握し、マーケティングの戦略立案に影響を与える自社の強み、弱みを定性的・定量的に分析することが重要である。具体的には、売上高、市場シェア、収益性の推移、研究開発力、核となる技術、販売力、組織スキルなどの分析が行われる。

　さらに、自社の個別事業のマーケティング戦略は、企業理念や企業の社会使命、経営目標、経営計画などの経営戦略との整合性がなければならない。自社の経営資源や企業ブランドもマーケティング戦略に大きな影響をもたらす。

　次に顧客市場分析のポイントは、自社の製品を購買する可能性のある顧客（潜在顧客）を把握することである。それから、マーケティング対象として重視すべき戦略顧客のニーズ、購買決定プロセスなどの観点で分析を行う。消費者の購買行動については次節で述べる。

　また、競合分析のポイントは、自社の競合製品を展開する競合企業はどこかを明確にした上で、自社分析と同様、売上げ、市場シェア、収益性の推移や競合他社の経営資源、組織や事業展開上の強み、弱みを分析することである。

　要するにマーケティング戦略とは、市場で競合他社との競争に勝つための計画を立てることである。自社の製品が大きな収益を上げれば、競合企業が追随する戦略を取り、魅力的な市場になればなるほど手強い競合が表れる可能性が高くなる。競合他社の企業規模や業界における影響力、競合他社の戦略を読み解いていかなければ、的確な戦略を組み立てることはできない。

　マーケティング戦略には、唯一無二の絶対的な答えがある訳ではなく、常に変化する競合他社との関係や顧客のニーズに合わせて最適解を探っていくものである。その意味においても、競合他社に対して相対的に優位な要因を発見するプロセスが重要になってくる。

Ⅳ 消費者の購買行動

　消費者は企業のマーケティング活動に利益をもたらす源泉である。消費者のことを知らなければマーケティングは成り立たない。消費者がどのような心理的プロセスを経て製品を購買するのかを考えるために、消費者の意識と購買行動の関係について概説する。

1. 顧客の分類

　顧客は大きく分けると一般消費者と法人企業の2種類がある。市場がBtoC（Business to Consumer）であれば「一般消費者」であり、BtoB（Business to Business）であれば「企業等（法人企業や行政機関）の購買者」である。

　両者に共通して、自社と顧客の関係性から分類する方法もある。企業にとって、まだ顧客になっていないが自社の製品を購入してくれる可能性がある顧客を「潜在顧客」と呼ぶ。その中でも、自社と何らかの接触があり、自社の製品に興味を持った経験のある顧客は「見込み客」となる。また、一度だけでも製品を購入してくれた顧客を「トライアルユーザー」、2～3回以上継続して購入してくれた顧客を「リピーター」と呼ぶ。関係性が深まって、製品に愛着を持ち、何度も繰り返し購入してくれた顧客は「ロイヤルユーザー」となる。

2. 消費者の購買意思決定モデル

　消費者の購買行動のプロセスを分析したものが「購買意思決定モデル」である。このモデルは消費者が外部からの刺激を受けて、内部に蓄積している経験や知識と重ね合わせながら、最終的に購買行動に至るまでのプロセスを構造化したものである。

　消費者が受け取る外部刺激には、3つの種類がある。

　第1は、マーケティング活動を展開している企業が発信している情報である。広告・宣伝や、製品Webサイト、店頭SP、カタログやチラシ、製品パッケージなど、さまざまなルートを通して企業発の情報が消費者に届いている。

　第2は、社会・経済・文化的環境などのマクロ環境から受ける刺激で、消費者は新聞・雑誌・テレビ・Web などのメディアを介して受け取る。

　第3は、消費者が周囲の家族や友人、会社の同僚などとの接触を通じて受ける刺激である。代表的なものは「口コミ」である。対面の会話だけでなく、SNS（Social Networking Service）を通したユーザーのメッセージもこれに分類される。

　こうした外部刺激と購買行動の関係を説明した代表的なモデルが「AIDMA モデル」である。1920 年代にアメリカで提唱された AIDMA モデルは、購買行動に至る心理と行動のプロセスを5段階で説明している。「Attention」（注目）→「Interest」（関心）→「Desire」（欲求）→「Memory」（記憶）→「Action」（行動）という5つの過程で消費者の購買行動を分析しているのが特徴である。このモデルに沿って消費者の意識のプロセスを追ってみる。まず、製品を知らない消費者が何らかのきっかけに製品やブランドを認識するのが「Attention（注目）」の段階である。消費者がその製品に興味を持てば「Interest（関心）」の段階へ進む。さらに、その製品を「使ってみたい」と思えば「Desire（欲求）」の段階へ進み、同じようないくつかの製品を比較検討するようになる。そのときの欲求が強ければ、時間を経ても「Memory（記憶）」に残り、購買への欲求が熟成されて「Action（行動）」につながる。

　この AIDMA モデルは現在においても消費者の購買行動として納得がいくものではあるが、近年ではインターネットの普及により消費者を取り巻く情報環境は著しく変化し、ネット社会の進展が消費者の新たな購買行動プロセスを生み出したと言われている。

　そこで AIDMA に代わるインターネット時代の新しい購買行動モデルとして注目されたのが AISAS モデルで、「Attention」（注目）→「Interest」（関心）→「Search」（検索）→「Action」（行動）→「Share」（情報共有）の5つの過程で消費者の購買行動を示している（**図表6-4**）。

　新しい購買行動プロセスとして加わった「Search」（検索）と「Share」（情報共有）が情報環境の変化を端的に示している。最初の A（注目）から I（関心）

【図表6-4　消費者の購買行動プロセスモデル】

A	I	D	M	A
Attention	Interest	Desire	Memory	Action
注目	関心	欲求	記憶	行動

A	I	S	A	S
Attention	Interest	Search	Action	Share
注目	関心	検索	行動	情報共有

への過程は変わらないが、AIDMAモデルとの違いはD（欲求）とM（記憶）が、S（検索）に代わり、最後がS（情報共有）になっている点にある。消費者は製品に関心を持ったら、その場でパソコンやスマホを使って検索を行い、欲しい情報を手に入れ、他の製品との比較検討を行う。またA（行動）の後で、製品に関する評価や意見をSNSを通じて発信し、S（情報共有）のプロセスをとるようになった。なお、このAISASモデルは1995年に電通が提唱したもので、同社の登録商標である。

3. 製品への関与度と購買行動

　消費者はどのような製品に対しても同じような購買行動をとるわけではない。製品に対する関与度によって、購買行動は変わる。

　機能、品質、ブランド力など製品間の差別化につながる特性が薄れることを製品のコモディティ化と呼ぶが、コモディティ化が進むと消費者にとってはどこのメーカーの製品を購入しても大差ない状態になる。特に低価格で購入頻度の高い製品カテゴリーでは、一般に製品に対する消費者の関与度が低いため、興味を持って心に留めたりじっくり検討することなく、販促キャンペーンなど

の外的な刺激にダイレクトに反応して購買することが多い。

　一方、自動車や高級化粧品など高価格帯の耐久消費財や、非日常の海外旅行、ウェディングなどのサービスには、購買にかかわる期待が高くなる。このような製品を「高関与製品」と呼び、消費者は自分から積極的に情報を収集し、納得のできる意思決定プロセスを取るようになる。関与度の高い製品に関しては、購買意思決定のための「Search」（検索）は欠かせないプロセスになっている。旅行、宿泊施設、自動車、化粧品などの口コミ、ランキングサイトへの高いアクセス数は、高関与製品に対する消費者の購買行動を端的に示している。

　コモディティ化した低関与製品は、売り場での刺激で購買が喚起されることが多いため、店頭キャンペーンや値引きで購入を促す施策が有効である。しかし高価格帯の高関与製品の場合は、店頭の刺激だけでは購買は喚起されない。こうした製品への関与度の違いを考えながら、「AIDMA」あるいは「AISAS」のような消費者の購買行動プロセスを前提におき、さまざまなマーケティング施策を展開することが望まれる。

Ⅴ　マーケティング・ミックス

　ここでは、マーケティング活動の第二ステップである「マーケティング計画」について概説する。マーケティング計画において重要な概念は、マーケティングの戦略立案にあたって明確にすべき「STP（セグメンテーション・ターゲティング・ポジショニング）」の考え方と、マーケティングの基本施策「マーケティング・ミックス（4P）」である。

1. STP

　STPとはセグメンテーション（Segmentation）、ターゲティング（Targeting）、ポジショニング（Positioning）の頭文字をとったもので、マーケティング目的・目標を達成するための手法である。

(1) セグメンテーションのための方法

　自社が狙うべき市場はどこかを考え、製品を提供していく顧客層を明確にして、ターゲット市場として設定する方法を市場セグメンテーション（細分化）と呼ぶ。市場セグメンテーションの一般的な方法には、次のように「地理的変数」「人口動態学的（デモグラフィック）変数」、「心理的変数」「行動的変数」の4つの切り口がある。

①「地理的変数」

　消費者を居住している国、地方・地域、都道府県、都市・町などによって分け、人口密度・気候など、その地域の土地柄や消費者の嗜好に合わせたマーケティング活動を行う。

②「人口動態学的（デモグラフィック）変数」

　年齢、性別、世帯規模、家族のライフステージ、所得、職業、学歴などを選定基準にセグメンテーションを行う。一般消費財では最も一般的なセグメンテーションの方法である。

③「心理的変数」

　生活者のライフスタイル、パーソナリティ、価値観などの心理的特性を基準に顧客をセグメンテーションする方法である。

④「行動的変数」

　生活行動、製品やサービスに対する知識や態度、使用状況などをベースに、顧客をセグメンテーションする方法である。

(2) ターゲティング

　「ターゲティング」は、標的市場の設定を意味する。セグメンテーションの次のステップであり、セグメント（セグメンテーションされた変数の1つ）からターゲットを特定し、そのターゲット像を描き出すという作業である。

　「ターゲット市場」の選定は、製品を投入する市場を明確にするために行う。「市場」とはある製品の現実の顧客と潜在的な顧客の集合であり、製品の多くは、ある特定の顧客層に強く支持され、高い満足を提供することによって収益を上

げている。効率的効果的なマーケティングを行うためには、高い収益をもたらす顧客層を明確にして、その顧客層のニーズに合致した施策を展開する必要がある。ここでは、調査によって得られたデータを羅列するだけではなく、できる限り「消費者の顔が見える」形で描き出すことが重要である。

　ターゲットの選定にあたって留意すべき点として、コトラーは、①対象となる市場規模とターゲットの特性や購買力を定量的に把握できること、②成長性があり十分な市場規模があること（あまりにも市場を細分化しすぎると効率性が失われる）、③ターゲット顧客に対して製品を提供できるチャネルがあり、コミュニケーション活動においてもアプローチ可能なこと、④対象となる市場にあった効果的なプログラムを設計でき、実行できる資源や組織体制を持っていること、の４項目をあげている。

(3)　ポジショニング

　「ポジショニング」は、自社がターゲットとする市場において商品をどのように位置づけて他社と競争するかを決めることである。ある市場における複数の商品・サービスのポジションを示すために、２次元のポジショニング・マップが使われることが多い（**図表 6-5** 参照）。

【図表 6-5　ポジショニング・マップの例】

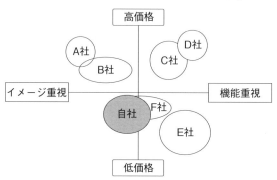

著者作成

2. マーケティング・ミックス（4P）

　ターゲット市場の特性に合わせた効果的なマーケティング活動を組み立てる際に中核となるのが、マーケティング・ミックスである。マーケティング戦略は、選定したターゲット市場に対応したマーケティング・ミックス要素を計画することで、実施可能なプログラムとなる。

　マーケティング・ミックスとは、アメリカのマーケティング学者のマッカーシーが1960年に提唱した4つの要素からなるマーケティングの具体的活動計画のことである。製品政策（Product）、価格政策（Price）、流通政策（Place）、プロモーション政策（Promotion）の英語の頭文字を取って「4P」と呼ばれる。

Product（製品）：品質、機能特性、スタイル、サービス、保証を含む。
Price（価格）：定価、値引き、利益額、支払い期間、支払い条件を含む。
Place（流通）：販売の場所、流通経路、店舗、立地条件、在庫、配送など広い。
　　　　　　意味での流通を指す。
Promotion（販売促進）：広告、PR、SP（セールスプロモーション）、人的販
　　　　　　　　　　　売などがある。

　マーケティング・ミックスの全体計画において留意すべき点は、各施策がターゲットとなる顧客のニーズや特性に適合した計画になっていることと、製品・価格・流通・プロモーションの各施策の間に不適合がなく連携できていること、の2点である。PRは、マーケティング・ミックスにおける4PのPromotionの1つに位置づけられる。

(1) 製品政策

　マーケティング・ミックスの中心となるのが製品政策である。企業はまず製品政策を通じて、顧客のニーズに適応していくことが求められる。

　「製品とは便益（ベネフィット）の束である」、と言われるとおり、製品の中核には顧客のニーズに適合する便益がなくてはならない（**図表6-6**参照）。

　「電気ドリルを買いに来た人が欲しいのは、ドリルではなく穴である」というマーケティングの有名な言葉があるが、顧客の本来のニーズが何なのかを知

【図表6-6　製品を構成する３つの要素】

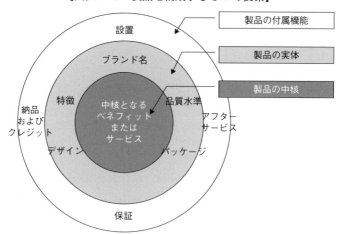

出典：コトラー（2014）『コトラーのマーケティング入門第４版』

り、製品の中核となるベネフィットを明確にすることが製品政策の要点となる。

　次に製品の実体を作り上げる必要がある。品質水準、特徴、ブランド名、デザイン、パッケージがその構成要素となる。さらに製品の付属機能である製品の取り付けやアフターサービス、品質保証などにより顧客の求めるニーズに応えていかなければならない。

　製品政策においては、1990年代以降、ブランド構築（Branding）が注目されている。ブランドについては第８章で概説する。

(2) 価格政策

　価格の設定は利益に直結し、マーケティング・ミックスの中でも重要な要素となる。価格の決め方には３つの方法がある。

　第１は、コストに基づく価格設定で、製造原価に一定の利益を上乗せして販売価格を決める方法である。一製品当りの製造原価は販売数量によって異なるため、販売数量目標を定めて単位当りの製造原価を算出し、利益を乗せて販売価格を設定する。

　第2は、顧客の需要に基づく価格設定で、顧客が認識する価値に基づいて価格を決める考え方である。顧客にとっての価値と価格の関係を考える上では、経済学の「価格弾力性」という概念が役に立つ。価格弾力性とは、価格の変動によって、製品の需要が変化する度合いを示す指標で、価格を下げる（または上げる）ことによって、需要の増加（減少）が大きければ価格弾力性が高く、需要があまり変わらなければ価格弾力性が低いことになる。価格弾力性の高い製品（贅沢品）は、価格を下げれば需要を喚起することができるため、価格政策が重要なポイントになる。価格弾力性の低い製品（必需品）は価格を下げても需要の増加はあまりない。

　第3は、競争に基づく価格設定で、市場に出回っている競合製品の実勢価格に合わせて価格を決める方法である。その市場のトップシェア企業が「プライスリーダー」の役割を果たして製品価格を決定し、他社が追随する場合にこの方法がよく取られる。

　また、これまでは、価格競争に巻き込まれないために高付加価値をつけることがブランド戦略の考え方であったが、逆の発想で「安くても良い品質であること」を保証するためにブランド戦略を活用し、成功をおさめている企業も増加している。ユニクロやニトリなどが、その好例だ。不況の時代にあって、「価格」は購買の重要な要因になっているが、安い製品に不安を感じる消費者に対して、流通政策によって安い価格を設定できる製品が強いブランドになっているといえよう。

　さらに、新製品の市場導入時における適正価格は、価格政策によって異なる。短期間で製品を普及浸透させるために低価格で発売する戦略（＝市場浸透価格戦略）を取る場合もあるし、新製品の価格を高価格設定にして利益を上げようとする戦略（＝上澄み吸収価格戦略）をとることもある。

(3) 流通政策

　企業と消費者の間の物理的な隔たりを解消して、製品を消費者の手元に届けるのが流通チャネルの役割だが、流通チャネルを経由しているのは製品の流れ

（＝物流）だけではない。流通チャネルは商品や取引に関連する情報を蓄積し、伝達する機能を持っている。流通チャネルである小売店の店頭からも、製品情報は消費者にダイレクトに届けられる。

　流通チャネルに対する基本政策として、広い拡大チャネルを目指すのか、それとも狭い限定的なチャネルを目指すのかを決める必要がある。チャネルの選択は、製品特性や消費者の関与度、自社の経営資源を考慮して行われる。消費者の関与度の低い日用雑貨や加工食品の販売には、できるだけ多くの販路を開拓することが望ましい。

　特に日用品の場合、顧客の多くは来店してからどの製品を購入するかを決める。どれだけ多くの店頭に製品を並べられるかという配荷力と、店頭でのプロモーション活動が、購買に大きな影響力を持つ。

　一方、高価格帯で的確な製品説明や、きめ細かなアフターサービスを必要とする製品では、専門性の高い限定的な販売チャネルを構築する必要がある。

（4）プロモーション政策

　マーケティング・ミックスの効果を最大化していくのが、プロモーション活動の役割である。顧客のニーズを的確に読みとり、競合製品に比べて優れた製品を市場に投入できたとしても、顧客にその良さが伝わらなければ購買行動に結びつかない。ターゲットとなる顧客に製品の良さをより深く、効率的に伝えていくことが、プロモーション政策の役割となる。

　プロモーション政策の手段としては、広告（Advertising）、PR（Public Relations）、SP（Sales Promotion）、人的販売（Personal Selling）の4つに区分される。**図表6-7**のように、それぞれの施策には多種多様なコミュニケーション活動が存在している。広告やPRは主にメディアを介したコミュニケーション活動手段であり、消費者の興味を引きつけて需要を刺激する方法なので、「プル戦略」と呼ばれる。

　一方、人的販売やSPは、メーカー側が卸売業者や小売業者に積極的なアプローチをかけることによって消費者に訴求してもらう方法なので、「プッシュ

【図表6-7　主なコミュニケーションツール】

広告	PR	SP	人的販売
新聞広告	記者発表会	クーポン、割引き	販売プレゼンテー
雑誌広告	記者会見、スピーチ	プレミアム、ギフト	ション
テレビ広告	マスコミセミナー	ポイント・システム	インセンティブ・プ
ラジオ広告	PRイベント	価格訴求パック	ログラム
ネット広告	プレスツアー	コンテスト、懸賞	販売会議
屋外広告	スポンサーシップ	イベント	教育プログラム
交通広告	ニュースリリース	フェア、展示会	マニュアル
POP広告	ネット配信	サンプリング	セミナー、研修
編集タイアップ広告	ニューズレター	店頭ディスプレイ	
	PR調査	販売ツール提供	
	パブリシティ	カタログ	

出典：小川孔輔（2009）『マーケティング入門』をもとに一部修正

　戦略」と呼ばれる。

　同時に、顧客とその周辺にいる生活者（家族・知人・同僚など）による口コミも、人的コミュニケーションの1つであることを忘れてはならない。特に近年は、Facebook、X（旧Twitter）、Instagram、LINEなどのSNSや個人ブログが日常生活に浸透して、口コミの伝播力が大きくなっている。

　また、プロモーション政策は企業からのワンウェイ（一方向）の情報発信から、消費者とのツーウェイ（双方向）コミュニケーションへと重心が移っている。そして、今日の消費者起点のマーケティングの考え方により、企業が消費者を説得するという意味合いの強い「プロモーション」という言葉よりも、企業と消費者相互のコミュニケーションを指す「マーケティング・コミュニケーション」という呼び方の方が一般的になっている。

Ⅵ　マーケティング・コンセプト

　企業が組織として持つべきマーケティングの基本的な考え方を「マーケティング・コンセプト」という。マーケティング・コンセプトとは、マーケティング活動を導く理念であり、マーケティング活動はこの理念に基づき統括的に行

われるものである。マーケティングのコンセプト、手法・役割は、時代の変化
とともに移り変わってきている。

　この章の最後に、こうした概念についてまとめておこう。

1.　マーケティング・コンセプトの変遷

　マーケティング・コンセプトには、企業が市場に向き合う姿勢が反映される。
マーケティング・コンセプトは時代とともに変化してきた。一言でいえば、「プ
ロダクト志向→セリング志向→顧客志向→社会志向」である。

　「プロダクト志向」とは、初めに商品ありきの考え方で、シーズ志向ともいう。
「シーズ」とは、企業が持っている新しい製品や技術のことであり、良い商品
を開発したからそれを売る、という考え方である。

　「セリング志向」とは、開発されてできあがった商品を売り込む仕組みを作
ろうという考え方である。製品や技術だけでなく、流通の仕組みなど、売り方
を工夫する。

　「顧客志向」とは、顧客が求めるモノ・コトを優先する考え方で、消費者志向、
ニーズ志向、市場志向とも言われる。一般的なマーケティング・コンセプトの
主流となっている。

　「社会志向」とは、社会システムの一員として、あるいは地域環境システム
の一要素としての企業がもつべき志向と考えられている。近年、企業の社会的
責任（CSR）が重視されるようになり（第9章参照）、マーケティングの課題も、
環境、福祉、教育、食料など、社会全体で取り組むべき課題との接点が増加し
ている。こうした社会的課題に対して積極的に対応するマーケティングは、「社
会的責任マーケティング」または「ソーシャル・マーケティング」と呼ばれ、マー
ケティングの理論と技術を使って、社会全体の利益や生活の質の向上のために、
個人や地域住民に働きかけて、従来の「行動」を目指すべき「行動」に態度変
容させていく活動を指している。「ゴミの分別の促進」「アイドリングストップ」
「乳がんの早期検診の促進」などは、ソーシャル・マーケティングの代表的な
例である。

2.　近年のマーケティング手法

　次に、日本における近年のマーケティング手法について、用語と概念を整理しておこう。

(1)　CRM（カスタマー・リレーションシップ・マーケティング）

　企業とステークホルダーとの良好な関係性（リレーションシップ）の維持・強化を重視したマーケティングである。顧客が自社のサービスに満足してサポーターとなってくれることで、リピーターとなり、口コミで良い評判を拡散してくれることを目的とする。例えば、ディズニーグループは顧客を「ゲスト」と呼んで、店舗と顧客ではなく、「ゲストとホスト」のリレーションシップで最高のもてなしを提供している。

(2)　経験価値マーケティング

　消費者は、製品・サービスの機能や便益以外のプラスaの魅力を求めている、という認識に立ち、顧客体験（CX＝Customer Experience）に注目したマーケティングである。顧客が企業やブランドとの接点において、実際に何かを感じて感動したりしたことで、顧客の感性に訴えかける価値を分類し、そこに訴求していく。モノ消費からコト消費へ、という言われ方をすることもある。

　例えば、スターバックスへ行く人はコーヒーを買いにいくというより店頭でのやりとりや店舗でのくつろぎの時間を買いに行くと考えられる。商品そのものだけでなく、ショッピングの楽しさ、使用感などが強調され、顧客の経験を演出するビジネスモデルである。

(3)　コーズリレーテッド・マーケティング

　製品・サービスの売上の一部をNPO団体などに寄付し、環境保護や社会貢献につなげる手法である。販売促進や企業のイメージアップとなるだけでなく、消費者にとっても購入を通して社会貢献ができるというメリットがある。

　1983年にアメリカでAmerican Expressが、自由の女神修復のために、会

員がカードを 1 回利用するごとに 1 セントを自由の女神修復のために寄付するというキャンペーンを始めた。3 か月のキャンペーン期間中に会員数が 45% も増加し、カードの使用料は 28% も増え、170 万ドルの寄付を行ったという。

　2005 年からはボルヴィックが「1 ℓ for 10 ℓ」キャンペーンを行った。消費者が 1 リットルの水を購入するごとに、10 ℓ の水を世界の途上国に寄付する取り組みである。日本では、ボルヴィックの販売を行っているキリンビバレッジがユニセフに寄付をしてきた（2016 年に終了）。

　森永製菓は、チョコレートの原料となるカカオの生産国を支援するため、2008 年から「1 チョコ for 1 スマイル」キャンペーンを展開している。対象商品の売り上げ 1 個につき 1 円を、NPO 法人等を通じて、ガーナなどのカカオ生産国の子供の教育支援や、カカオ農家の自立支援などに充てるもので、これまでの支援総額は約 2 億 8000 万円（2022 年 12 月末時点）に上る。

(4) インフルエンサー・マーケティング

　SNS で影響力を持つ「インフルエンサー」に、自社製品を紹介してもらい、購買につなげる広告手法である。消費者の視点で情報発信できるため、ユーザーの共感を得やすいメリットがある。

　しかし、広告と示さずに口コミや個人の感想を装って宣伝することは、「ステルスマーケティング（ステマ）」として禁じられており、2023 年 10 月からは、景品表示法の規制対象となった。「# 広告」などと明示しなければ、商品・サービスを提供した事業者が措置命令の対象となり、これに違反した場合は刑事罰の対象となる。

3.　マーケティングの役割の変化

　長期的に見ると、マーケティングの役割は社会・経済環境の動きに対応して変化している。このことを端的に表しているのが、コトラーの一連の著作である。代表作『マーケティングマネジメント』は、1967 年に初版が出た後、数年おきに改訂を重ね、近年はケラーらとの共著で第 16 版（原著版）を重ねて

いるロングセラーであり、世界で最も読まれているマーケティングの教科書である。

　一方でコトラーは、マーケティングの変化に着目し、2010 年に「マーケティング 3.0」を出版・提唱し、製品中心のマーケティングから人間中心へのシフトや、社会的責任を意識した消費行動の始まりを指摘した。

　さらに 2017 年には「マーケティング 4.0」を出版・提唱し、デジタル化が本格化したとき、企業はマーケティングにどう取り入れるべきかを考察し、「カスタマージャーニー」の概念を示した。経験価値や自己実現を重視し、マーケティングの究極の目標は、顧客を感動させて忠実な推奨者にすることであるとしている。また、マーケティングミックスの 4P に加えて、顧客視点で製品・サービスを分析するフレームワークとして、「4C 分析」を「共創（Co-creation）」「通貨（Currency））「共同活性化（Communal activation）」「カンバセーション（Conversation）」を打ち出した。

　なお、1993 年にロータボーンが提唱したマーケティングの考え方「4C」は、消費者の購買に影響を与える要素を「Customer Value（顧客価値）」「Cost（コスト）」「Convenience（利便性）」「Communication（コミュニケーション）」としたもので、コトラーの分類に従えば、「マーケティング 2.0」の時代の考え方である。

　そして 2021 年には「マーケティング 5.0」を提唱し、「3.0」の人間中心という要素と「4.0」のテクノロジーによるエンパワーメント（力の付与）という要素の両方を含み、テクノロジーは人間のために活用されるべきだと指摘した。当たり前に思えるかもしれないが、現実の社会は、雇用の二極化、思想の二極化、ライフスタイルの二極化、市場の二極化が進み、世代間のギャップや富の格差やデジタルデバイド（ネット等の情報通信技術を利用できる者と利用できない者との間にもたらされる格差のこと）が進んでいる。

　コロナ禍で企業は大きな打撃を受け、デジタル化を余儀なくされた。こうした中で、コトラーは、「5.0」時代の基盤は、オープンソース・ソフトウェア、インターネット、クラウドコンピュータ、モバイル機器、ビッグデータという

5つの「ネクストテクノロジー（次の10年で主流になる技術）」だという。そしてビッグデータを活用したデータドリブン・マーケティング（売上データ等に基づいて予測すること）によって、顧客が次に何を買う可能性が高いかを過去の購入に基づいて予測できる。唯一無二の顧客のペルソナ（顧客セグメントの架空の描写）への予測マーケティングが可能になるのである。テクノロジーは、パーソナル（個人重視）にも、ソーシャル（社会的志向）にも、エクスペリエンシャル（顧客体験の強化）にも活用できる。つまり、「3.0」と「4.0」の両方の要素が求められるのである。

　さらに、デジタル時代は製品開発や情報伝達、評判の拡散から購買への流れなど、全ての流れが高速化しているので、「アジャイル・マーケティング（小規模で始め、顧客の反応やデータに応じて柔軟に微調整しながら、スピード感をもって展開していくマーケティング手法）」が重要だという。技術のトレンドや消費者の流行のペースが多くの産業で加速化し、製品ライフサイクルの短縮化が求められていることを考慮すると、こうした指摘はきわめて的を射たものだといえる。具体的には、AIの活用、音声認識やセンサー技術、生産過程やCRMでのロボティクス活用、MR（Mixed Reality＝複合現実）の活用など

【図表6-8　コトラーによるマーケティングの役割の変化】

	マーケティング1.0	マーケティング2.0	マーケティング3.0	マーケティング4.0	マーケティング5.0
年代（重複あり）	1950 ～ 1990年代	1980 ～ 2000年代	2005 ～ 2025年頃	2015年頃～	2020年頃～
中心	製品中心	顧客志向	価値主導	共創による顧客の自己実現	3.0と4.0の統合
目的	物質的ニーズへの対応	消費者が求める機能への対応	社会的責任を意識した購買	消費者による商品情報の発信	生活の質の向上
主要概念	4P	STP／CRM	EV（体験価値）	4C	データドリブン／アジャイル
特徴	マス購買者対象	特定のターゲットへの訴求	消費者の感情や行動に注目	従来型とデジタルの統合	ビッグデータを活用した予測
具体的施策	製品開発とライフサイクル管理	消費者のニーズやウォンツに基づいた製品特性	倫理的で社会的責任を果たすマーケティング慣行	ダイナミックプライシング／オムニチャネル	AI／ロボティクス／MR等

である。

　以上のような体系の推移を示したのが**図表 6-8** である。マーケティングの中心が製品から、消費者、そして価値へと推移していることがわかる。マーケティングの位置づけや役割が歴史的に大きく変化しているが、ここで注意すべきは、進化して従来の要素が全て変化するのではなく、いわば年輪を重ねるようにスケールアップするということである。

問　顧客の購買行動とそれに関連する次の記述のうち、最も適切なものを選びなさい。

   a. 購買に関わる期待度が高い自動車や海外旅行などは、「低関与製品」と呼ばれる。
   b. 一般消費者を顧客とする取引は BtoB、企業を顧客とする取引は BtoC と呼ばれる。
   c. 「AIDMA モデル」とは、Attention → Interest → Desire → Memory → Action の 5 つの過程を示す。
   d. 「AISAS モデル」とは、Attention → Impact → Search → Action → Share の 5 つの過程を示す。

<解説>
　c の AIDMA モデルは、消費者が購買行動にいたる心理と行動のプロセスを Attention（注目）→ Interest（関心）→ Desire（欲求）→ Memory（記憶）→ Action（行動）の 5 つの過程で説明している。
　d の「AISAS モデルは、インターネット時代の新しい購買行動モデルとして活用されているもので、Attention（注目）→ Interest（関心）→ Search（検索）→ Action（行動）→ Share（情報共有）の 5 つの過程で説明する。選択肢中の Impact（衝撃）というプロセスは存在しないので不適切。

　　　　正解：c

問　マーケティングに関する以下の記述のうち、最も不適切なものを選び
　　なさい。

　　a. 近年、環境問題、少子高齢化、食品表示など社会的課題への対
　　　 応が、企業のマーケティング活動に大きな関わりを持つように
　　　 なってきた。
　　b. マーケティングは、営利を追求する企業が実施する活動である。
　　　 公共の利益を追求する公共機関は、マーケティング活動を控え
　　　 るべきである。
　　c. マーケティングとは、端的に言えば「顧客の獲得、維持、育成
　　　 の活動」である。
　　d. マーケティングは広告・宣伝部門だけが担うのではなく、組織
　　　 の多くの部門が関わる総合的な活動である。

＜解説＞
　b. マーケティングは、企業だけのものではない。学校や病院、NPO や
NGO、政府や地方自治体などの公共機関でもマーケティング活動を通
じて市場創造活動を行っている。
　c. 著名な学者であるコトラーのマーケティング・マネジメントに関する
定義の一部であるが、「顧客」には一般の消費者だけでなく、公共サー
ビスを受ける関係機関・個人、住民も含まれている。

　　正解：b

第7章 マーケティングと広報・PR

21 世紀に入ってメディア環境は激変した。Web サイトへのニュースリリースの掲示やメールマガジンの配信が開始され、ソーシャルメディアが急激に普及して、企業は生活者へのダイレクトな接触を考慮しなければならない状況となった。本章では、こうした状況におけるマーケティングと広報・PR の関係について概説する。なお、この章で扱う「マーケティング」は基本的に消費者を対象とした「BtoC マーケティング」を指す。

Ⅰ マーケティング・コミュニケーションの役割

まず、マーケティングと PR の理論的な関係を整理する。特に、マーケティング戦略から考えた場合の PR の役割と、製品ライフサイクルとの関係、そして統合マーケティングについて、現在の状況につながる理論的な考え方を知っておこう。

1. マーケティングにおける PR の役割

世界で最も読まれているマーケティングの教科書は、『コトラー&ケラーのマーケティング・マネジメント』である。約 50 年前の初版では、PR についての記述はわずかしかなかったが、版を重ねるにつれて記述がどんどん増えており、マーケティングにおける PR の重要性が高まってきたことを物語っている。しかし最新刊では、「パブリック・リレーションズとは、企業イメージや個々の製品をプロモーションしたり保護するように企画されたさまざまなプログラ

ムのことをいう」と定義しており、マーケティング・コミュニケーションにおける PR の役割は、以下の 6 点であるとしている。

①新製品発売の支援

②成熟期の製品のリポジショニングの支援

③製品カテゴリーに対する関心の構築

④特定の標的集団への影響

⑤社会問題に直面した製品の弁護

⑥自社製品に好意的に反映するような企業イメージの構築

また、コトラーはマーケティング・コミュニケーションの目的として以下の 4 点を挙げている。

①メディアを通じてニュースを発信することによる「認知」の構築

②メディアという第三者による客観情報として企業メッセージを伝えることによる「信頼性」の向上

③新製品の発売前の話題づくりによる「セールス・フォースやディーラー」への刺激

④マス広告や DM（ダイレクト・メール）などの他のコミュニケーション手段よりもコストがかからず、「プロモーション・コスト」を引き下げる。

このように、マーケティング活動において、PR は製品広報を中心に、マーケティング・コミュニケーション（プロモーション）施策の一部として位置づけられている。しかし、PR はレピュテーションの向上や企業ブランドの構築と関係する面もあり、それについては後述する。

2. 製品ライフサイクルにおける PR の役割

コトラーが挙げた前述の 6 つの役割のうち、「新製品発売の支援」と「成熟期の製品のリポジショニングの支援」は、製品のライフサイクルにおける PR の役割を示している。ここで、製品のライフサイクルと PR の活用について説明しよう。タレントを例に考えてみると、メディアに登場し、人気が出はじめてやがて絶頂期を迎え、すぐ画面から消えてしまう人もいれば、安定してメディ

アで活躍し続ける人もいる。製品も同じような道をたどる。それを「製品のライフサイクル」と呼んでいる。

　ライフサイクルは、製品開発期を経て、「導入期」（製品が市場に導入される時期）、「成長期」（市場に急速に受け入れられる時期）、「成熟期」（製品が市場に浸透し、成長が減速する時期）、「衰退期」（売上高・利益ともに減少する時期）の4つの段階に分けられる（**図表7-1**参照）。製品のライフサイクルの各段階で、PRの果たすべき役割は異なる。

① 製品開発段階～導入期

　製品開発段階から導入期においては、PRは製品を市場に導入するための事前の市場環境整備に効果を発揮する。例えば、健康に良い新たな乳酸菌を含んだ食品や飲料が開発されれば、その乳酸菌がどのように身体に寄与するかについて、新たな啓発活動を展開することができる。その機能の恩恵を生活者に伝えて、自分ゴト化をしてもらうための事前活動というわけだ。また、大規模な商業施設やホテル、リゾート開発などについては、地元住民との合意形成という意味合いで、開発・開業前のコミュニケーション深化のためのPR活動が重要視される。

【図表7-1　製品のライフサイクル】

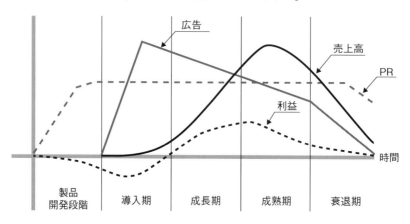

出典：F. ジェフキンス（1990）『PRコミュニケーション管理』

② 導入期〜成長期

　導入期から成長期には、製品の認知度アップや製品イメージの確立がPRの役割となる。マス市場を対象とした商品の場合、導入期から成長期にかけて集中的に広告を投下して、製品の知名度を高める方策を取る場合が多く、PRは広告と連携しながら、製品の認知度アップを図ることになる。市場導入時（＝新製品発売時）にPRでニュースやトレンド情報の発信を行い、話題化を図ってヒット商品に結び付けた事例は多い。

③ 成熟期〜衰退期

　成熟期から衰退期にかけては、成熟製品をリポジショニングして再活性化させるためにPRが活用される。成熟期に入ると、発売時から年月が経って市場環境が変化しているので、製品のベネフィットと顧客のニーズとの間にズレが生じていることがある。そのため成熟期の製品は、固定客の買い替えや継続購買の需要が主流となり、新規顧客の獲得が難しくなることが多い。したがって成熟期には製品価値を見直し、市場における新しいポジションを獲得するための施策が求められる。

④ 業界全体のライフスタイル

　こうした製品のライフサイクルへの対応策は、製品カテゴリー全体のPR施策においても応用できる。企業や業界団体は、PRによって製品カテゴリーへの関心を喚起させ、市場の活性化を図っている。日本人の食文化の中に定着している牛乳・お茶などの飲料や、お酢・しょうゆといった調味料、カレー・缶詰・冷凍食品といった食品は、成熟期のカテゴリーと捉えることができ、各企業や業界団体はPR施策を工夫している。食品のみならず、企業は、製品やカテゴリーのライフサイクルを考慮して、市場を活性化するために新しい価値を提案していくことが求められる。

3. 統合マーケティング・コミュニケーション

　アメリカでは1990年代から、コミュニケーションのメソッド（手法）とメディアを統合的に管理する考え方として、統合マーケティング・コミュニケーショ

ン（Integrated Marketing Communications）が取り入れられるようになった。略して IMC と呼ばれる。

　IMC が求められるようになってきた理由の１つに、マス広告以外のコミュニケーション手段が相対的に重視されるようになってきたことが挙げられる。コミュニケーションのメソッドとメディアを統合的に管理することによって、企業は顧客との緊密な対話の機会を創出し、一貫したメッセージを届けることが可能となる。

　情報過多の時代にあって、消費者は自分の関心のある情報にしか耳を傾けなくなっている。マス広告で認知を高めようとしても、興味を持って広告に接する生活者が減少しているため、広告主体のコミュニケーションだけでなく、PR や SP など他の手法を組み合わせるプランニングが強く求められるようになった。一方で、コミュニケーションの手法が多様化すればするほど、購買行動の各プロセスにおいて、顧客との接点を増やすことができる。そのため、購買前、購買時、購買後まで含めて、顧客に対して一貫したメッセージを伝えることが重要視されるようになった。

　IMC では、製品のブランド価値への深い理解や、ロイヤルティの向上など、メッセージに対する顧客のパーセプション（認知・理解）変化を重視する。したがって、顧客の心に働きかけ、顧客を動かすためにどのようなコミュニケーション施策を統合していくのかについて、戦略を策定することが求められるようになってきたのである。

　こういった流れを受けて、マーケティング理論において、PR 活動はマーケティング・コミュニケーション活動の手法の１つに位置づけられるが、その役割は新しく見直されてきている。

　マーケティング・コミュニケーションに求められる課題は、複合的な要素を含んでいることが多く、それぞれの課題に適した手法を選択すべきである。情報技術の進展、インターネットの普及により、生活者を取り巻く情報環境は急激に変化している。今日では、生活者の購買行動につながる情報伝達を行うために、広告・SP・店頭展開・Web プロモーションといった多様なコミュニケー

ション施策全体の中で、PR の役割をどのように位置づけていくのかが問われているのである。

4.　マーケティング領域での PR の進化

　世界的に見ても、マーケティングにおける PR については理論体系化が進み、実務においても一層重視されるようになっている。欧米企業では取締役として PR 担当 CCO（Chief Communications Officer）を置くことが多く、経営に関係する情報発信はきわめて重要な事項として扱われている。一方、日本企業においてのマーケティング活動は、長い間、宣伝部や広告部主導で進んできたため、PR は広告の付加的サービスとして扱われがちだった。しかし、その状況は徐々に変わりつつある。

　世界的な潮流の変化をもたらしたものは、2007 年に端を発す金融危機である。世界中の大手企業が真っ先に販促費の削減を進めたことにより、それまでの広告手法が予算的に制限される状態となった。

　ここで、広告以外の情報発信として注目されたのが PR である。世界的広告祭である「カンヌ・ライオンズ国際クリエイティビティ・フェスティバル（2010 年度までは「カンヌ・ライオンズ国際アドバタイジング・フェスティバル」）の PR 部門が、2009 年（リーマンショックの翌年）に創設されたことも象徴的である。

　こうして皮肉なことに、世界的不況が広告予算削減の必要性を生み、これをきっかけとして PR を活用しようと企業や広告会社が取り組み始めたことが、現在におけるマーケティング領域での PR の役割の拡大につながっている。

5.　マーケティングにおける PR のゴール

　マーケティングにおいて PR が目指す成果は、最終的にはその製品やサービスの売り上げに寄与することである。そのためには、広告のような企業からの一方的な情報発信による認知獲得のみならず、各生活者に製品・サービスの魅力を深く理解・納得してもらわなければならない。

【図表7-2　意識変化　態度変容　エンゲージメントの模式図】

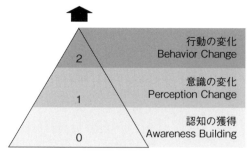

電通PRコンサルティング作成

　生活者の意識に変化を起こし、購買を検討してもらい、実際の購買に至ることを最終的なゴールとして定めた場合、何をすべきなのかを考えると、手法を羅列するだけでなく、多面的にプランニングしていくことが必要だろう。

　つまり、製品・サービスの認知を獲得することは、PR活動にとっては基本にすぎない。生活者に「情報を届ける」という活動は手段であって目的ではない。イベントを実施して大勢の人に来てもらっても、Webサイトに多くのページビューを記録しても、それは本当の意味のPR成果とはいえない。さらに、①ゴールへ導くための生活者の「意識変化」をどう引き起こすか、②購買まで決定させるための「態度変容」へどう導くか、③企業もしくは製品・サービスに対する「共感・支持」をいかに強化できるか、という段階的な成果を意識しておくことが重要なのである。また、「共感・支持」が大きく広がることで社会的ムーブメントに発展することさえある（**図表7-2**）。

6.　プランニングのポイント

　現在、各企業が提供する製品・サービスは、どれもが一定以上の品質であり、ある意味で横並びの状態になっている。つまり、製品のコモディティ化が起きているのである。革新的な技術によってこの均衡が崩れて圧倒的な市場リーダーが誕生したとしても、それは一時的なことであって、即座にライバル企業が追随してくる。たとえ特許に守られた技術でも、それを補う技術がまた現れ、中長期的に楽観視できない状況にある。

　企業側が提示する USP（Unique Selling Proposition＝製品の独自性）は、生活者の属性や視点によって、その意味や利便性が異なる。したがって、ターゲットをどのように細分化して、各ターゲット層に丁寧に伝えていけるかがポイントになってくる。たとえ USP が際立たない製品であっても、ターゲットをこれまでのような「マス」として括らず、より細分化されたグループに絞って各ターゲットの意識や行動を理解するように努めるべきである。そうすることで、たとえ差異は微々たるものでも、各ターゲット層が関心の高い部分を抽出・提示することができるので、そこを中心に訴求する PR 活動を展開して顧客を引き付けられる可能性が出てくる。

　すなわち、個々の消費者がどのようなベネフィットを見出すか、想像することがマーケティング・コミュニケーションのスタートとなる。全てにおいて生活者目線で考えることが、重要なのだ。

Ⅱ　コーポレート・コミュニケーションとの連携

　前述したように、各製品・サービスが個々の仕様によって大きな差別化を図ることは難しくなっている。そのような状況下において、それらを生活者の選択肢に入れてもらうためには、マーケティングとコーポレート・コミュニケーションとの連携が重要になってくる。こうした観点について考えてみよう。

1.　共感や好意度の育成

　製品・サービスの差別化が難しくなった時代には、生活者におけるブランドへの「共感」を醸成していくことが求められる。すなわち「この機能が絶対に必要」という決定的要素がない場合、「このブランドが好き」という感情的なつながりを作ることが重要になる。

　これは製品へのブランドロイヤルティという場合もあるが、その提供主体である企業そのものに対する共感や好意度と関係することも多い。「この企業の製品をいつも買いたい」と思ってもらえるような、生活者から選ばれる企業像をいかに付与していけるか、というコーポレート・コミュニケーションの視点が、実はマーケティング・コミュニケーションにも連動してくることになる。

2.　企業ファンを育成することの重要性

　企業のファンになってくれた人たちは、企業に好意的な情報発信をしてくれる。いわゆるロイヤルカスタマーと呼ばれるこの一群を、いかに発見し、育成・維持できるかが、今後の企業が取り組むべき最大の課題である（**図表7-3**）。

【図表7-3　ロイヤルカスタマーによる情報の自然伝播】

ロイヤルカスタマーが企業に代わって発言、拡散する存在に

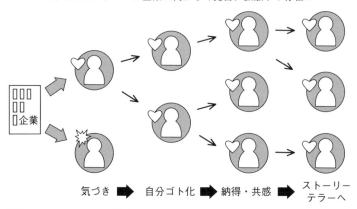

電通PRコンサルティング作成

　企業によっては、自社サイトや独自のコミュニティの組織化・運営による生活者の囲い込みを行うことによって、これに対応していることもある。メーカーや流通業者が導入している顧客カードによるポイント制なども、囲い込みの一例である。しかし、ポイントを貯めて付与されるメリットを競い合っているだけでは、そもそもの目的にそぐわない。ここは本来の目的である「自社を好きになってもらう」というゴールに向けて、どのような企業プレゼンスを打ち出していくべきなのか、また強化すべきなのかを十分に考えるべきである。

　ロイヤルカスタマーづくりにもいろいろな方法がある。コアファン（熱烈なファン）の好みそうな製品・サービスを、常に進化させながら提供し続けるというのも一案だろうし、企業が社会の一員として、サステナブル活動に注力するのも1つの手法だ。いずれにしても、まず考えるべきことは、自社が社会に対して何を提供できる存在なのか、ということだ。

　企業を1つのアイデンティティとして確立させる場合、擬人化が有効といわれる。企業を人に見立て、「この人なら信用できる」「この人なら応援したい」といった共感をいかに醸成できるかであり、そのために自社の立ち位置をはっきりさせた上で、自身の「企業人格」を定めるべきである。

　1990年代にブームになった企業のCI／VI（コーポレート・アイデンティティ／ビジュアル・アイデンティティ）活動の根底には、実はそういった考え方があった。CI／VI制作の過程において、創業当時の精神を見直したり、今後目指すべき企業像について経営陣や従業員にヒアリングしたり、株主や取引先から現在の自社について評価コメントをもらうなど、企業の社会的存在意義を再確認するプロセスを経ていたのだ。当時はM&A等による企業の合従連衡や好景気を背景とした事業領域の拡大などがCI／VI活動のきっかけとなることが多かった。今では、企業の社会的存在価値や魅力は何なのかが、社会から問われる時代になったことで、CI／VI活動のプロセスであった企業の社会的存在意義や魅力を再確認する活動そのものに取り組む企業が増えている。原点となる自社のアイデンティティを再定義、社内共有し、企業人格としての輪郭を明らかにすることが、社会から求められているのだ。

3. 従来のコーポレート・コミュニケーション（企業広報）との関係

　20世紀までの企業の広報・PR部門においては、企業情報の発信に重きを置いていた。マーケティング・コミュニケーション（製品・サービスの広報）については、事業部や宣伝部が主導して、イベントやメディアを活用し、情報発信をしていることが多く、広報・PR部門はニュースリリースだけを担当することが多かった。

　企業の広報・PR部門は、歴史的にマーケティング・コミュニケーションに重点を置いてこなかったし、広告などで展開される自社制作のコンテンツよりも、メディアなどで発信される第三者によるニュースを重視してきた。「公正・平等に、間違いのない情報を発信すること」を最も重視してきたPRパーソンの中には、クリエイティビティやビッグアイデアで牽引していくマーケティングの手法に困惑する者もいたようだ。

　しかし、情報流通構造がめまぐるしく変化し、これまでのやり方では効果が上がらなくなったため、事業部や宣伝部・広告部が、広報部に対して強い協力を求めるようになった。コーポレート・コミュニケーション（企業広報）とマーケティング・コミュニケーションが融合・連動し、さまざまな手法を駆使する統合型のマーケティングが増えることは、実は広報・PR部門にとって理想的な状態ともいえる。なぜなら、かつては多岐に分散していた企業情報と製品情報の発信機会を一元化するチャンスだからである。

4. コミュニケーションの一元管理の重要性

　現在のところ、企業に関する情報と、製品・サービスに関する情報の発信を、上手に融合・連動できている企業はそれほど多くない。しかし、広報・PR部門とマーケティング部門が連携することによるメリットは大きい。例えば、企業情報を発信する内容や機会は限定されており、人事情報、業績発表、株価に影響を及ぼすような製品の開発情報、事業の拡大や縮小、それに付随するような事業所の拡張や撤退、他企業との提携などは、発信機会もそれほど多くない。しかしマーケティング・コミュニケーションでは、業種にもよるが、消費財、

特に食品・飲料などの分野では、日々新商品が開発されたり、従来商品のリニューアルが行われたりと、情報の発信機会が多く見込める。そこに、販促キャンペーンや、生活者向けのイベント開催など、自ら仕掛けていく活動も、情報発信のコンテンツとして加わることになる。こうした意味で、マーケティング・コミュニケーションは情報量が多く、情報発信の機会も多い。

　しかしほとんどの場合、各事業部や宣伝担当が一製品の販促チームとして固まってしまうため、現場の意見のみでプロジェクトが進み、コーポレートイメージとの連動や全体的な管理ができないまま情報発信されてしまう。

　しかし、コーポレート・コミュニケーションとマーケティング・コミュニケーションを一元的に管理することができれば、互いに成果を見込める。例えば、前述したような企業情報の発信は、個別の製品やサービス関連情報よりも影響を与える範囲が大きく、長期で影響を及ぼすことが多い。これらを各製品・サービス関連情報と連携させると有益だ。「企業が社会に対して約束する提供価値」や「事業開発や事業推進に込めている企業としての思い」などを、各製品・サービスの具体的な開発背景と連携させて語ることで、個々のマーケティング・コミュニケーション活動が束として認識されることになる。一方、発信機会が限られるコーポレート・コミュニケーションにとってもこのような情報発信機会の増加はメリットとなる。これらのタイミングを活用して、社長メッセージや担当者の開発秘話などを積極的に発信し、企業側の「リアルな顔」を見せていくことで生活者の親しみを醸成することにもつなげることが可能となる。

Ⅲ　マーケティングにおける近年の潮流

　近年のマーケティングは、Web サイトやソーシャルメディアを中心としたプロモーションの比重が増えてきており、PR とも密接な関係を持っている。マーケティング・コミュニケーションの新しい潮流についてまとめておこう。

1.　情報接点の多様化

　テレビ・ラジオ・新聞・雑誌が「4マス（4大マスメディア）」と呼ばれ、これらを通じての情報発信や生活者との接触を図る取り組みが過熱を極めたこともあったが、本書で何度も指摘してきたように、現在は様変わりしている。そもそも「マスメディア」の定義は、「大衆（＝マス）へ届ける媒体」であり、広告（＝広く告げる）の本来定義とまさに合致するものであった。しかし、リーチ数（コンテンツを読んだ人の数）では、4マスを超えるネットメディアが増え、今では何が「マス」メディアなのかわからなくなってきている。

　また、生活者も「大衆（＝マス）」という大きなグループでは一括できなくなり、多種多様なセグメント・グループと化している。いわゆる性別・年代・ライフスタイルなどの軸だけでは分類できないさまざまなグループを構成し始めている。したがって、メディアの先にいる生活者が激変したことで、4マスを活用して一気に情報接触度を上げるという手法は効果が薄れている。

　ターゲットによっては、より深い接触を図ろうとするとき、ソーシャルメディアを経由した情報伝達は大きな役割を果たす。ソーシャルメディアでは、趣味嗜好・課題等を共有する生活者が、より細分化したコミュニティを形成している。今や、ソーシャルメディアは、情報接触に留まらず、その後の「影響力ある情報伝播」という役割を担っている。ソーシャルメディアは情報接触メディアというよりも「人を動かす仕組み」として理解するべきだろう。費用を負担して情報を流してもらうという、広告のような仕組みではなく、各消費者が共感し、好意をもって情報を流通・拡散してくれることで、生活者の意識変化や態度変容にも大きな効果が見込めるようになってきたのである。

　このような効果が見込めるのは、これらのオンラインネットワーク自体、生活者同士が自らリレーションを育んだグループであるからであり、個人個人がお互いの情報発信の内容を尊重しているからである。顔の見えない存在から一方的に押しつけられる情報と、自分に身近な存在から推奨されるような形で提供される情報は、明らかに価値が違う。コミュニティ内における情報伝播は、共感・好意を醸成しやすいのである。

　このようなコミュニティ内で、有用な情報を頻繁に提供し大きな影響を与えてくれる存在を「インフルエンサー」と呼ぶ。マスメディア全盛の時代には、業界での発言力が強い「オピニオンリーダー」と呼ばれる存在がいて、彼らの発言がしばしばメディアを通じて発信されたことから多大な影響力を呈してきた。しかし、すでにこのような存在からの情報には、以前ほど生活者が振り向かなくなっている。これはマスメディアからの情報に対する依存度の低下という外部環境によるところも大きいが、むしろ現在では、全ての生活者が受け入れるべき絶対的な価値などは存在せず、むしろ人それぞれ異なる価値観があって当然ではないか、という考え方が増えてきているからであろう。

　だからこそ、ソーシャルメディアでつながったコミュニティの中で、価値観を共有する誰かから推奨される情報は、それだけ親和性が高く、また共感できるものであることが多い。このような個々の生活者の情報取得ルートの変化や、影響しあう方法の変化を見定めつつ、ソーシャルメディアに投じる情報コンテンツを考えていく必要がある。

　誤解を避けるために強調しておくが、4マス媒体の影響がなくなってしまったわけではない。2023年の博報堂の調査では、10代・20代・30代・40代では男女ともに「テレビ」よりも「携帯電話／スマートフォン」の接触時間が上回っているが、50代以上では男女ともにテレビの接触時間が上回り、新聞やラジオなどのマスメディアも影響力を残している（**図表 7-4**）。パソコン、タブレット端末、携帯電話／スマートフォン、いわゆる4マス以外における接触時間の増加は、ネットニュースやSNSだけでなく、近年登場した定額動画配信サービスの利用も要因となっている。つまり、こういった新たな情報接触ルートやその仕組みを理解しつつ、成果を上げるためには、既存のメディアを含めたプランニングを行うことが必要なのである。

2.　直接的発信と第三者情報の立体的利用の重要性

　マスメディア等を介した間接的情報発信は、第三者の目を通して発信されるというプロセスを経ることにより客観性が付与され、信頼できる情報として生

【図表 7-4　メディア接触時間の性年代別比較（1 日あたり・週平均）：東京地区】

600分
500分
400分
300分
200分
100分
0分

全体：テレビ135.4、28.0、13.8、10.3、68.9、35.5、151.6
男性全体：122.1、29.3、15.9、11.7、95.3、40.7、146.6
男性15〜19才：74.3、7.8、3.7、4.5、82.5、64.6、225.1
男性20代：88.3、19.0、8.1、6.5、104.3、69.6、222.3
男性30代：103.1、19.6、7.1、9.3、114.6、50.9、172.1
男性40代：136.8、27.7、14.9、12.2、84.4、36.3、145.4
男性50代：130.1、38.3、27.0、19.5、84.1、23.5、73.9
男性60代：173.9、53.8、28.3、12.4、96.4、13.2、96.7
女性全体：149.1、26.7、11.6、8.8、42.0、30.2、156.7
女性15〜19才：88.0、6.2、2.4、9.0、27.7、60.8、213.6
女性20代：95.7、9.0、2.6、3.6、65.9、33.7、223.6
女性30代：134.3、32.5、6.6、37.0、39.4、196.2
女性40代：136.7、34.8、14.0、6.3、36.2、18.4、138.3
女性50代：185.8、28.0、13.0、6.3、45.9、32.3、124.8
女性60代：225.3、34.2、33.9、11.5、28.1、16.6、72.5

凡例：■テレビ　□ラジオ　▨新聞　■雑誌　▥パソコン　□タブレット端末　▩携帯電話/スマートフォン

出典：博報堂 DY メディアパートナーズ　メディア環境研究所『メディア定点調査』（2023 年調べ）

活者に認識されてきた。企業・団体などの情報発信側も、だからこそ、価値があると捉え、主体的・直接的情報発信である広告・宣伝活動と、広報・PR による間接的情報発信を連動させ、両輪で活用することが重要だと考えていた。しかし今、これら情報発信手法が担う役割や、それを担う部署が、変化してきている。つまり、広告と両輪で取り組むというだけでなく広報・PR として直接的な発信をすることが重要視されるようになった。

　さまざまなメディアが登場し、情報流通の構造がより一層複雑化したことで、ニュースメディア一辺倒に頼るのではなく、「直接生活者に向かってメッセー

ジを伝えよう」という企業が増え始めており、自社サイト（オウンドメディア）の活用が注目されているのである。

　かつてはこうした直接的なメッセージ発信は、「企業目線の、自己満足的な情報発信」と見られることもあったが、企業における透明性（トランスペアレンシー）が厳格に求められる中、ひとりよがりな情報発信ができなくなっていることもあり、企業が覚悟をもって正確な情報を自ら発信していく取り組みが増え、広報・PRの業務として注目されるようになってきた。広報・PRにおける「直接的な情報発信」と「第三者による間接的な情報発信」の多面的な情報流通構造を設計していくことが重要といえる。

3.　直接的情報発信の浸透

　コーポレートサイトや公式ソーシャルメディアなどのオウンドメディアを活用した直接的な情報発信に取り組むと、ダイレクトに接点を持つようになる生活者の多種多様な姿に気づくはずだ。メディアに任せていた情報加工のプロセスを、自社メディアで試行錯誤しながら行わなければならない。

　ニュースメディアは、企業側が発信する情報を生活者にわかりやすい形に加工し、発信してくれる。ある全国紙では「小学6年生が理解できる文章で政治や経済を伝える」という編集方針まであるという。コーポレートサイトや公式ソーシャルメディアなどで生活者に直接的に情報を発信するなら、ニュースメディアの記者・編集者と同じように、誰をメインの対象とするのかを考え、伝えたいことは何か、伝わりやすいメッセージや文章はどうすればいいか、というコンテンツづくりの工夫がさらに求められる。

4.　コンテンツマーケティングの発展

　情報ルートを考えるのと同時に、「どんな内容（＝コンテンツ）」をそこに投入するか、を考えるのが「コンテンツ・マーケティング」である。

　「コンテンツ」自体の定義もさまざまであるが、ここではPR目線の発想で、コンテンツの意味を再度整理してみたい。「PRはファクトありき」とよく言

われるように、広告とは違いイメージ訴求ができない。すなわち、事実関係から情報を整理・加工し、人を動かす情報として組み立てることが必要となってくる。ファクト自体は過大表現できないので、よりターゲットの関心を高めていくための詳細なアプローチが必要になる。

　だからこそ「コンテクスト（＝文脈）」が重要になってくるのである。すなわち、生活者の持つ関心に対して、情報発信主体のファクトとの接点を見つけ、自身の強みと、相手の興味・関心のマッチングの可能性を探り、その道筋をつなぐ「ストーリーテリング」がここでは重要になる。

　「ストーリーテリング」とは、ある情報の裏側にあるさまざまなファクトを組み合わせ、ターゲットの対象者たちが納得し、理解を深めてくれるような説明を組み立てることである。決して無理にこじつけてはいけない。「ストーリー」を組み立てるには、ある種の仮説の設定とそれを支えるファクトの発見や創出が必要だ。例えば「ライフスタイルにこだわりの強いタイプは、この製品のこの部分に関心を寄せるのではないか」といった仮説を基に、そのターゲットが納得し、共感しやすい「ストーリー」を紡ぐ。そして、その「ストーリー」を裏付ける「ファクト」を提示する。「ストーリー」は夢物語やフィクションではダメなのだ。これらが綿密に組み立てられることによって、このストーリーに接触した生活者は、自分に関係する情報として関心を寄せる。この設計こそが、今後のPRにおける「コンテンツ・マーケティング」最大の難しさであり、また効果をもたらす中核でもあると言えよう。

　このように「コンテンツ・マーケティング」とは、有益で説得力のあるコンテンツを制作・配信することによって、ターゲットを引き寄せ、獲得し、エンゲージメントをつくり出すためのマーケティングおよびビジネスの１つの手法と言える。

　現在では、こうして創出したコンテンツを、ニュースメディアや自社メディア（オウンドメディア）で展開するだけでなく、ソーシャルメディアなど、さまざまなプラットフォームにおいて、それぞれのメディアに適した形に編集し、コンテンツを分散して届ける企業が増えている。すなわち自社が想定するメ

ディアに生活者を引き込んでコンテンツ接触を図るのではなく、それぞれのプラットフォームで情報消費を完結させるというやり方である。企業の情報発信者はこの「ユーザーのいる場所にコンテンツを配信する」流れに対応するため、きめ細かいコンテンツフォーマットの整備とそれに応じた情報の発信が必要となっている。

　これまでの、マスメディア（＝Earned、記事などで「獲得する」メディア）に加えて、広告（＝Paid、「買う」メディア）、自社サイトなど（＝Owned、自社が「所有」するメディア）、さらにソーシャルメディア（＝Shared、「共有される」メディア）の全4メディアが、PRの新しい領域とされ、その頭文字をとって、PESO（ペソ）モデルと呼ばれている（**図表7-5**）。

【図表7-5　相互に影響を与え合うPESOモデル】

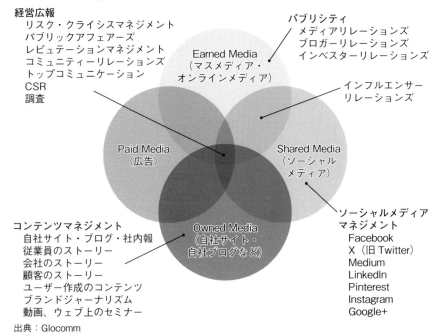

経営広報
　リスク・クライシスマネジメント
　パブリックアフェアーズ
　レピュテーションマネジメント
　コミュニティーリレーションズ
　トップコミュニケーション
　CSR
　調査

パブリシティ
　メディアリレーションズ
　ブロガーリレーションズ
　インベスターリレーションズ

インフルエンサー
リレーションズ

Earned Media
（マスメディア・
オンラインメディア）

Paid Media
（広告）

Shared Media
（ソーシャル
メディア）

Owned Media
（自社サイト・
自社ブログなど）

コンテンツマネジメント
　自社サイト・ブログ・社内報
　従業員のストーリー
　会社のストーリー
　顧客のストーリー
　ユーザー作成のコンテンツ
　ブランドジャーナリズム
　動画、ウェブ上のセミナー

ソーシャルメディア
マネジメント
　Facebook
　X（旧Twitter）
　Medium
　LinkedIn
　Pinterest
　Instagram
　Google+

出典：Glocomm

問　マーケティング・コミュニケーションに関する次の記述のうち、最も不適切なものを選びなさい。

    a. マーケティング・コミュニケーションは、最終的には製品やサービスの販売促進を目的とする PR である。
    b. PR は幅広いステークホルダーに訴求するものであるから、マーケティング・コミュニケーションにおいても、ターゲットを絞り込まず、広範な潜在顧客に等しくアピールする方がよい。
    c. 企業広報によって強固なコーポレートブランドが構築されていれば、製品の購買意欲が高まり、付加価値が付与されていく。
    d. 製品の認知や理解を促進するための展示会やセミナー、シンポジウムなどもマーケティング・コミュニケーションの一部である。

＜解説＞
　b. 広報・PR 活動では、全てのステークホルダーに意識を置きながらも、その企業の置かれた環境や立場によって、優先的な対象となるステークホルダーは自ずと絞られてくる。マーテティング PR においてもターゲット市場と顧客を絞り込んだ活動がきわめて重要である。

　　　正解：b

問　マーケティング戦略に関する以下の記述の中で、最も不適切なものを選びなさい。

   a. 企業の置かれている競争上の地位や事業方針によって、マーケティング戦略は異なってくる。

   b. 効率的なマーケティング戦略として、自社に高い収益をもたらす顧客層を明確にして、その顧客層のニーズに合致した施策を展開する方法がある。

   c. マーケティング戦略の一環として、自社製品を受け入れてくれる顧客層を区分する方法を、「市場セグメンテーション」と呼ぶ。

   d. 製品とは「便益（ベネフィット）の束」である、と言われており、自社製品について全ての機能的便益だけを伝えていくことが、マーケティング戦略のセオリーである。

＜解説＞

  d. 製品の機能的便益を伝えるだけでは不十分である。顧客は、製品の中核となるベネフィットに加え、その製品の実体を構成する品質の水準、特徴、ブランド名、デザイン、パッケージ、製品の付属機能である納品、取り付け、アフターサービス、品質保証などの全ての便益に関する情報を求めている。

    正解：d

ブランドの基礎理論

ブランドは、近年の企業経営やマーケティングにおいて、非常に重要なものである。消費者は製品・サービスを購入する際、本質的な機能だけでなく、そのブランドに関する知識や特徴を情報として蓄積し、最終的な購買決定に至ることも多い。ブランドのキー概念をおさえておこう。

Ⅰ ブランドの基本理論

ブランドは、製品・サービスに関する情報を伝えることで構築されるため、広報・PR の手法は重要な役割を担う。まずは基本的な理論を説明しよう。

1. ブランドの定義

「ブランド」とは米国マーケティング協会（AMA）の定義（2015）によれば、「個別の売り手もしくは売り手集団の製品やサービスを識別させ、競合他社の製品やサービスから差別化するための名称、言葉、記号、シンボル、デザイン、あるいはそれらを組み合わせたもの」である。

日本語の一般用語としてのブランドは、名の通った銘柄や高級製品を指すことが多いが、マーケティングにおけるブランドはそれに限定されず、全ての製品がブランドになりうる。また、商品だけでなく企業もブランドになりうる。ブランドは企業と顧客の長期的な関係の中で形成されるものである。「ブランドは、企業の約束である」「ブランドは顧客の記憶の束である」という両方の表現が可能である。

2.　ブランドへの関心の高まり

　アメリカでブランドへの関心が高まってきたのは、1980年代の終わり頃からである。ブランドが重要なものとして考えられるようになった背景としては、消費財企業が活発にM&A（合併と買収）を行うようになったことである。工場や土地などの有形資産と比べて、ブランドははるかに高額の資産として取引された。M&Aの目的がブランドの買収であるというケースも珍しくなかったのである。このような状況の中で、ブランドは資本（エクイティ）であるという認識が生じてきた。

　ブランドが注目されるようになったもう1つの背景として、流通企業の影響力が巨大化したことに対して、メーカーが防衛策としてブランドの有効性を認識するようになったことが挙げられる。流通からの値下げ圧力に対して、よく知られたブランドの製品は消費者からの指名買いが期待できるので、流通における価格維持や、店頭スペース確保が可能である。ブランド価値を高めることでメーカーが流通との取引を有利に展開できるようになるわけである。

　日本では、バブル経済崩壊後に経営戦略やマーケティング戦略を再構築する過程で、アメリカにおけるブランドへの関心が報告され、研究者・企業家の双方からブランドへの関心が高まっていった。広告主からの要請が相次いだこともあり、特に広告会社、PR会社は熱心にブランドに取り組んだ。

　さらに日本では、非営利組織からもブランドへの注目が高まった。「地域ブランド」「農産物ブランド」などの用語も一般的なものとなっている。ただし、必ずしも「ブランド」の考え方が定着しているとはいえない場合もある。

3.　ブランディングの意義

　ブランディングは「ブランドづくり」「ブランド構築」の意味で、経営においてブランドと関わる活動の全ての意味で使用している。市場での識別性・持続性を特に重視し、「セリング」は売る仕組みづくり、「マーケティング」は売れる仕組みづくり、「ブランディング」は売れ続ける仕組みづくりである、という表現もある。

メーカーにとってブランディングを行うことの意義は、次の3点である。

① 長期的な売上げとの関連

　ブランドは自社製品を他社製品群から識別する手段としての役割を持つし、ブランド・イメージが高ければ、製品が持っている価値もしくはそれ以上の高い価格で売れる。これは固定客の確保や長期的売上げにつながる。

② 企業イメージとの関連

　魅力的なブランドを持つことで企業イメージが高まる。ブランド・ロイヤルティを持った顧客や、ブランドが発揮する価格プレミアム効果は、企業に利益をもたらすとともに、企業のイメージに良い影響をもたらす。

③ 流通企業との取引との関連

　流通企業からの値下げ圧力に対して、消費者からの指名買いを期待でき、流通企業との取引を有利に展開できる。

4.　ブランド概念の拡大

　ブランディングについての企業の関心は、ブランドという概念の登場時と現在では変化している。かつてはブランド化によって価格の高い商品を市場に出すことができるという考え方が盛んであったが、その後、低価格のブランドが市場に登場して普及していく現象が見られ、ブランディングは必ずしも高価格とだけ結びつくものではないという認識が広がった。

　一方でブランドは、事業の再構築や企業組織との関連で語られるなど、関連する領域が拡大している。また、ブランディングの主体は企業以外の地方自治体や学校にも広がっている。

　また、企業のグローバル化が進み、グローバル市場で展開されるブランドへの関心が高まっている。

　世界最大のブランディング会社のインターブランドは、グローバルのブランド価値評価ランキングを毎年発表している。これはグローバルな事業展開を行うブランドを対象に、そのブランドが持つ価値を金額に換算してランク付けするものである。グローバル企業にとってのグローバル標準化と現地適応化をど

のように進めるかがブランディングの重要課題となっており、ブランド名やロゴマークなどは世界標準化を進めている。

　例えば、松下電器産業は、日本国内の白物家電・住宅設備機器分野の商品に使用してきた「ナショナル」ブランドを「パナソニック」ブランドに切り替え、さらに 2008 年にパナソニック株式会社へと社名変更した。これは、グループ全活動をグローバル・ブランドの価値向上に結集するねらいがあった。

　さらに、地域ブランドへの関心が高まり、各地方自治体は観光や農水産物のブランディングに熱心に取り組んでいる。特に、「くまモン（熊本県）」などの「ゆるキャラ」は地域ブランドとしての高い認知と経済効果を獲得した。2010年からは毎年「ゆるキャラグランプリ」が開かれている。また、ご当地グルメによるまちおこしのイベント「B-1 グランプリ」も、「B」は "Brand" を意味し、地域ブランドを確立するねらいがある。

Ⅱ　ブランドの諸概念

　次に、ブランドの基本的な概念をとりあげる。まず「ブランド要素」「ブランド体系」「ブランド・エクイティ」などについて説明し、次に「ナショナル・ブランド」「プライベート・ブランド」について述べる。

1．ブランド要素とブランド体系

　ブランド要素とは製品を識別し、製品に違いをもたらすための視覚的情報ないしは言語的情報のことで、具体的にはネーム、ロゴ、シンボル、キャラクター、パッケージ、スローガンなどである。

　ブランド体系とは、ブランド戦略を有効に機能させるために企業内にある複数のブランドの関係性を規定したものである。企業におけるブランドの体系としては、企業ブランド、事業ブランド、製品ブランド（個別ブランド）という階層構造が存在する。事業ブランドと製品ブランドの間にファミリーブランドを置く場合もある。各ブランドの具体例は以下の通りである。

①**企業ブランドの例**：トヨタ、ソニー

②**事業ブランドの例**：au、MUJI、すき家、

③**ファミリーブランドの例**：ラックス、カローラ

④**製品ブランドの例**：iPhone、スーパードライ、カップヌードル

　企業ブランドは、「コーポレートブランド」とも呼ばれるが、必ずしも正式な企業名を指すとは限らない。企業ブランドが「P&G」でも正式な企業名は「プロクター&ギャンブル」であるし、「サントリーホールディングス」の企業ブランドは「サントリー」である。

　ブランドの階層の中でどこに重点を置くかについては、欧米と日本では違いが見られる。欧米企業では商品ブランドが一般的となっており、日本企業では企業ブランドに特に重点が置かれている。「キリン一番搾り」や「花王ソフィーナ」は企業ブランドと製品ブランドを複合させたブランド体系戦略である。

2.　ナショナル・ブランドとプライベート・ブランド

　メーカーと流通業ではブランドについての利害が異なることが多い。ここで関連してくるのがナショナル・ブランド（NB）、プライベート・ブランド（PB）の問題である。

　ナショナル・ブランドは全国的に知名度のある製造業者のブランド、プライベート・ブランドは流通業が独自に企画開発し、生産を委託して製造したブランドである。流通業者にとって、店頭に陳列することによる集客効果、イメージアップ効果を見込むことができる。しかし、価格を自由に決めたり、プロモーションを自由に展開しにくいというマイナスの面も持つ。

　このこともあって、規模の大きい流通企業は独自のブランド（プライベート・ブランド）を開発することが多い。プライベート・ブランドは、ナショナル・ブランドほどの知名度を見込めない場合が多い。しかし、自社が対象とする顧客に合った製品とすることができ、また価格を安く設定できるというプラスの面がある。

　メーカーと流通はブランドに関して利害が対立することも少なくない。しか

し、一方で流通のプライベート・ブランド開発にメーカーが協力するなど、補完的な役割を担うケースも増加している。

3.　ブランド・エクイティ

　ブランドに対する世界的な関心の高まりにおいて中心的な役割を果たしたのがアーカーであり、彼が提示した主要なキー概念に「ブランド・エクイティ」と「ブランド・アイデンティティ」がある。ここではこの2つの概念を整理しておこう。

　まずブランド・エクイティは、「ブランド、その名前やシンボルと結びついた資産と負債の集合」である。名前、シンボル、スローガンなどはブランド・エクイティにとってきわめて重要である。前述のようにエクイティ（equity）は「資本」を意味する。会計上の「営業権（のれん）」が資産価値を持ち、貸借対照表の借方（左側）に計上されるのに対して、「エクイティ」は資産から負債を差し引いた資本であり、貸方（右側）に計上されるような概念である。

　ブランド・エクイティは、顧客、企業の両方に対して価値を提供する。

　まず顧客に対しては、顧客が製品やブランドに関する多大な情報量を解釈し、処理し、貯蔵するのに役立つ。また、それは顧客の購買決定の確信に影響する。

　企業に対しては、新しい顧客を惹きつけ、古い顧客をつなぎとめるプログラムを強化でき、ブランド・ロイヤルティを高めることができる。プレミアムのついた価格を決定でき、プロモーションへの依存を小さくして、より高いマージンを与える。「ブランドの拡張」を通じて成長することができるし、流通を促進する。そして競争優位を与え競争業者に対する真の障壁となるというメリットが存在する。

　つまり、ブランド・エクイティは、ブランドというもの（名前、シンボル、スローガンなどで表される）が、大きな価値を持つのである。

　アーカーのブランド・エクイティ論は、ブランドというものが、土地や建物と同様に、場合によってはそれ以上に価値を持つのだということを世界の人々に認識させた。そしてブランドを構成する5つの要素を具体的に示したのが、

彼の大きな功績であった。次にそれぞれの構成要素を概説しよう（**図表 8-1**
参照）。アーカーによれば、ブランド・エクイティは、ブランド・ロイヤルティ、
名前の認知、知覚品質、ブランド連想、他の所有権のあるブランド資産、など
の要素から構成される。

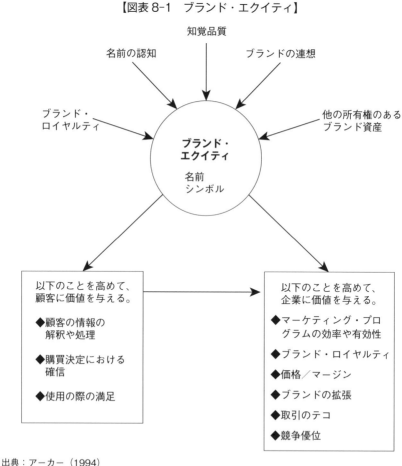

【図表 8-1　ブランド・エクイティ】

出典：アーカー（1994）

（1）ブランド・ロイヤルティ

　顧客がブランドに抱く忠誠心であり、顧客が満足している程度、スイッチング・コストの大きさ、ブランドに対する選好度、コミットメントの度合である。

　ブランド・ロイヤルティはブランドの売上げを支える基盤であり、これによってブランドは長期的に市場に存続できる可能性を持つ。多数の顧客がブランド・ロイヤルティを持ってくれることで、事業のマーケティングコストが低減され、流通業者との取引を有利に展開できる。また、既存顧客が当該ブランドを受容しているという事実が、周囲の人々への効果的なメッセージとなり、新規顧客が新しく製品を購入する際の心理的抵抗が低くなる。結果的に市場競争におけるリスクを軽減することが可能となる。

　ブランド・ロイヤルティが生じるためには、製品を使うごとに気づきがあるとか、そのブランドに関する「神話（ストーリー）」を知っているなど、認知的な側面が重要となる。

（2）名前の認知

　人々はよく知っている名前から安心感を得て、製品を購入することが多い。また、よく知っているブランドは長く事業活動を続けていることの証明にもなるので、信頼でき、適切な品質であると想定されることにもなる。名前の認知を高めることがブランド価値につながるわけである。

　製品名やブランド名の認知は、市場におけるブランド力を測る際の最も基本的な指標である。消費者があるブランドを買うかどうか決めるときにも、まず名前を知っているかどうかが決め手になることがよくある。

　アーカーは、イベントの後援やシンボルの露出などとともに、パブリシティが製品名やブランド名の認知を向上させると指摘し、「パブリシティは認知において、ときには中心的な役割を果たすこともありうる。媒体を通じた広告よりもずっと安価であるだけでなく、有効でもある。人々は広告よりもニュースを見ることに関心がある」と述べている。

(3) 知覚品質

　ブランド・エクイティにおいて重要なのは、単なる品質ではなく「知覚され
た品質」である。知覚品質は、購買決定やブランド・ロイヤルティに影響を与
える。とりわけ購買者が詳細な分析をする誘因がなく、分析できない場合はそ
うなる可能性が高い。知覚品質が高ければ、同じブランドの別の商品に拡張さ
れた場合でも、高い品質であろうという推定がなされるため、ブランド拡張が
容易になる。高い知覚品質を獲得するポイントは、良い品質を提供するだけで
なく、重要な品質次元を識別し、買い手が品質のシグナルは何かを理解できる
よう、信頼できる方法で品質についてのメッセージを伝達することである。

(4) ブランド連想

　ブランド連想は、ブランドと心の中で結びついた全てのものである。ブラン
ドのポジションは、連想と、それがいかに競争相手と相違しているかに基づく。
ブランド・ネームの基本的な価値は、そのブランドに結びつけられた連想に基
づいている。例えば、そのブランドと関連するシンボルキャラクター、広告の
イメージキャラクター、ブランドの使用状況などである。そこからプラスの感
情や信頼性などが生まれる。

(5) 他の所有権のあるブランド資産

　他の所有権のあるブランド資産として挙げられるのが、パテント、トレード
マーク、チャネル関係などである。これらは、市場での競争者が顧客基盤やロ
イヤルティを侵すのを防ぐことに貢献するであろう。

4.　ブランド・アイデンティティ

　ブランド・エクイティを高める方法としてアーカーが打ち出したのが「ブラ
ンド・アイデンティティ」という概念である。一般用語としてのアイデンティ
ティは「自己同一性」と訳され、「ある人の一貫性が時間的・空間的に成り立ち、
それが他者や共同体からも認められていること」という意味である。アーカー

によれば、ブランド・アイデンティティは「ブランド戦略策定者が創造したり
維持したいと思うブランド連想のユニークな集合」である。

　企業にとってブランド・アイデンティティの確立とは、自社のブランドの独
自性について、企業が望ましいと考える方向に、また競争相手のブランドより
有利に評価されるように、消費者に対して働きかけることであるといえるだろ
う。ブランド・アイデンティティは、ブランド連想につながる要因であるとい
う認識は欠かせない。ある人物のアイデンティティは、その人らしさ、他者と
の識別性を与えるが、同様に、ブランド・アイデンティティはその企業・製品
らしさ、他社・他製品との識別性を与える。アーカーは、ブランド・アイデン
ティティを豊かで深みを持つものにするためには、企業はブランドを、製品、
組織、人、シンボルとしてみなすべきであるとしている。それは次のような意
味である。

(1)　製品としてのブランド

　製品と関連した連想は、ブランド選択や使用経験と直接に結びついている。
製品クラスを手掛かりにして、あるブランドが連想されるかどうかは非常に重
要である。例えば、ティッシュといえば「クリネックス」、宅配便といえば「宅
急便」、カップ麺といえば「カップヌードル」などが挙がる。

(2)　組織としてのブランド

　製品・サービスを生み出す組織の属性に焦点を合わせることで、ブランドの
アイデンティティが形成されることがある。例えば、企業のトップ、従業員、
CSRプログラムなどができる。組織属性は製品属性よりも、競合企業の訴求
に対する耐久力や抵抗力を持っている。ある製品の機能が優れていることを示
すのは比較的容易であるが、ある組織が革新的であることを示すのは難しく、
組織的なコーポレート広報が必要となる。企業の不祥事が続いた後、その組織
のブランドがダメージを受けて、製品売上げが落ちることもある。組織として
のブランドは、製品のブランド・エクイティに大いに貢献しているのである。

(3) 人としてのブランド＝ブランド・パーソナリティ

　人と同じように、ブランドも、有能かどうか、信用できるかどうか、楽しいかどうかなどで知覚される。ここで、ブランド・パーソナリティ（ブランドの個性・人格）の問題が重要なものとして浮かび上がる。

　ブランド・パーソナリティは、人間を記述するのと同じ用語を使用して記述することができる。アーカーはブランド・パーソナリティを簡潔に表わすブランド・パーソナリティ指標（ジェニファー・アーカーの研究によるもの）を紹介している。これによると、ブランド・パーソナリティ特性は、5つの主要な因子—誠実、刺激、能力、洗練、素朴に集約できるという。それぞれの因子にあてはまる企業名も挙げられている（**図表8-2**参照）。ブランド・パーソナリティによって、強いブランドが創造できる。それは、顧客が自らのパーソナリティを表現する手段となり、顧客とブランドとの関係の基礎をつくり、製品属性を伝達することによって機能的便益が理解されるからである。

(4) シンボルとしてのブランド

　インパクトのあるシンボルは、アイデンティティにまとまりと構造を与え、再認と再生を容易にする。「再認」とは、ブランド名（製品パッケージ）を提示して、「このブランドを知っていますか」と問い、知っているかどうかを測定するものである。「再生」とは「マインドシェア」ともいい、ある製品カテゴリー（ビール、テレビ、ファストフードなど）の中で、思い出すブランドを挙げて下さい」と問い、そのブランドが想起されるかどうかを測定するものである。再生の順番も重要で、最初に思い出すブランドが強いブランドといえる。

　アーカーによれば、シンボルには3つのタイプがある。

① ビジュアルイメージ

　製品パッケージや看板・ロゴなど、見てわかるシンボルである。例えばマクドナルドの黄金のMマーク、コカ・コーラのクラシック瓶などがある。

② メタファー

　隠喩、つまり形態などの類似性により、別のものを表すレトリックである。

【図表8-2　ブランド・パーソナリティ指標（ジェニファー・アーカーの研究による）】

誠実因子（キャンベル、ホールマーク、コダック）
・堅実：家族志向、田舎、平凡、ブルーカラー、典型的なアメリカ人
・正直：誠実さ、偽りのなさ、道徳的、思慮深さ、気づかい
・健全：本物、正統、永遠の若さ、伝統、昔ながらの
・励まし：情の深さ、親しみ、人間的なあたたかさ、幸せ

刺激因子（ポルシェ、アブソルート、ベネトン）
・憧れ：流行、刺激的、自由、華やかさ、挑発的
・勇気：冷静さ、若さ、快活、外向的、冒険
・想像力：ユニークさ、ユーモア、驚き、芸術的、楽しさ
・斬新性：独自性、現代的、革新性、攻撃的

能力因子（アメックス、CNN、IBM）
・信頼：勤勉さ、安全、有能、信用できる
・知性：技量、結集力、まじめさ
・成功：リーダー、自信、影響力の大きさ

洗練因子（レクサス、メルセデス、レブロン）
・上流階級：魅惑的、器量のよさ、思わせぶり、洗練された
・魅力：女性らしさ、心地よさ、性的魅力、優しさ

素朴因子（リーバイス、マールボロ、ナイキ）
・アウトドア：男らしさ、西部開拓時代、活動的、スポーツ
・頑強さ：飾りのなさ、強さ、無駄のなさ

出典：アーカー（1997）

例えば、マイケル・ジョーダンの跳躍力はナイキの性能のメタファーとなる。

③ ブランドの伝統

　鮮明で意味のある伝統もブランドを表すことができる。エルメスやルイ・ヴィトンなどのラグジュアリーブランドは、ヨーロッパの伝統と結びつくシンボルである。

参考問題

> 問　ブランドの概念を説明した次の記述のうち、最も不適切なものを選び
> なさい。
>
> a. ブランドは、顧客の記憶の束である。
> b. ブランドは、市場における識別性を意図したものである。
> c. ブランドは、名称、記号、デザインなど、非物的側面が重視されている。
> d. ブランドは、製品に付加価値をつけ、高価格を保証するものである。
>
>
>
> ＜解説＞
> 　ブランドは、①市場における識別性、差別化を意図したものであり、②
> 名称、言葉、記号、シンボル、デザイン、あるいはその組み合わせという非物的側面が重視されている。マーケティングにおいては、ブランドは有名銘柄や高級製品に限られるものではなく、全ての製品がブランドになりうる。どの製品であれ、ブランドは企業と顧客との長期的な関係の中で形成されるものであり、その意味から「ブランドは、顧客の記憶の束である」と言われている。dの記述は、そのような本質からはずれている。
>
> 　　　正解：d

問　ブランド構築に関する次の記述のうち、最も適切なものを選びなさい。

    a. ブランド力を強化するためには広告宣伝によるイメージアップが不可欠であり、マスメディアでの露出を計画的に高めるべきである。

    b. ブランド力を強化するためには、高級感を強調して店舗レイアウトや店員の接遇にも配慮しなければならない。

    c. グローバルな活動を行っている企業は、世界的に共通するブランドイメージを確立しなければならないので、海外拠点のマーケティング・コミュニケーションにおいても本社と同一の方法を取るべきだ。

    d. 戦略的にブランド力を強化するためには、ブランドの市場ポジショニングを明確にして、計画的なマーケティング・コミュニケーションを行わなければならない。

＜解説＞

ターゲット市場における自社製品のブランドの価値を戦略的に高めていくためには、計画性、継続性、一貫性のあるマーケティング・コミュニケーションを行うことが不可欠である。

正解：d

第9章 *CSR（企業の社会的責任）*

　企業には、ステークホルダーとの良好な関係の構築や、本業での社会課題の解決が求められている。それは企業の社会的責任であり、サステナブルな社会に貢献しているという企業姿勢を示すことは、企業の信頼やブランドイメージにも影響する。本章では、CSR の基本概念を押さえておこう。

Ⅰ CSR の基本概念

　CSR とは、Corporate Social Responsibility（＝企業の社会的責任）の略である。企業が社会に果たす責任として問われる要素であり、日常的な企業活動との関係性は非常に大きい。まず、社会の移り変わりとともに CSR の考え方がどのように変遷してきたかを解説していこう。

1. 企業の社会的責任とは何か

　企業の社会的責任とは、良質な製品・サービスを提供し、従業員の雇用を守り、地域経済へ貢献し、自然環境を守り、そうして利益を上げることで株主・投資家の期待に応えることである。倫理的な側面も重要である。各責任は次のようなものである。

① 製造物責任

　企業の最大の社会的責任は、良質な製品・サービスを提供し、生活を向上することである。企業が新しい技術を開発し、安全・安心な製品・サービスを提供することによって、我々の日常生活は飛躍的に便利になった。鉄道・自動車・

航空技術によってモビリティの利便性は向上し、家庭用電化製品の普及によって家事は大幅に軽減され、通信技術の発達によってコミュニケーション環境は大きな進歩を遂げた。

② 雇用責任

　健全な事業活動によって収益上げ、従業員の雇用を守ることも重要な責任である。従業員はその家族を扶養する責任を負っており、企業が継続的な事業活動を行って給与などの報酬を支払うことで、従業員とその家族は生計を立て、教育を受けることが可能とになる。近年は働きやすい雇用環境やメンタルヘルスへの配慮、ハラスメントの防止なども企業の責任とされている。

③ 地域経済への責任

　企業活動を行うことで、地域経済及び日本経済の発展に貢献するという責任もある。工場での地元住民の雇用や地方での店舗運営は、地域の産業振興に貢献するし、法人税や事業税等を収めることで、地域の財政状態に寄与する。被雇用者が支払う所得税や住民税のほか、地元での購買活動が活発になれば、それは経済貢献につながる。

④ 自然環境への責任

　自然環境が持続的に成長可能であるような事業運営も求められている。製品・サービスの内容が安全・安心であるだけでなく、サプライチェーンの中で、原料の調達や海外工場での製品生産、さらには運送手段による二酸化炭素（CO_2）の排出状況などについても企業が責任を負う必要が求められている。

⑤ 株主・投資家に対する責任

　企業は持続的に利益を上げて企業価値を高めるとともに、株主・投資家へは平等に対応し、配当などの還元策を行う必要がある。透明性・公正性を担保して財務・非財務の情報を十分に開示し、健全な経営状態を保つことも株主・投資家に対する責任である。

⑥ 倫理的責任

　企業は全ての事業活動において、誠実かつ透明性を持って運営しなければならない。コンプライアンス（法令等遵守）に配慮し、ガバナンスを強化し、企

業の経営活動の健全化を図り、不正や不祥事を防ぐことが、企業の社会的責任である。

2. 行政機関による定義と評価

こうした企業の社会的責任について、各省庁も定義や指標を示している。

例えば、経済産業省は、「企業の社会的責任とは、企業が社会や環境と共存し、持続可能な成長を図るため、その活動の影響について責任をとる企業行動であり、企業を取り巻く様々なステークホルダーからの信頼を得るための企業のあり方を指す」としている。

厚生労働省は、「CSR とは、企業活動において、社会的公正や環境などへの配慮を組み込み、従業員、投資家、地域社会などの利害関係者に対して責任ある行動をとるとともに、説明責任を果たしていくことを求める考え方」としている。

環境省では、2005 年に「社会的責任（持続可能な環境と経済）に関する研究会」が報告書を発表し、「CSR とは、企業、政府、市民といった各主体の新しい関係性を構築することで、例えば持続可能な環境と経済を実現することである」とした。また、「CSR の基盤となる環境、その環境と経済の好循環は、実際に商品やサービスを購入し、使用する人が CSR に関心を寄せないと生まれない。（中略）そのために、コミュニケーション、意思決定などソフトな部分こそ実は大事である」と述べている。この概念を図式化したのが**図表 9-1**である。さまざまなセクターがさまざまなレベルで対等なコミュニケーションを行うことが大事であり、それが従業員満足（ES）や顧客満足（CS）につながることで、企業は社会的責任を果たすことができるのである。

内閣府は 2007 年に「ワーク・ライフ・バランス憲章」及び「仕事と生活の調和推進のための行動指針」を示した。仕事と生活の調和が実現した社会に向けて企業は経営トップがリーダーシップを発揮して職場同士の改革や働き方の改革に取り組むことが求められたのである。

また、経済産業省は 2012 年度から、東京証券取引所と共同で女性活躍推進

【図表 9-1　CSR を推進するための方向性】

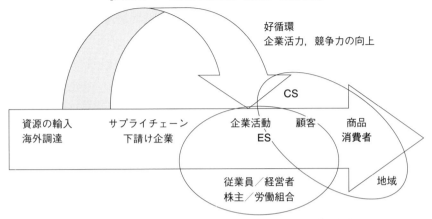

出典：環境省 2005「社会的責任（持続可能な環境と経済）に関する研究会」報告書

に優れた上場企業を「なでしこ銘柄」として選定している。2015 年からは、優れた健康経営（従業員の健康増進を重視し、健康管理を経営課題とするなどの経営手法）を実践している企業を東京証券取引所とともに「健康経営銘柄」として選定している。2017 年からは、健康経営優良法人の認定も開始した。

3. CSR に対する広報・PR の役割

　次に、なぜ CSR が広報・PR において重要なのかを考えてみよう。

　第 1 章で見たように、広報・PR は、企業などの組織体がその方針や事業活動などを「社会に知らせる機能」を持つだけでなく、広聴（調査や情報収集）活動によって、社会との関係性を構築し、健全な世論を創り出す機能を持っている。つまり、広報・PR 担当者は、その組織の方針や目標を理解し、社会への影響力を考慮し、さらに国際機関が定める規範や関係法令などをよく理解した上で、自社の企業行動を確認し、コミュニケーション機能を最大限に活用して、組織内でのより良い行動を促すという役割がある。

　したがって、広報・PR を推進する担当者の役割は、社会の中の企業の位置

づけや課題を考え、ステークホルダーとの関係づくりに取り組んでいくという点において、CSR の推進にあたって考慮すべき要素と共通性がある。サステナビリティレポートや統合報告書を作成するなど、サステナブル社会へ向けた課題に取り組む、というだけでなく、その取り組みをどのようにわかりやすくステークホルダーへ伝えるか、という広報的感覚が問われるのである。

　そもそも、「ステークホルダーとのコミュニケーションによる良好な関係構築」という言葉は、長年にわたって広報・PR の基本であったにもかかわらず、今日ではサステナブル社会への企業の取り組みを語る上での重要概念として語られている。企業の情報参謀として、社会の動向を取り込むという広報・PR の機能を考えると、企業の社会的責任がどのように求められているのかを理解し、自社の取り組みに反映し、それを社会へ伝えていくことは必然的な業務だということがわかるだろう。

Ⅱ　企業の社会的責任（CSR）の概念の発展と歴史的経緯

　次に、企業の社会的責任という概念がいつから始まったのか、歴史的経緯を整理しておこう。日本で CSR の概念が注目されたのは、グローバル化が加速した 1990 年代以降であるが、昔からこの概念はビジネスの基本とされていた。

1.　日本における歴史的経緯

　江戸時代に、近江商人や伊勢商人が「信用」を重んじながら商才豊かにビジネスネットワークを広げていったことはよく知られている。こうした CSR の源流をたどってみよう。

(1)　江戸・明治期の「三方よし」

　日本の CSR の源流は、江戸時代の近江商人の商業倫理「三方よし」に遡るといわれている。江戸や大阪と地方の物産を商うという全国ネットワークの経営を行うためには信頼構築が第一に重要で、正直な商売で「売り手よし・買い

手よし・世間よし」と三方が納得できるような取引をすることを家訓とした。特に地方へ行商に出かける際には、持参した商品が全ての人に気持ちよく使ってもらえるよう心掛け、高利を望まず、損得は結果次第であるとした。取引で得られた利益は世間のため、社会のために活用されなければならないという。現在も伊藤忠商事の企業理念は「三方よし」であるし、三井グループ創始者の三井高利の家訓にも、その源流がある。

　明治期に入り、野村徳七商店が近代的な店舗経営を行い、奉公人の教育研修や親睦会に力を入れたこともよく知られている。大正期に入ると日清戦争後に日本経済が活況を呈し、新しい産業が誕生していく。昭和初期（1929 年）にパナソニックの創業者である松下幸之助氏は、企業理念である「綱領」を定め「産業人たるの本分に徹し／社会生活の改善と向上を図り／世界文化の進展に寄与せんことを期す」と、本業を通して社会課題の解決を図り、グローバル文化の発展に貢献せよ、と述べた。1930 年代には、三菱グループの第四代社長の岩崎小弥太氏が三綱領「所期奉公・処事光明・立業貿易」を提唱し、社会への貢献を目的として、公明正大を心がけ、グローバルな視野に立つようにとした。当時は鉄道や病院。学校なども実業家が出資しており、社会貢献によって信頼を構築して事業拡大を図るという意識があったとみられる。

【図表9-2　近江商人の「三方よし」の概念】

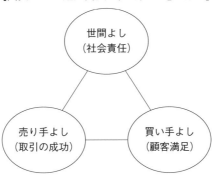

(2) 高度経済成長期の公害問題

　しかしながら、第二次世界大戦や、終戦後の財閥解体などにより、日本の企業活動は転換を余儀なくされた。そして 1950 年代から 1970 年代初めの高度経済成長期には、所得倍増計画（1960 年）、東京オリンピック開催（1964 年）なども刺激となって、企業の生産活動は活発化し、消費者の物的欲求も加速し、大量生産・大量消費の時代に突入していく。そして、環境汚染による公害が、大きな社会問題となっていったのである。

　最も有名なのが四大公害病である。熊本県の水俣病は、八代海沿岸で日本窒業肥料（当時）がメチル水銀を大量排出し、魚介類が汚染され、それを食べた住民が激しい神経疾患を発症した。2021 年には当時の水俣を舞台にした映画『MINAMATA』が全世界で公開されている。富山県のイタイイタイ病は、三井金属鉱業（当時）が鉱山のカドミウムを神通川へ排水し、体中の骨が折れて死に至る病が発症した。新潟県の第二水俣病は、阿賀野川流域で昭和電工（当時）が有機水銀の廃液を排出し、汚染された魚を食べた住民が発症した。四日市ぜんそくは、三重県の工場から硫黄酸化物が排出されて大気汚染が生じたための発症であり、中部電力や三菱油化など 6 社の共同不法行為が裁判で認定されている。いずれも企業工場での大量生産の陰で、多くの人々が健康を損ない、人命が奪われるという悲惨なものであった。多くの裁判が起こされ、関連企業には相当の損害賠償の支払いが命じられ、企業の社会的責任が厳しく追及されるまでには長い時間がかかっている。

　1967 年には、公害対策基本法が成立している。公害とは、企業等の活動によって生じる「相当範囲にわたる大気汚染、水質汚濁、土壌汚染、騒音、振動、地盤沈下および悪臭などによって、人の健康や生活環境に被害が生じること」と定義している。この法律では、地方公共団体や事業者への助成、公害対策審議会および公害対策会議の設置などについて定められた（1993 年に環境対策基本法の制定により廃止）。

　公害以外でも、1969 年には、欠陥自動車問題（構造装置の欠陥を不正に隠し、事故が多発した）や、森永ヒ素ミルク中毒事件（乳児用ミルクにヒ素が混入し

て深刻な後遺症が発生）が発覚するなど、企業が社会的責任を果たしていない
ことが非難されている。

　1970 年代には、第 4 次中東戦争に端を発して全世界的にオイルショックが
起こり、原油価格の高騰による物価高が生じ、商社の買い占め疑惑などが高ま
り、企業批判が高まっていったことは前述（第 1 章）の通りである。

　一方、1956 年には経済同友会が「企業は社会の公器である」という考え方
のもと、経営方策特別委員会で、「経営者の社会的責任の自覚と実践」を提言
した。戦後復興に向けた経済的成長が優先された時代だが、株主、従業員、公
衆に対する経営者の社会的責任について言及する経済団体もあったのである。

　なお、経済同友会は、1972 年には「社会と企業の相互信頼の確立を求めて」
という提言を行い、翌 1973 年には、企業は社会進歩への行動転換をすべきだ
という意見表明を行っている。しかし、経済同友会は経営者個人の加入による
ものであり、企業活動に強制力を持つものではなかった。

(3) バブル経済を背景にしての社会貢献

　1980 年代から 1990 年代には、景気の回復やバブル経済が続き、企業と社会
の関係づくりには新たな動きがみられる。会社の個性・目標の明確化と統一を
図り、社内外にこれを印象づけるための組織的活動とされる CI（コーポレート・
アイデンティティ：Corporate Identity）を多くの企業が導入するようになった。
公害問題への対応に追われ、消費者軽視と批判を受けた時代を経て、1980 年
代は、社会との関係づくりに対して、前向きの方向性や積極的な姿勢を持つよ
うになった時代といえる。

　グローバル化も進展し、1980 年代後半以降、米国に進出した日系企業は、
米国企業を模範として「良き企業市民（Corporate Citizenship）として地域に
貢献しようと、専門の担当部署や役員を置き、賃金・施設・人材・ノウハウな
ど企業が持つ資源を投入しようとする機運が高まった。

　さらに企業姿勢を示す動きとして、1990 年には日本経団連の「1%（ワンパー
セント）クラブ」が設立された。これは個人であれば可処分所得の 1% 相当額、

法人であれば経常利益の 1% 相当額を目標に、寄付やボランティア活動によって社会の役に立ちたいという企業や個人の集まりである。

また 1990 年には、芸術文化支援を目的とした「メセナ協議会」が設立された。2011 年には公益社団法人に移行している。なお「メセナ」とは、企業等が社会貢献の一環として芸術文化活動支援を行うことでルネサンスの原動力となった、金融業者のメディチ家の活動由来した名称である。

なお、1994 年には、旧「国民政治研究会」が「日本フィランソロピー協会」と改称し、企業や個人の社会的貢献を推進する活動を本格化させている（2009 年より公益社団法人へ移行）。なお、フィランソロピーとは、キリスト教精神に基づく「慈善活動」の意味である。アメリカでは 1986 年に包括的税制改革があり、企業寄付が一層求められるようになり、さらに短期的な株主利益重視の風潮や、敵対的買収の増加といった企業環境の中で、フィランソロピーは社会的投資である、という考え方が普及するようになる。一時的な「寄付」ではなく、戦略的プログラムが導入されるようになった。その考え方が日本にも導入されていったのである。

これらの活動は、当初はバブル経済を背景として、資金的余裕のある企業が、自社のイメージアップなどを意識して行うことが多かった。しかし次第にスポーツのスポンサーシップや被災地に対する地域支援など、多くの領域に拡大し、各企業が社会的責任として、ステークホルダーとのより良い関係づくりを行って社会課題の解決をサポートする、というサステナブルな取り組みに発展している。

2. 企業責任に対する世界的な潮流

次に、世界的な CSR の源流をたどってみよう。サステナブル社会への取り組みが求められるようになるまでには、企業の社会的責任を巡って、さまざまな提言が出されてきた。この歴史的過程を整理しておこう。

(1)　環境問題に対する諸条約

　環境問題に対する世界的な潮流としては、1972 年に民間団体のローマクラブが「成長の限界」と題する研究報告を行い、資源と地球の有限性に着目したのが始まりである。ほかにも 1970 年代には、環境保護に関するラムサール条約（水鳥の生息地となる湿地の保全・再生)、ワシントン条約（絶滅のおそれのある野生動物の国際取引を規制)、ロンドン・ダンピング条約（廃棄物の海洋投棄を規制）など世界的な条約が次々と締結され、地球環境問題に対する認識が高まっていった。

　1980 年代には、国際自然保護連合が「持続可能な開発」という概念を提起し、これが 1987 年の国際連合の「環境と開発に関する世界委員会」での概念確立につながっていく。1992 年にはブラジルのリオ・デジャネイロで地球サミットが開催され、「気候変動枠組条約」と「生物多様性条約」への署名が開始されるとともに、「環境と開発に関するリオ宣言」「アジェンダ 21」及び「森林原則声明」の文書が合意された。

　1995 年の世界社会開発サミットでは、国連史上初めて、貧困撲滅、雇用、社会的統合等、広い範囲にわたる社会問題が総合的に取り上げられ、これらの問題の解決に国際社会全体として取り組む決意が盛り込まれた「コペンハーゲン宣言」及び「行動計画」が採択された。まさにその頃、ナイキの委託工場（インドネシア）で児童労働が行われたとして、全世界で不買運動が起きた。Windows95 の発売によって世界的にインターネットが普及し始めたことも相まって、攻撃的な書き込みが世界に拡大していったのである。米ナイキ社は、この問題の対策として、ILO 国際労働基準にしたがって行動指針を定め、サプライチェーン全体のあり方も見直した。

(2)　京都議定書の採択

　1997 年は企業の社会的責任を考える上で、画期的な年である。まず、イギリスのサステナビリティ社のエルキントンが「トリプルボトムライン」を提唱した。企業を財務パフォーマンスだけで評価するのではなく、環境的・社会的・

経済的の3つの側面から評価するという考え方である。決算書の最終行（ボトムライン）に収益と損失の最終結果を記すように、社会的側面では人権配慮や社会貢献、環境的側面では資源節約や汚染対策などについても記すべきとしている。

　次に、1997年には、米国ボストンのNPO団体のGRI（Global Reporting Initiative）が、ステークホルダーの参画を軸としたマネジメントを提唱した。サステナビリティに関する国際基準の策定を使命とした団体であり、現在のESG投資のメインストリーム化などにつながっている。

　さらに気候変動に関する国際連合枠組条約として、京都市で第3回気候変動枠組条約講和国会議（地球温暖化防止京都会議COP3）が開催され、いわゆる「京都議定書」が採択された、地球温暖化の原因となる、CO_2（二酸化炭素）等について、1990年を基準として各国別に先進国における削減率を定め、共同で約束期間内に目標値を達成することが定められたのである。日本で開催された会議で、CO_2等削減のための数値目標が課されたこともあり、全事業活動において温暖化防止を推進し、製品・サービスの提供を通じて環境対策を行うという社会的気運が浸透していった。

（3）グローバルコンパクト

　1999年には、国際連合総長のアナン氏が、「グローバルコンパクト」の10原則を提唱し、人権・労働・環境さらに腐敗防止について、グローバル企業に自主的な責任ある行動を求めた。現在は、全世界で約1万7500社以上（2022年時点）、日本で552社（2023年7月時点）の団体が参加している。

　2000年には国連ミレニアム・サミットがあり、翌2001年にはミレニアム開発目標（MDGs：Millennium Development Goal）が策定され、途上国の開発のための8つのゴール、21のターゲット、60の指標からなる開発目標が出された。2015年を目標年としており、これが後述のSDGsにつながっていく。

3.　日本企業の本格的な対応

　こうした世界的な動きに呼応して、日本でも 1990 年代からは、本格的な企業の社会的責任が問われる場面が多くなった。1991 年には「経団連企業行動憲章」が制定されている。1996 年の改定時には「実行の手引き」が作成され、経営責任と罰則を盛り込むなどして、より具体的にアクションにつながる実効性を意識したものになった。この企業行動憲章は、2004 年、2010 年、2017 年と改定を重ね、高い倫理観を持って社会的責任を果たすこと、反社会勢力・団体との関係遮断を徹底すること、企業グループ全体のサプライチェーンを含む取引等へも取り組みを促すこと、ESG（環境・社会・ガバナンス）に配慮した経営を推進することなど、時代の変化に対応した具体的な社会的責任が明記されるようになる。

　1990 年代後半には、地球温暖化問題への意識の高まりも相まって、国内外における企業取引において、環境対応問題へ取り組む姿勢が強まっていった。「環境報告書」を発行する企業が増え始めたのもこの時期である。

　また、国際標準化機構（ISO）の認証基準をとる企業も増加した。品質マネジメントに関する規格の「ISO9000」（1987 年発行・1994 年、2000 年改定）、環境マネジメントに関する規格の「ISO14000」（1996 年発行）、そして組織の社会的責任に関する規格「ISO26000」（2010 年発行）などである。日本では、2000 年前後から認証取得数が急速に伸び、認証基準の有無が貿易や取引にあたっての条件になるなど、事業活動全体に関わる事業の 1 つになった。

　1990 年代後半には企業不祥事が頻発し、大手金融機関の破綻が相次ぐなどしたことから、企業の社会的責任（CSR）について問われる場面がさらに多くなった。そして 2000 年代に入ると、企業活動において経営と CSR の関係性が問われ始める。組織づくり、人材、部品調達など、さまざまな要素に関わってくるのが CSR 概念だという考え方である。

　2003 年には、経済同友会が企業白書「『市場の進化』と社会的責任経営」を発表した。CSR は単に社会貢献というレベルではなく、経済・環境・社会のあらゆる側面において、社会のニーズをいち早く価値創造へと結びつけ、企業

の持続的な発展を図るための「投資」であるとしている。新しい「企業評価基準」も提唱され、企業の社会的責任は「市場、環境、人間、社会」の４分野からなるとした。また、コーポレートガバナンス原則として、「理念とリーダーシップ」「マネジメント体制」「コンプライアンス」「ディスクロージャーとコミュニケーション」が掲げられ、大企業を中心にCSRへの取り組みが急速に広がった。「CSRレポート」を発行する企業が増加したのもこの時期である。

　このように、日本企業の社会的責任に対する取り組みの変化を概観すると、４つの歴史的な発展段階があるようである。①江戸時代の「三方よし」の段階、②高度経済成長期に公害などの社会問題が発生した段階、③バブル経済を背景とした本業以外の「寄付」で、企業のイメージアップを意識した段階、④グローバルスタンダードに合わせ、本業を通して社会的支援をしていこうとする段階、である。今後もさらなる発展が期待されている。

Ⅲ　企業の社会的責任（CSR）に関する近年の潮流

　最後に、近年の社会的責任に対する潮流をまとめておく。「CSR」という用語はあまり使われなくなったが、サステナブル社会への取り組みが求められていること、従業員や地域社会などのステークホルダーに対する配慮が必要なこと、株主・投資家への透明性の高い情報開示が重要なことなどを考慮すると、企業の社会的責任はむしろ強まっていると考えるべきだろう。そのきっかけとなったのが「SDGs」の採択と普及である。

1．SDGsの採択と概念の普及

　2015年9月の国連会議で「国連持続可能な開発サミット」が開催され、そこで「SDGs（Sustainable Development Goals：持続可能な開発目標）」が、加盟国の全会一致で採択された。その中の「2030アジェンダ」は、2015年から2030年までに持続可能（サステナブル）でより良い世界を目指す国際目標となっている。持続可能な開発のための17の目標と169のターゲットを達成

するために尽力することが掲げられている。

　目標は 5 つの P に分類できる。人間（People）の目標 1 〜 6 は、貧困の終焉、飢餓・食料・栄養、教育、ジェンダー平等、水と衛生で、これらは MDGs にも含まれていた項目である。繁栄（Prosperity）の目標 7 〜 11 は、持続可能なエネルギー、持続可能な成長と完全雇用等、インフラ・産業化・イノベーション、国内外の不平等の是正、都市や住環境の改善と災害対策である。さらに地球（Planet）の目標 12 〜 15 は、持続可能な生産と消費、気候変動、海の生物多様性と陸の生物多様性の実現である。さらに平和（Peace）の目標 16 は、暴力・犯罪の防止、公平な参加型民主主義によるガバナンスである。パートナーシップ（Partnership）の目標 17 は、国際的なパートナーシップの強化である。キーコンセプトは「我々の世界を変革する」であり、「地球上の誰一人として取り残さない」ことを誓っている。

　これらの 17 の目標には、数値を上げて現在の課題が示されている。例えば、「貧困」については、「極度の貧困状態（1 日 1.9 ドル未満）で暮らすのは世界で 7 億 6700 万人（10 人に 1 人）」とあり、「水・衛生」では「世界の人口の 3 分の 1（22 億人）が安全な水道水を使えない。安全に管理されたトイレを使えない人は 6 割（42 億人）」とある。

　日本では、2016 年には、内閣総理大臣を本部長として、全閣僚をメンバーとする SDGs 推進本部が内閣官房に設置された。また、各セクターの意見を吸い上げるために、経済界、労働界、市民社会、消費者団体、国際機関、学界などの委員による「SDGs 推進円卓会議」も設置され、政府のアクションプランとしては、①ビジネスとイノベーション、②地方創生、③次世代・女性のエンパワーメントが三本柱となった。

　これらの施策に対応して、多くの企業が本業を活用した取り組みを行っている。東南アジア・アフリカなどの無電化地域に灯りを届けるため 10 万台のソーラーランタンを寄贈（パナソニック）、ガーナの栄養不足による幼児の死亡率の高さを改善するために、トウモロコシのお粥に栄養価を加えた商品を開発（味の素）、ベトナムの学校教育に体育の授業が少ないため、スポーツの基本動作

を教える遊び感覚のプログラムを導入（ミズノ）などである。ほかにも、ペットボトルの完全循環（セブン＆ホールディングス）、着なくなった服の途上国へのリサイクル（ユニクロ・GU）など多数の取り組みがある。

　SDGsの概念が社会に浸透した理由の1つが、17色のカラフルなアイコンにあることはよく知られている（**図表9-3**）。スウェーデンのデザイナーが開発し、国連でも公式に使われるようになった。日本語訳においても、17の目標を直訳するのではなく、行動を促すような、非常に簡潔な表現がコピーライティングされ、それが国連広報センターの公式な日本語となった。例えば目標14の外務省訳は「持続可能な開発のために海洋・海洋資源を保存し、持続可能な形で利用する」となっているが、アイコンでは「海の豊かさを守ろう」である。こうして社会への伝え方を工夫することで、小中学生の授業にも取り入れられるなどして、SDGsは急速に知名度を高め、その概念が社会に浸透していったのである。

【図表9-3　SDGs（Sustainable Development Goals）】

出典：国際連合広報センター

2．サステナブル社会へ向けての広報ツールの広がり

地球規模での社会課題・環境課題が明記された SDGs は、世界共通言語でもある。各企業はサステナブル社会へ向けた SDGs 課題を考慮し、自社の長期ビジョンとして中期経営計画の中に SDGs への取り組みを盛り込むことで、グローバルにおいても自社の活動の理解を得ようとしている。メディアがこうした企業活動を取り上げる機会は増え、サステナブル社会に向けてのステークホルダーとの関係づくりについての報道も増えていった。企業のトップがサステナブル対応についての中長期経営計画について発言することで、先進的な企業姿勢が評価される傾向もある。

また、企業経営における ESG（環境・社会・ガバナンス／第2章・第11章参照）とも密接な関係にある。特に金融業界には、企業評価をサステナブル投資や企業ガバナンスの側面から評価しようという動きがある。それに対応して多くの企業は、自社がサステナブル社会に向けた企業経営を行っていることを「ESG 投資情報」として、世界の投資家に向けて発信するようになった。

こうした動きに対応して、CSR レポートを「サステナブルレポート」と名称変更した企業は多く、さらに財務情報の「アニュアルレポート」と内容を合体した「統合報告書」を作成するケースも増加している。財務・非財務の業績を、図表などを用いてわかりやすく情報開示することも、企業の社会的責任として求められるようになってきた。サステナブル社会へ向けた企業の「マテリアリティ（自社の持続可能な発展のために、どのようなことを重要項目として取り組んでいるか）」は、現在は統合報告書の主要コンテンツとなっており、公式 Web サイトでも公開されている。

2019 年には国連において SDGs サミットが開催され、サミットに先立ち、国連事務総長の報告書が提出された。それによると、SDGs の達成に向けて一定の良い傾向は見られるものの、2030 年までに達成するために必要な変革がスピードとスケールにおいて十分ではなく、国際環境は悪化している、と指摘され、2030 年までの 10 年間を、「行動の 10 年間」にすることが国際社会の責務であると結論づけられている。

　なお、世界的には、実態が伴わないのに SDGs に取り組んでいるかのように見せかける「SDGs ウォッシュ」も発生している。本来、サステナブル社会に向けた取り組みとは、事業の社会的意義、成長の持続性、経営への影響などについて、ステークホルダーへのコミュニケーションをどう行うかなど、広報課題そのものともいえる。見せかけの支援ではなく、本業を通した取り組みを行い、等身大の情報を透明性高く発信していくことが求められているといえる。

３．進化するステークホルダーとの関係づくり

　本章の最後に、近年の新たな動きとして注目されている考え方や国際基準をいくつか紹介しておく。

　まず、2011 年にハーバード大学のポーター教授が提唱した「CSV（Creating Shared Value：共通価値の創造）が挙げられる。企業は戦略的に事業活動と結びつけて社会課題の解決を図るべきであり、企業の競争力向上と同時実現を目指すという考え方だ。日本企業では、キリンホールディングスや味の素が、この考え方を導入している。

　当時は、CSR 活動は寄付や社会貢献にとどまるという見方もあり、企業とステークホルダーが互いに Win-Win の関係性（両者が互いに利益を得る）ことで価値を見出していくという CSV の視点が注目された。例えば、BOP（Base of the Economic Pyramid）ビジネス（世界の所得別人口構成の中で最も所得が低い層をターゲットとしたビジネス）も、低所得者層の生活水準を向上させることで、当該地域の経済発展につながり、結果的にビジネスに跳ね返るという点において、共に価値を創るという考え方に沿う展開の１つである。

　同じ 2011 年には、アメリカの NPO の SASB サステナビリティ会計基準審議会（Sustainability Accounting Standards Board）が設立され、2018 年には「SASB スタンダード」が公開された。すべての企業を 11 の業種（セクター）と 38 の準業種（サブセクター）と 77 の産業分類に適合するように設計されており、これが非財務情報公開の標準化に向けた基準となっている。

　また、2018 年には、国際標準化機構（ISO）の認証基準として、「ISO30414」

が発表された。内部及び外部のステークホルダーに対する人的資本に関する報告のための指針であり、労働力の持続可能性をサポートするため、組織に対する人的資本の貢献を考察し、透明性を高めることを目的としている。

　さらに、2023 年 1 月には、CSRD 企業サステナビリティ報告指令（Corporate Sustainability Reporting Directive）が発効した。これは EU のサステナビリティ開示規制であり、EU 加盟国は 2024 年 7 月までに、CSRD に定められた目標を達成するための国内法制化の措置をとる必要がある。EU におけるサステナビリティ報告の一貫性を高め、金融機関、投資家、そして広く一般の人々が比較可能で信頼できるサステナビリティ情報を利用できるようにすることが目的である。本規制への対応を通じて企業の経営そのものが変化するきっかけとなって、企業内外のステークホルダーの意識が高まり、経営の変革とサステナビリティへの取り組みがさらに加速し、強化されることが期待されている。

　こうした一連の動きを見ると、企業は株主だけでなく、従業員、顧客、サプライヤー、地域社会などのあらゆるステークホルダーに対して責任を持ち、情報開示を行うことが求められていることがよくわかる。サプライチェーンの中で、海外の部品供給会社や国内外の流通経路における雇用や CO_2 排出に対する配慮や、従業員を人的資本と考え、長時間労働やパワハラ等の課題に対する管理責任までもが、企業に求められているのである。

　広報・PR 業務においては、企業がこうした自社の取り組みを情報公開することが期待されていることを意識して、ステークホルダーに情報を伝達しなくてはならない。日本人は「謙譲の美徳」で成果を披露するのをためらいがちだが、事実は自信を持って公表していくべきであり、そもそも自信を持てるような社会的責任のある企業姿勢を貫くべきだろう。現在は全ての活動がネットや SNS で拡散していくので、企業側からそれぞれの取り組みがどんな意図で行われたかについて発信すれば、誤解が生じにくくなる。サステナブル社会への取り組みは、一時的なものではなく、長期的な取り組みの中で、企業の事業計画に組み込まれて、戦略的かつ統合的に運営されるべきであろう。それが企業に求められている社会的責任なのである。

参考問題

> 問　CSR の基本概念に関する次の記述のうち、最も不適切なものを選び
> なさい。
>
> a. 企業が社会に対して果たすべき責任として問われる要素であ
> り、単なる理念ではなく、日常的な企業活動との関係性が非常
> に大きい。
> b. 社会や環境と共存し、企業を取り巻くステークホルダーからの
> 信頼を得るための企業のあり方を指す。
> c. 企業を財務的側面のみで評価するのではなく、社会貢献、ガバ
> ナンス、パーパスの 3 つの観点から評価する「トリプルボトム
> ライン」の考え方が有名である。
> d. 国際的な定義として必ずしも確立されているものではなく、そ
> の国の社会、経済などの背景により、考え方は異なってくる。
>
> ＜解説＞
> 1997 年にイギリスのサステナビリティ社のエルキントンが提唱した「ト
> リプルボトムライン」は、企業を財務的側面のみで評価するのではなく、
> 環境的側面、社会的側面、経済的側面の 3 つから評価するという考え方
> である。
>
> 　　正解：c

問　日本における企業の社会的責任（CSR）に関する次の記述（1〜3）
について、歴史的に古い順番に並び替え、その最も正しい組み合わせ
を下記の選択肢（a〜f）から選びなさい。

1. 企業の CSR が幅広く求められるようになり、環境・人権・労
働環境などにも社会的責任があると考えられるようになった。
2. 深刻な公害問題が発生し、地元住民の健康が損なわれる事態を
防止することが企業の責任であると指摘された。
3. 日本企業のグローバル市場への進出に伴い、企業市民としての
活動が求められるようになった。

a. 1−2−3
b. 1−3−2
c. 2−1−3
d. 2−3−1
e. 3−1−2
f. 3−2−1

＜解説＞
　記述 1 は、1990 年代。記述 2 は、1960 年代。記述 3 は、1980 年代

　　正解：d

第10章 インターナル・コミュニケーション

　広報・PR の分野においては、従業員も重要な利害関係者である。企業が持続的に成長していくためには、一人ひとりの従業員が工夫を凝らして日々の営業・生産活動を行うことが必要であり、そうした業務がなければニュース性のある事業活動は生まれてこない。取引先との交渉や新製品開発のプレゼンテーションなど、日常的な業務は各従業員のコミュニケーション活動の集積といえる。本章では、企業が社会的な責任を果たして持続的に成長するためのインターナル・コミュニケーションについて、基本概念を説明しておく。

　なお、広報の教科書等では組織内の広報について、従業員との関係づくりという観点から「エンプロイー・リレーションズ（Employee Relations）」と表現する場合もある。英米企業の場合は、経営幹部と従業員は採用枠が別で対峙する関係にあるため、この表現が組織内の関係を象徴しているといえる。しかし、多くの日本企業は新入社員として平等に入社して、そこから人事異動を繰り返して経営幹部に昇進していく組織体制であり、組織内の上下左右の横断的なコミュニケーションが重要という観点から、「インターナル・コミュニケーション（Internal Communication）」の方が日本の組織内（経営トップを含む）の関係を適切に表現していると本書では考えることとする。

Ⅰ　インターナル・コミュニケーションの戦略的位置づけ

　最初に社内広報の前提として、インターナル・コミュニケーションを戦略化することの目的を整理しておこう。簡単にいえば、企業理念を共有して風通し

の良い組織風土を形成すること、従業員一人ひとりのモチベーションを高め、品質・サービスを向上させること、企業文化を維持発展させること、であり、詳しくは以下の通りである。

1. 企業理念やビジョンの共有

　企業が持続的に成長していくための使命を明示的に表したものが「企業理念」である。組織は多数者の集団で構成されているから、共通の目標として、メンバーの行動を方向づけるような規範となるものが必要である。それが企業理念である。各企業の創業者の想い、成長の歴史、経営者の信念や経営方針などを明文化したものであり、各企業のビジョンが従業員の行動規範の基盤となる。企業のアイデンティティや DNA（遺伝子）と同義語であるが、決して CI 的なロゴマークや「絵に描いた餅」ではなく、従業員一人ひとりに浸透すべき考え方である。グループ従業員の求心力を高め、企業文化を形成すると同時に、顧客や社会に対して自社の考え方を示すことができる。

　企業によって、「理念」「社是」「社訓」「綱領」などと称したり、企業内で「我が社の経営理念」と呼んだりしているが、本章では「企業理念」と一般用語に統一して解説していく。

　前章で見たように、日本でも江戸時代から近江商人の「三方よし」などの家訓はあった。1929 年には松下電器（現・パナソニック）の創業者・松下幸之助による「綱領」「信条」が策定され、これが日本初の明文化された企業理念だといわれている。また 1930 年代には三菱財閥の第四代社長の岩崎小彌太によって「三綱領」が明文化されている。1935 年には豊田自動織機製作所（その後、トヨタ自動車が分社化）が創業者の豊田佐吉の遺志を継ぎ、「上下一致、至誠業務に服し、産業報国の実を挙ぐべし」に始まる 5 箇条の「豊田綱領」を定めている。こうした 3 社の綱領は、パナソニック、三菱グループ、トヨタ自動車の各企業 Web サイトに掲載されている。現在も脈々と続き、従業員が共有する企業理念である。

　しかし世界的に「企業理念」が注目されるようになったのは、1980 年代に

アメリカのジョンソン＆ジョンソン（J&J）社のタイレノール事件が契機であり、企業理念である「我が信条（Our Credo）」による経営の意思決定がスムーズな解決につながったからである。1982年にタイレノールという薬を服用していた7人が死亡し、シアン化合物混入の疑いがあると発表されたとき、J&J社はすぐに取締役会を開いて製品のリコール（全回収）を決め、社長が記者会見でタイレノールを飲まないようにと消費者に呼びかけ、半年後には異物混入ができないようなカプセルにパッケージを変更して再発売した。回収費用は莫大だったが、同社の対応は称賛を浴び、売上高は80％まで回復した。

　J&J社が全製品を回収するという思い切った決断ができたのは、「我が信条」に「第一の責任は顧客に対するものである」と明記されていて、それに従ったからであり、社内で反対意見は出なかったという。当時のアメリカでは、企業の第一の責任は株主・投資家に対するものだと考える経営者が多かったので、短期的な利益に悪影響を与えるような製品回収を同社が迅速に行ったことは画期的だった。しかもJ&J社は、「第二の責任は全社員─世界中で共に働く男性も女性も─に対するものである」と明記している。こうした従業員を尊重する姿勢もJ&J社の決断を早めたのだと、同社に対する称賛や信頼は倍加した。タイレノール回収には、メディアがパートナーとして消費者への告知に協力したとも言われている。この「我が信条」は「会社を1つにまとめる接着剤だ」と同社の経営幹部は語り、全世界的に企業のコア・バリュー（理念）を明文化

【トヨタ自動車の企業理念（豊田綱領）】

豊田綱領
豊田佐吉翁の遺志を体し

一、上下一致、至誠業務に服し、産業報国の実を挙ぐべし。
一、研究と創造に心を致し、常に時流に先んずべし。
一、華美を戒め、質実剛健たるべし。
一、温情友愛の精神を発揮し、家庭的美風を作興すべし。
一、神仏を尊崇し、報恩感謝の生活を為すべし。

ジョンソン＆ジョンソンの「我が信条」

我々の第一の責任は、我々の製品およびサービスを使用してくれる医師、看護師、患者、そして母親、父親をはじめとする、すべての顧客に対するものであると確信する。顧客一人一人のニーズに応えるにあたり、我々の行なうすべての活動は質的に高い水準のものでなければならない。適正な価格を維持するため、我々は常に製品原価を引き下げる努力をしなければならない。顧客からの注文には、迅速、かつ正確に応えなければならない。我々の取引先には、適正な利益をあげる機会を提供しなければならない。

我々の第二の責任は全社員 ——世界中で共に働く男性も女性も—— に対するものである。社員一人一人は個人として尊重され、その尊厳と価値が認められなければならない。社員は安心して仕事に従事できなければならない。待遇は公正かつ適切でなければならず、働く環境は清潔で、整理整頓され、かつ安全でなければならない。社員が家族に対する責任を十分果たすことができるよう、配慮しなければならない。社員の提案、苦情が自由にできる環境でなければならない。能力ある人々には、雇用、能力開発および昇進の機会が平等に与えられなければならない。我々は有能な管理者を任命しなければならない。そして、その行動は公正、かつ道義にかなったものでなければならない。

我々の第三の責任は、我々が生活し、働いている地域社会、更には全世界の共同社会に対するものである。我々は良き市民として、有益な社会事業および福祉に貢献し、適切な租税を負担しなければならない。我々は社会の発展、健康の増進、教育の改善に寄与する活動に参画しなければならない。我々が使用する施設を常に良好な状態に保ち、環境と資源の保護に努めなければならない。

我々の第四の、そして最後の責任は、会社の株主に対するものである。事業は健全な利益を生まなければならない。我々は新しい考えを試みなければならない。研究開発は継続され、革新的な企画は開発され、失敗は償わなければならない。新しい設備を購入し、新しい施設を整備し、新しい製品を市場に導入しなければならない。逆境の時に備えて蓄積を行なわなければならない。これらすべての原則が実行されてはじめて、株主は正当な報酬を享受することができるものと確信する。

する企業が増加したのである。

　また、日本航空（JAL）が 2010 年に経営破たんし、翌年に新会社として再生した際、企業理念を刷新した。「JAL グループは、全社員の物心両面の幸福を追求し、お客さまに最高のサービスを提供します。企業価値を高め、社会の進歩発展に貢献します」としたのである。JAL グループの社員一人ひとりの努力の結集があればこそ実現できることであり、社員が一生懸命努力するためには、心の底から「JAL で働いていて良かった」「JAL の一員として頑張ろう」と思うことが大切で、インターナル・コミュニケーションを重視した企業理念を共有することが基本だという発想がある。同社 Web サイトによれば、「全社員の物心両面の幸福」とは、「経済的な安定や豊かさに加えて、仕事に対する誇り、働きがい、生きがいといった人間の心の豊かさを求めていくことで、

素晴らしい人生を送るとともに、心をひとつにして一致団結し、お客さまに最
高のサービスを提供できるよう、必死の努力をしていかなければならない」と
いう、思いがこもっているという。再生後、同社の業績はV字回復し、2012
年には東京証券取引所に再上場して業績を伸ばした。

　近江商人の「三方よし」からJALの新理念まで、いずれも企業側の従業員
を大切にする発想が盛り込まれている。従業員に対する気遣いを理念の主軸に
置くことで、業績は向上していくという証左であろう。なお、日本航空の新し
い企業理念は、再建時の会長である稲盛和夫氏が創業した京セラの経営理念と
共通性がある。京セラの経営理念は「全従業員の物心両面の幸福を追求すると
同時に、人類、社会の進歩発展に貢献すること」である。ほかにもサントリー
精神の「やってみなはれ」など、従業員の自主性を重要視した明示的な理念や
社是を掲げて成功している企業は多い。

　近年は「パーパス」(＝組織の存在意義：第2章参照)を理念のように掲げ
る企業もあるが、こちらは社会課題に重点が置かれており、従業員のことを盛
り込んだパーパスはほとんどない。やはりインターナル・コミュニケーション
においては、企業理念やビジョンの共有が重要だと考えられる。

2.　従業員のロイヤルティや一体感の醸成

　20世紀初頭にアメリカでテイラーが経営学の理論を提唱したとき、それま
での職人的なクラフト組織ではなく、大量生産工場での作業標準化や課業（ノ
ルマ）の設定、成功報酬などの科学的管理法が作業効率を高めるとされた。し
かしすぐに、シカゴ郊外のホーソン工場で行われたメイヨーなどの実験で、労
働者の作業効率は感情から切り離すことができないこと、職場における人間関
係や目標意識に左右されること、などが証明される。

　その後、さまざまな組織心理学の研究によって、人は金銭欲やノルマだけで
働くものではなく、取引先や顧客から感謝されたり、上司や同僚に認められた
りすることで、自分の仕事が組織の役に立っていることを実感し、モチベーショ
ンが高まることが証明されている。さらには仕事をすることによって自己実現

の満足感を得ることが、次の仕事を工夫して達成しようとする原動力となるし、努力を続けるエネルギーとなる。

　つまり、従業員が自分の会社に対してロイヤルティ（忠誠心）を持ち、その企業に所属していることに誇りを感じ、皆で同じ方向に向かって気持ちのベクトルを揃え、日々の仕事に工夫や改善を重ねていけば、組織全体では大きな力となり、業績は向上していく。そうした良い循環を生み出すための配慮がインターナル・コミュニケーション戦略である。

　反対に、従業員の気持ちがまとまっておらず、就業時間中に他のことを考えたり、ただ時間をこなすような働き方を続けたりしていると、取引先や顧客に丁寧な対応ができず、製品・サービスの質は下がるし、商談もまとまらない。従業員のロイヤルティ育成や一体感の醸成は、単に気持ちの問題にとどまらず、企業の存亡に関わる重大事なのである。

　従業員一人が仕事に対して些細な手抜きをしただけで、大きな事故につながることも多い。航空機事故や列車事故、データ改ざんなど、近年の重大事故・事件のほとんどはヒューマンエラー（人的ミス）である。さまざまな不祥事の謝罪会見では、いつも「報告が上がらなかった」「社内の風通しが悪かった」などの言い訳があり、マスメディアは「隠蔽体質」などと企業の組織風土を非難する。従業員のモチベーションは、企業の持続的成長において重要な課題なのである。

　近年は、従業員の満足度を調べるための ES 調査（Employee Satisfactio：従業員満足度調査）を行っている企業も増えている。同じ項目で経年調査することで、自社課題の変化が可視化でき、早期の対策につなげることができる。

3．企業文化の継承

　急成長している企業は、トップ経営者にカリスマ性があり、組織に活力とダイナミズムが絶えないように、きめ細かく従業員のモチベーション向上に配慮していることが多い。組織に活力とダイナミズムがあれば、従業員は組織の中で自己実現を図ることができるし、社会環境の変化に適応した意思決定が可能

になる。その結果、市場での競争優位性を高めることができる。

　組織の活力やダイナミズムには企業文化が反映される。企業文化とは、従業員によって共有された重要な関心事や目標である。共通の価値観の下で行動規範が形成され、その規範に適合した行動をするメンバーには褒章が与えられ、適合しないメンバーは罰せられる。この企業文化を組織風土や社風と呼ぶこともある。

　前述のように、20世紀型の日本企業は終身雇用や年功序列だったため、企業文化を明示しなくても、入社して数年すればその企業の暗黙の雰囲気を身につけていった。銀行員らしさ、広告代理店らしさ、デパート業界らしさなど、業界ごとに重視される規範は違い、異なる暗黙の規範の中で日常的な業務を積み重ねることで社員の雰囲気が身についていったものである。同じ業界の中でも企業によって、社内用語の呼び方や作業の手順が違うことは多く、過去の大手銀行や航空会社の合併などでは、自分たちが使用してきた専門用語や作業手順が正しいという思い込みがあるため、従業員同士の融和が進まなかったこともある。そうなっては全社一丸で気持ちを合わせることはできない。

　だからこそ、「何となく形成される暗黙の雰囲気」に頼るのではなく、明示的なインターナル・コミュニケーション戦略によって、従業員の気持ちのベクトル方向を一体化して、企業文化を維持・発展すべきなのである。前述のJ&J社は現在も全世界約60カ国、約15万人以上の従業員に対して、「我が信条」を各国語に翻訳して毎年研修を行い、経営の意思決定から日常業務に至るまで、この企業文化に基づく行動が徹底されるように努力を続けている。従業員は毎年入れ替わるし、人の気持ちも変わるからこそ、意識的で明示的なコミュニケーション戦略によって、その企業独自の理念を引き継ぎ、市場変化に対応できるような企業文化を維持・発展することが重要だといえる。

4. 社内広報誌や社内イベントの意義

　インターナル・コミュニケーション戦略は、人事部門や組織管理など、さまざまな分野が関係する。広報部門で関わるのは、社内広報誌の作成や社内イベ

ント・周年行事などであろう。経済広報センターが広報担当責任者を対象にした調査では、広報部門の 92.1％が社内広報に対応しており、その比率は年々高まっている。社内広報のツールは紙媒体の社内報（92.7％）、イントラネット（92.1％）、掲示板（30.3％）となっている（**図表 10-1**）。

　近年は紙媒体の社内広報誌を復活させて、イントラネットと併用する企業が増えてきた。紙媒体の網羅性と記録性が見直されてきたのである。迅速で機密性の高い業務連絡はイントラネットで行い、詳しい情報を読み物風の記事で情報共有したいときは紙媒体で行う、という使い分けを行っている企業もある。全社的な改革運動を推進するにあたって、紙媒体の社内報を活用する企業は少なくない。

　2010 年代半ばからは、SNS を社内メディアとして活用している企業も出てきた。従業員間のコミュニケーションを活性化させたい場合や、若手アルバイ

【図表 10-1　社内広報に活用している媒体について】

社内広報の媒体（複数回答）

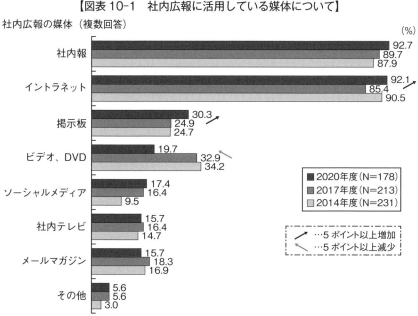

出典：『第 14 回企業の広報活動に関する意識実態調査』経済広報センター、2021 年 10 月

トも対象とする場合には、簡単に書き込みができるので便利である。

　2020年からのコロナ禍では、在宅勤務によるテレワークが増え、オンライン会議も急増した。自社の情報を伝えるために、公式な社内メディアを活用することが不可欠になったといえる。社長が全国を出張することができなくなったため、オンラインで各地の若手社員と交流したり、社内ラジオを開設して定期的に番組を流し、社長インタビューやゲストとの対談などを行う企業もある。

　また、近年は、パワハラや長時間残業などが労務問題として追及されることが多く、工事現場ではベテラン社員から若手へのノウハウ共有が十分に進まないため、事故が多発するなど、インターナル・コミュニケーションに起因するような、さまざまな事象が社会問題となっている。各メディアの長所と短所をよく理解して、導入する際には用途に応じ、紙媒体、ビデオ、イントラネット、SNSなどを組み合わせ、従業員が十分に自社情報を共有し、モチベーションを高められるような工夫が不可欠な時代になったといえる。

Ⅱ　企業文化とコミュニケーションの機能

　インターナル・コミュニケーションには、さまざまな形態があり、社内広報のメディアにもそれが反映する。パターン別に整理しておこう。

1.　トップダウン型とボトムアップ型

　組織の経営者からトップダウンで伝えられるコミュニケーションとしては、部門会議や社内報（経営方針）の伝達、稟議書の回覧、通達や業務連絡、朝礼や標語・ポスター、職場説明会、面談、組合の団体交渉、集合研修などがある。

　一方、従業員からボトムアップで伝えられるコミュニケーションとしては、書類などによる業務報告、提案制度やアイディア募集のブレーンストーミング、社内の人事公募の自己申告などがある。

　社内広報メディアでは、社長メッセージなど上意下達型のコンテンツがイメージされがちだが、普段着のスタイルで社員と交流するトップを紹介する社

内報もあり、職場活性化の目線で闊達なコミュニケーションを図る媒体づくりに努力している企業は多い。

2. 公式（フォーマル）と非公式（インフォーマル）

　組織コミュニケーションを大きく分類すると、公式（フォーマル）なコミュニケーションと非公式（インフォーマル）なコミュニケーションがある。

　公式（フォーマル）なコミュニケーションとは、組織などで表出的に行うもので、前項で挙げたような、会議や Web サイトの作成、ニュースリリースの発行などは、トップダウン型もボトムアップ型も、全て公式（フォーマル）なコミュニケーションである。

　これに対して、非公式（インフォーマル）なコミュニケーションとは、組織のルールに拘泥せず、個人が自発的に行うものである。業務時の声かけ、終業後の飲み会、同期社員との立ち話、有志による休日レジャーなどを指す。

　人間の感情は、公式に伝えられる情報共有だけでは満足できないことが多く、勤労意欲やモチベーションを高めるには、組織に自分が受け入れられているという満足感を充足させることが必要である。インフォーマルなコミュニケーションがうまくいけば、組織内の人間関係が円滑になって親近感が高まり、従業員が楽しい気持ちで働くことができる。ただし、参加を強要したり、会話の内容が愚痴や説教になってしまったりすると、かえってストレスが増えて逆効果になることもあるので、コミュニケーションの目的を見失わないことが必要であろう。

　なお、社内広報メディアのコンテンツにおいても、業務連絡としての中期経営計画や業績の進捗状況などのフォーマルな情報ばかりではなく、業績表彰店の店長の趣味を紹介したり、経営トップのプライベートな時間について書いたりすることがある。その目的は、こうしたインフォーマルで一見冗長な情報が重要であり、それが緩衝材となって、フォーマルな情報にも関心が向くようにするためであり、両者のバランスが重要である。

3. 言語型（バーバル）と非言語型（ノンバーバル）

　言語型（バーバル）コミュニケーションとは、文字や言葉などの言語を使ったコミュニケーションを指し、非言語型（ノンバーバル）コミュニケーションとは、表情や声の調子など言語以外の要素を使ったコミュニケーションを指す。

　記者発表会や謝罪会見などで、社長のスピーチ原稿は十分に推敲して準備するだろうし、そうした言語型のコミュニケーションは、広報・PR業務を行う上で非常に重要である。トップの就任会見や長期ビジョンの発表などは、ニュースの見出しになるようなキーフレーズを意識して原稿を作成しなければならないし、謝罪会見のはずなのに謝罪の言葉が足りずに責任逃れをしようとしたり質問に答えきれずに失言したりすると、言葉尻をとらえられて追及される。

　しかし同時に、記者発表会や謝罪会見で最も見られているのは、経営トップの態度である。堂々としたカリスマ性のある話し方であれば人間的な魅力に引き付けられるし、謝罪会見で高圧的な態度やイライラしたような素振りを見せれば、火に油を注ぐような炎上につながる。

　インターナル・コミュニケーションにおいても同じことがいえる。従業員が気持ちよく働くために、経営トップはどのような言葉をかけ、どのような態度をとるべきか。こうしたことを考えるのも社内広報の分野であり、どのメディアを通して伝えるかによって、従業員の印象や気持ちは違うものである。

4. 直接型のインターナル・コミュニケーション：社内イベント

　従業員が一カ所に集まり、経営トップのビジョンを聞いたり、自分の仕事の悩みを語ったりすることが、直接型のインターナル・コミュニケーションであり、小規模な企業であれば可能である。経営情報は社内で共有されるし、トラブルがあっても早期に発見できるから望ましい形態だ。一般に、企業が成長し、規模が拡大してくると、徐々に全員が集まる機会は減っていく。しかし人数が多くても、例えばイトーヨーカ堂の全国の店長が集まる会議や、セブン-イレブンの全国のOFC（店舗経営相談員）が集まる会議は、現在も定期的に毎月数回開かれており、何百人もの社員が一カ所に集まって経営ノウハウを共有し

合い、成果を上げている。直接型のコミュニケーションは効果が高いのである。

　業務会議でなくても、従業員が同じ場所で一緒に時間を過ごすことは連帯感を生む。会社の寮では文字通り「同じ釜の飯を食う」という生活であるし、社宅での生活でプライベートな時間を共有することは、企業ファミリーの意識を形成していく。社内運動会や宿泊研修、ゴルフコンペやボーリング大会、新年パーティ、歓迎会、暑気払い、忘年会などの年中行事は従業員の一体感を醸成する上で即効性がある。職場の同僚や他部門の社員と協力してイベントの準備をしたり、日常的な業務以外の姿を見たり、趣味や家族の話をしたりすることで意外な一面を発見し、業務上の会話もスムーズになることは多い。こうした社内行事は昭和期に頻繁に行われていたが、バブル終焉後にコスト削減やプライベートタイムの重視などから実施企業が減少していた。しかし、近年はインターナル・コミュニケーションを活性化する場として再び注目されている。

5．間接型のインターナル・コミュニケーション：社内広報メディア

　規模が小さくて従業員全員に社長の目が行き届くような企業であれば、「個人対個人」のパーソナル・コミュニケーションによって組織内の社内広報を行うことは十分に可能である。しかし、従業員数が数百人規模以上になると、経営トップの気持ちを全従業員に伝える機会は限られてくるし、他の事業部門がどんな仕事をしているのか、世代の異なる社員が何を考えているのか、よくわからないまま自分の業務だけを行っているという状態に陥ってしまいがちだ。部門ごとの会議や中間管理職を通じて情報を伝えるにしても、規模が大きくなるほど業務が複雑化していくし、言葉での伝達は、伝える人の主観や関心によって左右されるので、全従業員に同じ情報が伝わるとは限らない。

　そこで、全従業員で情報を共有するために、「メディア」を通じて伝えることが必要になる。それが「社内広報誌」である。紙媒体が中心であるが、後述するように、情報技術の発達により、1980 年代から映像による動画の社内広報が始まり、1990 年代後半からイントラネットが導入され、近年は社内 SNSを活用する企業も出てきた。

　一般的には、イントラネットで速報性と機密性を重視するニュースを配信し、社内広報誌で網羅性と保存性を重視する情報を伝える、という併用型が多い。両者の特性を活かしてインターナル・コミュニケーションを活性化することで、社員の意識統一やモチベーションアップを図っているのである。

6.　外部メディアのブーメラン効果

　従業員が自社の情報を知るツールは、社内メディアだけとは限らない。テレビや新聞で自社のトップがインタビューで語る経営指針や業績見通しは、従業員に知らせたい情報でもある。記者が要領よくコンパクトに、ときには図表付きでまとめてくれる記事は、自社のプロジェクトが外部で評価されていることを示し、従業員に自己肯定感を与える。そのため、新聞社に著作権料を払って、掲載記事を従業員に読ませる企業もある。一部の新聞社が掲載記事の表装サービス（有料）を行っているのは、紙面に載った記事が目に入ることで、ポジティブな評価が得られると考える企業が多いからだろう。

　こうした効果は、外部に発信した記事が社内の従業員に良い効果を与えるという意味で、「ブーメラン効果」と呼ばれる。本来は心理学用語で全く違った意味なのだが、広報・PR業界において、社外に投げた情報が社内に戻ってくるという現象を表す上では、的を射た表現である。

　例えば、テレビのバラエティ番組で、社員が新製品の開発秘話を語ったり、工場の製造工程を話したりすると、視聴者だけでなく全社員がその情報を共有し、開発チームの社員たちは一躍注目されて、モチベーションが一層上がる。また、某企業では、社長が地方支社を視察訪問する際、広報部がその地域の地方新聞社に声をかけ、社長インタビューをアレンジしてもらっていた。そうすると、社長が社員らに今後の経営指針についてのスピーチをした翌日の新聞に、その話に近い内容の記事が掲載される。地方新聞の地元購読率は非常に高いので、多数の地元採用の社員や、その家族が記事を目にする。自分が直接聞いた話が新聞記事になっていると内容が記憶に残りやすいし、家族からも評価され、何となく誇らしい気分でモチベーションが上がるという。

　つまり、インターナル・コミュニケーションを円滑にするためには、社内報を工夫するだけでなく、総合的な広報・PR 戦略が必要になるのである。

Ⅲ　社内広報の歴史

　広報・PR の分野では長年、インターナル・コミュニケーションのことを「社内広報」と称し、社内広報誌の編集が主な業務内容とされている。そこで次に、歴史的な経緯を見るために社内広報のメディアはどのように移り変わってきたのかをまとめておく。現在は戦略的にインターナル・コミュニケーションを考える必要があるが、実際に広報・PR 部門でインターナル・コミュニケーションを行う際には、こうした業務が中心となるからである。

1. 戦前：鐘紡・帝国生命

　日本の社内報の代表的な草分けは、鐘淵紡績（後にカネボウとなり 2008 年に消滅し、現在はクラシエホールディングス、カネカ、花王などが事業を分割して引き継いでいる）が 1903 年に創刊した『鐘紡（カネボウ）の汽笛』である。鐘淵紡績は紡績産業全盛の時代に市場を牽引したトップ企業であり、従業員の声を聴くために投稿用の箱を設置したり、共済保険の制度を充実させたりと、福利厚生に熱心だった。その一環として、兵庫工場内で社内報を発行し、工場の状況を互いに知ることで工場長から職工までの意思疎通を円滑にしようとした。一時期は 3 万部の発行部数があったという。

　同年に帝国生命（現在の朝日生命）は『状況月報』を発刊している。これは生命保険会社の代理店ニュースに近く、各代理店の営業成績を紙面に発表していた。両社ともアメリカの社内広報誌を参考にしており、鐘淵紡績は米 NCR社の社内新聞を、帝国生命はアメリカで最初の社内報を発行したエトナ生命の社内広報誌を手本にしたと言われている。

　その後も大手企業の間で社内広報誌は発行されており、1910 年には釜石鉱山（後の日本製鉄）が『鉱友』を創刊し、各工場や出張所に散在する従業員の

親睦を図るために娯楽記事などを掲載した。さらに 1917 年には倉敷紡績（現在のクラボウ）が『倉敷時報』を創刊、1919 年には官営製鉄所（現在の日本製鉄）が『くろがね』を創刊している。当時の紡績工場は女子工員が働く「女工哀史」の世界であり、炭鉱も厳しい職場だった。そんな労働環境で働く従業員たちに対し、情報を共有することでモチベーションを上げようとしたのが社内報の始まりだったのである。

　しかし、第二次世界大戦が始まると国内の物資が不足するようになり、用紙も統制されて新聞も統廃合が進められた。軍事政権の下で工場は軍事用に転用され、広報どころではなくなり、ほとんどの社内広報誌は休刊していった。

2.　戦後：労使対立・日経連設立・社内報コンクール

　第二次世界大戦後に日本を統治した GHQ は、財閥解体などで資本家を分断する一方、労働組合の活動を推奨して民主化を促進し、労使紛争が一気に急増する。1947 年に新しい日本国憲法が施行され、その第 28 条で労働者の団結権、団体交渉権、労働争議権が認められたためで、戦前のような丁稚奉公（住みこみで長時間労働、低賃金で休暇もほとんどない）や低年齢労働は禁止された。また、労働者の権利を守るための組織的な抗議行動としてストライキ（会社側の雇用条件を不満として従業員が組織的に労務の提供を拒否して働かないこと）が認められると、労使紛争は過激化し、従業員たちは経営者を攻撃するビラ（過激なタイトルが並ぶタブロイド判の組合報）を作成したり、団交（労働組合と会社経営者側との団体交渉）を繰り返したりした。例えば、1946〜1948 年の東宝での労働争議は、警察予備隊（現在の自衛隊）や米軍が出動するほど大規模な紛争となっている。

　こうした動きに対して、1948 年に日本経営者連盟（現在の日本経団連）が設立され、大手企業の経営者が団結して対応策を練った（日経連の設立については第 1 章参照）。「日経連 PR 研究会」では約 50 社の人事・労務畑の管理者が中心となり、毎月例会を開いた。同年の調査では、社内報を発行していると答えたのは 190 事業所で、314 の社内報が発行されていた。社内報の形式は新

聞型が 48％、雑誌型が 29％、パンフレット型が 23％で、新聞型が主力スタイルであり、そのうち B4 判（タブロイド判を含む）が 65％だった。

　昭和 30 年代（1955 年以降）は社内報が全国的に急激に普及した。担当部署は労務関係から総務関係へとシフトし、広報関係部門で発行するケースも微増してきた。形式も変化し、1963 年の調査では、雑誌型が 48％、新聞型が 40％、パンフレット型が 12％となり、かつての新聞型から雑誌型へシフトした。当時は週刊誌が創刊ブームで、短いニュースよりも詳細な記事で読ませるタイプの紙面づくりが求められるようになったこと、企業コミュニケーションに配慮するような読み物が増えてきたこと、などが理由として挙げられている。

　1962 年には「日経連社内報センター」（現在の一般社団法人経団連事業サービス・社内広報センター）が発足し、社内報が「従業員に対する PR 活動、いわゆる社内コミュニケーションの一環として活用されて」おり、従業員関係の改善や労使関係の安定に寄与してきたことが指摘されている。同年には「社内報大会」が開かれて、500 人の参加者が集まり、「社内報担当者の心構え」や「社内報と労働問題」について講演、研究報告、パネル討論などが行われた。1963 年に社内報普及標語が募集され、入選作には「社内報明るい社風生む力」「茶の間から会社が見える社内報」「社内報職場の声がこだまする」などがあり、当時の社内報の役割を象徴している。その後、「推薦社内報」というコンクール形式の社内報評価制度も始まり、形式を変えて現在も続いている。

3.　社内報メディアの多様化

　高度成長期を終えて 1970 年代に入ると、国際通貨不安や石油危機など、国際経済の課題が噴出してきた。国内でも公害問題や消費者運動などが多発し、日本の産業界は発想の転換を迫られる。経営の効率化はインターナル・コミュニケーションの円滑化が図られてこそ達成されるものであり、従業員の理解と協力なしでは国内外の要請に応えられない。社内報の企画も「人間尊重の経営」に対応する内容が増えていった。

　また、テレビや漫画の普及に伴い、「読む社内報から見る社内報へ」と写真

やイラストを多用した視覚重視の編集傾向が強まり、写真中心の別冊社内報を
発行する企業も出てきた。

　こうした企業環境の中で、社内報編集者に求められる役割は高まった。1970
年の日経連社内報大会では、「総合コミュニケーション時代における社内報の
使命と役割」がテーマとなり、企画力、文章表現力、時事的な一般教養、経営
に対する理解力など、幅広い力量が求められるようになった。1980年代に入
ると、カラーページを多用した社内報が増え、社員の自宅へと郵送されて「お
父さんの職場」について家族が読んで楽しめるような記事も増えていった。

　ビデオの社内報が始まったのもこの頃である。1980年代に入ると、企業内
にスタジオを設置して、ニュース番組風の映像社内報を定期的に制作し、広報
部の社員がキャスターのように進行するというスタイルの社内報も増えてき
た。ビデオは各事業所や工場へ送られ、朝礼やミーティングなどで各職場単位
で一斉に視聴した。経営トップの訓話など上意下達の内容だけでなく、業績表
彰店を取材して営業や店頭POPのコツを話してもらうなど、なるべく多数の
従業員を登場させ、紙媒体の社内報以上に従業員間のコミュニケーションを活
性化するのが目的だった。1989年の経済広報センターの調査では、社内ビデ
オを発行しているのは27%となっている。

4. イントラネットの普及で迅速な情報共有へ

　1990年代に入って広報に対する経営戦略上の重要性が高まる中で、社内広
報に対する認識も変化していった。経済広報センターの調査では、社内向け広
報活動の目的として「社員に経営目的を周知徹底する」「社内における情報を
共有化する」「社内の活性化」を挙げる企業が増え、制作部門も総務部から広
報部へとシフトしていく。

　この時期は、企業もパソコンを導入して従業員が1人1台ずつ常時使用する
ような業務形態が広がり、イントラネットによる社内広報も増加していった。
イントラネットとは、インターネット技術を活用して従業員にアクセスを限定
したコミュニケーションメディアである。1990年代初めはテキスト文書のみ

の連絡ツールだったが、Windows95 が普及して画像を含んだレイアウト処理が容易になり、2000 年頃からは出張申請・精算や会議室予約などの事務的な用途以外に、社内広報のメディアとしても活用されるようになった。

　イントラネットによる社内広報は、迅速かつ正確で、紙媒体のようなスペースの制約がない。アクセス制限をかければ、正社員だけ、管理職だけなど、閲覧対象を限定することもできて機密性も高い。社員からの意見具申などの双方向コミュニケーションにも最適で、社内 BBS（掲示板）が立ち上がったり、社長の日記風ブログがあったりと、当初は新メディアとしてもてはやされた。

　何より評価されたのは、紙媒体よりコストがかからないことである。印刷費は社内広報の大きな負担であり、広報部門の予算の大きな割合を占めていたが、イントラネットは初期コストがそれなりにかかるものの、軌道に乗ればはるかに低予算で制作できるし、郵送費もかからない。2000 年代の景気低迷の中で、企業は事業コストを極限まで削減し、その過程で紙媒体の社内報をイントラネットに切り替えて廃止したところも多い。

　しかし、近年は紙媒体の社内広報誌を復活させてイントラネットと併用する企業が増えてきた。紙媒体の網羅性と記録性が見直されてきたのである。迅速で機密性の高い業務連絡はイントラネットで行い、詳しい情報を読み物風の記事で情報共有したいときは紙媒体で行う、という使い分けを行っている企業もある。全社的な改革運動を推進するにあたって、紙媒体の社内報を活用する企業は少なくない。動画視聴もイントラネットでダウンロードする形式を導入した企業が多いが、職場の全員で同じ映像を見る、という行為が一体感を醸成することもあって、近年も朝礼などで一斉視聴を行う方法に回帰している企業は多いようだ。

　2010 年代半ばからは、SNS を社内メディアとして活用する企業も出てきた。従業員間のコミュニケーションを活性化させたい場合や、若手アルバイトも対象とする場合には、簡単に書き込みができるので便利である。各メディアの長所と短所をよく理解して、紙媒体、ビデオ、イントラネット、SNS などを組み合わせ、どんな情報共有を目的としているのかによって、メディアを使い分ける時代に入ったといえる。

問　インターナル・コミュニケーションの代表的メディアである社内報が、
どのような歴史をたどって発達してきたかについて述べた次の記述の
うち、最も不適切なものを選びなさい。

a. 社内報は 20 世紀初頭から発行されており、大正・昭和期にか
けて非常に多数の企業が社内報を発行していたが、第二次世界
大戦が激しくなると全国的な用紙不足になり、各社の社内報は
発行されなくなった。

b. 第二次大戦後、憲法で労働者の団結権・団体交渉権・争議権が
保証されたため、労働者が機関紙やチラシなどで経営者への批
判や攻撃を展開し、それが時代の変化とともに現在の社内報に
なった。

c. 1970 年代後半からはビデオ映像の社内報が普及し始め、社内に
スタジオを設置して番組を収録する企業も出てきた。

d. 1990 年代後半から社内コミュニケーションに「イントラネット」
が導入され始め、現在ではパソコンやスマートフォンを使って
社内報を閲覧できるようになっている。

＜解説＞

a. 日本で最初の社内報が発行されたのは 20 世紀初頭と伝えられている。
現在のそれとは異なるが、社内報の原型であることは間違いない。

b. 現在の社内報の原型は、労働組合側の激しい宣伝活動に対抗するため、
日本経営者団体連盟が主導して 1950 年代前半に数多く創刊された。労
働組合の機関紙が発展したものではない。

d. 1995 年の Windows95 の登場により企業にパソコンが急速に導入さ
れ、それ以後、紙の社内報だけでなく、社内ネットワークを利用した「イ
ントラネット」が導入され始めた。

正解：b

問　組織内コミュニケーションには、フォーマル・コミュニケーションと
　　インフォーマル・コミュニケーションがある。次の語群（1〜4）の
　　うち、フォーマル・コミュニケーションの要素が主となっているもの
　　（○）とそうでないもの（×）の、最も正しい組み合わせを下記の選
　　択肢（a〜h）から選びなさい。

　【語群】
　1.　同期会　2.　朝礼　3.　社内報の取材　4.　ランチタイムの雑談

　　a.　1−○　2−○　3−○　4−×
　　b.　1−○　2−○　3−×　4−○
　　c.　1−○　2−×　3−×　4−○
　　d.　1−○　2−×　3−×　4−×
　　e.　1−×　2−○　3−○　4−×
　　f.　1−×　2−○　3−×　4−○
　　g.　1−×　2−×　3−○　4−○
　　h.　1−×　2−×　3−○　4−×

＜解説＞
　職場のコミュニケーションは、フォーマルなものとインフォーマルなも
のが重なり合って構成されていて、共に重要である。しかし、両者の線
引きは必ずしも明確ではない。一時は衰退したが、近年また復活したと
いわれる運動会や社員旅行などは両方の要素がある。

　　正解：e

第11章 IR (インベスター リレーションズ)

IRは上場企業あるいは上場を目指す企業の広報・PR活動と不可分の概念である。本章では、IR活動の概要と対象、IR活動が目指していること、広報パーソンがIR活動を考える上で必要なこと、などについて概説する。

I IRの基本概念

　企業とは、ヒト、モノ、カネといった経営資源をさまざまな方法で調達して運営していくものである。その中でも重要なカネ（資金）は、株式や債券といった有価証券を発行することで調達できる。上場している株式会社は、資金の運用先を探索している投資家と、資金の調達を企図している株式会社を仲介する資本市場において、有価証券を発行して資金調達している。

　一方、投資家とは、投資先である企業（以下、上記の株式会社を指す）の情報を入手し、その優劣を評価した上で、自らの責任で投資先、投資金額、投資期間などを意思決定する。投資家は、投資の意思決定のために必要な情報を、有価証券の発行体である企業から入手する。つまり、企業から発信される情報が、投資家の判断材料になっており、その情報の信頼度、精度、充実度などによって、投資判断が左右されることになる。

　このような、企業から投資家に向けたコミュニケーション活動がインベスターリレーションズ（IR）であり、企業のIRは、投資家の投資判断のために、また企業の資金調達のために大変重要な活動になっている。ここでは、IR活動の基本概念と目標と、IR活動を進める上で必要な要件について述べる。

1.　IR の定義

　IR とは、企業（主に上場企業）が株主（既存株主）や投資家（潜在株主）に対し、株式の売り、買い、あるいは保持といった投資判断に必要な情報を開示することである。さらに、企業と投資家との間に、長期的な信頼関係を築く活動ともいえる。

　IR 先進国であるアメリカにおいては、1960 年前後から企業にとっての重要な活動の 1 つとして認識されるようになり、1970 年代には本格的な活動となっていった。一方、日本では、海外での資金調達が活発に行われるようになった頃からその必要性が認識され始め、1980 年代後半から、主な大企業においてIR 専門の部署が設置されるようになった。また、会計基準の国際化（国際会計基準への統合の動き）や日本企業に対する外国人投資家の増加、さらにはM&A（企業の合併・買収）が盛んになることで、日本企業における IR 活動の重要性はますます高まってきている。

　さらに、2014 年に機関投資家への適用が始まった日本版のスチュワードシップ・コードや、2015 年に日本の全上場企業に対して適用が始まったコーポレートガバナンス・コードによって、日本企業にとっての IR 活動には大きな変化が起こっている。外国人にも理解される IR を実践することや、株式持合いに頼るのではなく IR によって自社のファンを増やし、それらの活動の結果として安定的な株式の保有構造を構築することが、日本企業の IR 活動に求められてきている。

スチュワードシップ・コード（金融庁が 2014 年に適用）

　機関投資家が、投資先企業との対話を通じて企業の中長期的な成長を促し、受託者責任を果たすために必要な原則と指針。

コーポレートガバナンス・コード（東京証券取引所が 2015 年に適用）

　企業が中長期的な収益力の向上に向け、透明・公正かつ迅速・果断な意思決定を行うため、東京証券取引所が全上場企業に対して定めた「上場企業統治指針」。

2. IRの目標

　IR活動の目標は、資本市場において適正な評価を受けることである。適正な評価を受けてはじめて適正な株価が形成される。これがスムーズで低コストな資金調達につながり、結果として資本コストを低減することになる。

　そのために最低限必要なのが、会社法や金融商品取引法などの法制度や証券取引所などが決める諸規則に則った制度的開示である。これらに加えて必要なのは、資本市場に対して、自発的な情報提供を実施することで、これらがIR活動である。このようなIR活動を通じて、資本市場に対して自社の特性（強みや弱み）を伝え、自社を取り巻く環境（事業機会や脅威）を説明するとともに、その中で得られた過去の業績や将来に向けての戦略やその実現可能性を伝えることができる。

　IR活動の目標は、決して株価をむやみに高くすることではなく、あくまで高すぎず低すぎず、適正な水準に保つことである。この適正な水準を見極めることが最も重要であるが、これがそれほど単純ではないのがIR活動の難しいところである。後述するように、理論的な株価というものは、ある前提、ある理論のもとで算定はできるものの、現実の世界は理論の世界とは必ずしも一致しない。そのため、そこには企業と資本市場との間のコミュニケーションが必要不可欠となり、IRの機能に期待が持たれるわけである。

　参考までに、日本IR協議会が上場企業を対象に実施したアンケート結果（2023年4月発表）によると、IR活動を実施している企業の「具体的なIR目標」は、**図表11-1**のように、「株主・投資家との信頼関係の構築」83.2％、「企業・事業内容の理解促進」83.1％、「適正な株価の形成」78.8％、「経営戦略・経営理念の伝達」70.5％などが上位にきている。

3. IR活動のPDCA

　IR活動の具体的な業務方針について、PDCA（Plan Do Check Act）の観点から考えてみよう。PDCAとは、企業経営や業務運営を通じて日常的に行われるべき循環的な活動プロセスである（PDCAについては第3章参照）。

【図表 11-1　IR 活動の目標】

具体的な IR 目標（n＝1010）

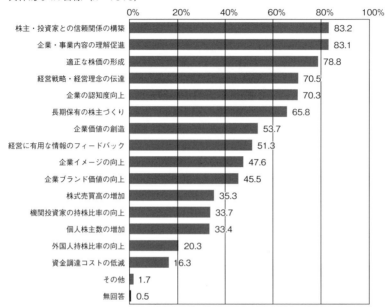

出典：日本 IR 協議会『IR 活動の実態調査』（2023 年）

　まず P（Plan：計画）について考えよう。IR スタッフは年間あるいは中期的な IR 活動計画を立案し、その中に説明会実施や IR ツールの作成といった具体的な活動計画を盛り込んでいく。その際、優れた IR 活動をしている企業をベンチマーク（当該企業の活動を目標に据えて自社の活動にブレイクダウンすること）にして、自社でもできそうな活動を取り入れることが必要となる。

　日本 IR 協議会や日本証券アナリスト協会などでは、毎年、優秀な IR 活動を行った企業が表彰されている。その事例は幅広く公表されており、表彰の際の評価基準や審査員の講評なども公開されている。表彰事例を見れば、自社の課題が見えてきたり、目標とすべき水準や、戦略的に取り組むべき活動が見つかったりするだろう。また、表彰制度の上位に評価されることを目標に設定することも有効である。

　次に D（Do：実行）である。P で設定された計画に基づいて、時期と内容の水準（品質）、さらには投入すべきリソース（人員や経費など）を配慮して、しっかりと実践することが計画期間中に求められる。

　さらに C（Check：評価測定）である。年間あるいは中期的な活動計画の実践後に、成果を確認することは重要である。「やりっぱなし」にせず、実践した結果として見えてくる課題を抽出し、次期以降の活動計画に反映することが永続的な IR 活動に求められる。前述の外部団体の IR 活動表彰制度を通じて客観的な評価を受けることや、自社を担当するアナリストなど、外部の第三者から自社の IR 活動についてのコメントを受けることも有効であろう。

　最後に A（Act：処置改善）は、前述の C において抽出された課題をもとにそれらを改善していく活動であり、IR 活動を新たなステージへレベルアップしていく源泉になる。

　企業経営全体においても、PDCA のプロセスは循環的に実践されている。トップマネジメントは、年間あるいは中長期の計画を策定し、それを実現に導く戦略を構築する（Plan）。この P に基づいて、日常的な経営活動が実践され（Do）、その結果としての業績が期末には確定し、成果の確認を行う（Check）。そこで得られた課題は、次なる計画や戦略に反映されることになる（Act）。数値的業績はそもそも客観性を備えているものであるが、その業績に至る途上において発生した課題や業績数値の背景や行間にある課題、さらに将来に向けての成長可能性については、客観的な外部からのコメントを受けることが次期の計画や戦略を策定する際に有効である。資本市場の投資家の期待やコメントをアナリストなどの専門家からフィードバックしてもらうことは、トップマネジメントにとっても有益であることが多い。これらのフィードバックを資本市場の参加者から受け取り、それをトップマネジメントに直接あるいは間接的に伝えることは IR 活動にとって、もう 1 つの重要な PDCA 活動になる。一般的な広報活動の中でいわれている「広聴活動」と通じる部分でもある。

Ⅱ IR 活動の対象

　ここでは、IR 活動が対象としている主なステークホルダーについて個別に考え、それぞれに対してどのような活動を展開するべきかについて整理する。

1. 株主

　自社の株式を保有している株主に対しては、年 1 回の定時株主総会が直接対面の機会になる。20 世紀末頃までは、多くの企業では、株主総会を短時間で終えるように努めていた。法的に有効でさえあればよく、最小限の情報開示で済ませることが「無難な」総会運営であると考えられて、わずか 10 分で終わる総会も多かった。

　しかし 21 世紀に入った頃から、情報開示や株主との対話が重要な課題と考えられるようになり。定時株主総会は、既存株主と情報を共有する重要なコミュニケーションの機会であり、株主総会の参加者は自社のファンと考えて、長期の株式保有を促す施策を講じている企業も多い。コロナ禍においては、多人数の対面集会が困難だったため、オンラインによる参加とリアル出席を併用したハイブリッド型（オンライン参加者には議決権なし）や、オンラインも出席者とするハイブリッド型（オンライン参加でも議決権あり）が多く開催された。2021 年 6 月には、改正産業競争力強化法により、条件を満たした企業については、オンラインのみのバーチャル株主総会も認められるようになった。しかし、やはり対面でコミュニケーションする方が、経営トップの熱意が伝わると考える株主は多いようである。

　株主総会の他にも、決算説明会を開催したり、四半期毎、あるいは半期毎の「株主通信」を郵送・メール配信したり、株主優待制度を導入したりすることは、自社ファンの株主の基盤を形成し、株式を買い増し、継続保有してもらうために、さまざまなコミュニケーション手法を工夫している。

　また、一般の機関投資家が、純粋な投資の結果として大量保有報告書の発行される水準（5%）を超えて株式を保有している場合などは、保有株式数に応

じた株主の権利の行使を認めることはもちろんのこと、実務上は他の投資家と
の公平性を担保した上で、有効なコミュニケーションの機会を持つことが重要
である。なお、株式を一定程度取得した上で、投資先企業の経営陣に積極的に
提言をおこない、企業価値の向上を目指す投資家のことを「アクティビスト」
という。いわゆる「物言う株主」で、株主提案権を行使して、積極的な提言を
行ったり、会社が提案する議案の否決に向けた委任状勧誘等を行ったりするこ
ともある。

　1990 年代以降、日本の上場企業の株主構造（**図表 11-2**）は転換期を迎え、
特に 2000 年代以降、外国法人等の保有比率が一層高まり、現在では保有率が
約 3 分の 1 を占めている。個人株主数も、保有比率としてはあまり変わらない

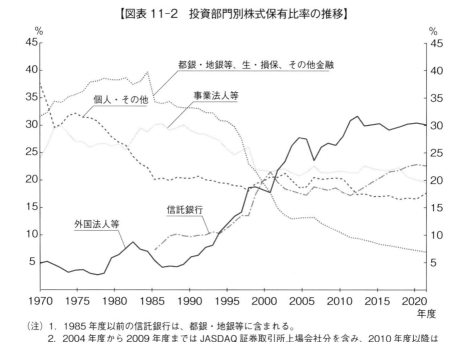

【図表 11-2　投資部門別株式保有比率の推移】

（注）1. 1985 年度以前の信託銀行は、都銀・地銀等に含まれる。
　　　2. 2004 年度から 2009 年度までは JASDAQ 証券取引所上場会社分を含み、2010 年度以降は
　　　　大阪証券取引所または東京証券取引所における JASDAQ 市場分として含む。
出典：日本証券取引所「株式分布状況調査結果」2023 年 7 月

が、株主数はのべ約 7000 万人と幅広い層に拡大している、一方、事業法人や
銀行（特に都銀、地銀）の保有比率は減少傾向にある。

2.　アナリスト

　IR 活動の対象は、株主・投資家だけではない。株主・投資家に情報を仲介
するアナリストに対しても、積極的な情報提供を行う必要がある。アナリスト
とは、過去の財務データをもとに、経営者の力量、経営資源の状況や事業環境
を分析して当該企業の将来業績を予想し、企業価値を算定する専門家である。
アナリストには、証券会社系の組織に所属する「セルサイドアナリスト（株式
を売る側の企業に所属するアナリスト）」と、機関投資家であるアセットマネ
ジメント会社（投資信託会社や投資顧問会社など）や信託銀行などに所属する
「バイサイドアナリスト（株式を買う側の企業に所属するアナリスト）」の 2 種
類がある。

　特にセルサイドアナリストは、自らの主張を投資家に対して発信し、マーケッ
トに影響を与え、株価に大きく影響することもある。機関投資家は、セルサイ
ドアナリストのレポートや格付けを参考にして投資判断を下すことが多く、海
外の機関投資家も英語に翻訳されたアナリストレポートに基づいて投資判断を
下すことが多いからである。そのため、企業の IR 活動としては、セルサイド
アナリストへの対応に時間や費用の多くをかけている。

　また、バイサイドアナリストは企業の調査分析を行い、その評価は自社のファ
ンドマネジャー（投資家から集めた資金の運用先を決めて売買指示を出す専門
職）らが投資判断をする際に参考とされる。実際に投資判断を下すファンドマ
ネジャーに直結していることが多いので、バイサイドアナリストとのコミュニ
ケーションも重要である。

　このように、アナリストとの信頼関係を確立することは、IR 部門にとって
非常に重要である。企業側としては、財務データや統合報告書などを充実する
ほか、数字や書面では伝えきれない自社の情報を正確に仲介することで、IR
活動の目標である「適正な株価形成」につながると認識されている。そのため

には、アナリストとのコミュニケーションの機会にトップマネジメントがコミットしているか、他のアナリストや投資家、マスメディアなどとの間で公平な情報開示（フェア・ディスクロージャー）が行われているか、さらには、アナリストの意見や主張が広聴機能を通じて経営にフィードバックされて活かされているか、などを意識することが必要である。

3. 機関投資家

　アセットマネジメント会社（投資信託会社や投資顧問会社など）や信託銀行、保険会社などの金融機関や自己投資部門を持つ年金基金などで、資産の運用目的で純粋な「投資」をしている専門機関を機関投資家と呼ぶ。年金資金や退職金など個人の運用資金、さらには企業（金融機関を含む）の余裕資金や富裕層と呼ばれる個人資産家の資金などが、これらの資産の主な源泉である。

　機関投資家の運用している資産の多くは、外部の第三者から受託しているものであり、そこには受託者責任という大きな責任が存在している。この受託者責任を全うするために、機関投資家は最善の努力と注意を払って資産の運用をすることが義務付けられている。前述のように、2014 年からは日本版のスチュワードシップ・コードが適用され始め、機関投資家は従来以上に投資先企業との対話を通じ、その実態をより深く理解することが求められている。

　機関投資家に所属するバイサイドアナリストやファンドマネジャーは、投資先を選定するにあたって、より多くの情報とより研ぎ澄まされた知識を駆使して企業の分析と評価を行うこととなった。したがって企業の IR 部門は、このような厳しい状況のもとで業務を遂行している機関投資家の責任に応えるべく、IR のプロとして適切な情報提供をすることが求められている。

　IR 部門では、広く機関投資家向け説明会（インフォメーション・ミーティング）を実施することはもちろんであるが、公平性を担保した上で、個別のインタビューや意見交換の機会（スモールミーティング）についても対応するべきである。IR スタッフには、個別のミーティングでありながらも公平な情報開示を行う力量が強く求められている。

　また、海外の機関投資家に対しては、決算発表後などの機会にトップマネジメントを筆頭にしたチームを組成して、いわゆる「海外ロードショー」と称するIRミーティングに特化した海外出張を組むことも多い。海外の機関投資家からは、投資（候補）先が説明に出向いて来てくれることに対して感謝されるので、自社の財務内容に対する理解が進むことが期待される。

4.　個人投資家

　近年、IR活動における個人投資家の重要性は高まっている。従来は、定年退職後の退職金運用を行うシニア層が多かったが、ネット取引の活発化で気軽に参入してきた個人トレーダー層が増加している。個人株主一人当たりの保有銘柄数は増加傾向にあり、2022年度末は4.69銘柄と、分散化が進んでいる。

　IR活動としてより重視すべき対象は、「自社のファン」として株式を長期保有してくれる投資家である。じっくりと自社のことを理解してもらい、長期保有のメリットを実感してもらう施策が必要となる。そのための第一歩が、個人投資家向け説明会である。

　個人投資家に対しては、投資単位を変更するなどして、購入できる単価を下げたり、配当回数を増やしたり、株主優待制度を導入したりする施策が有効であることが多い。IR活動だけではなく、株式担当、財務担当などとの連携も必要になる。さらには、投資家が口座を持つ証券会社を通じた情報提供のほか経済番組や新聞・経済誌などのマスメディアや、個人も有効であるため、広報部門の報道対応担当者との連携も忘れてはならない。

　なお、2024年1月から新しい少額投資非課税制度（NISA）が始まり、年間の投資枠が大幅に増え、投資商品の非課税期間が無期限となったため、個人投資家の資金流入が期待されている。

5.　マスメディア

　IR活動においても、前述のように、多くの投資家が信頼できる情報源にしているテレビや新聞、雑誌など、有力なマスメディアへの露出は非常に重要で

あり、インターネット時代においてもそれは変わらない。特にトップマネジメントのインタビュー記事や、重要な事業の将来戦略や期待できる新規事業の解説記事など、有力なマスメディアに露出することは有効である。

　一方、報道機関は他社が知らない情報をニュースとして伝えることに意義を見出すので、記者とのリレーション構築・維持はIR活動の中でも最も難しいテーマの1つである。記者の知りたい情報は、企業側からすれば知られたくない情報であったり、場合によってはインサイダー取引規制に抵触するレベルの情報となったりもする。企業側としては、重要事実にあたるような情報はなるべく早く公開することで、インサイダー取引の機会を最小化する努力が求められる。仮に特定のマスメディアだけから重要事実にあたるような情報が記事として出てしまった場合には、ただちに事実を公表するか、誤認された記事内容であればその訂正を求めるか、あるいはそれが公表事実ではないことを表明するなどして、投資家の誤解を防ぐことが最も重要である。

　そもそも、マスメディアの自由な取材活動を止めることはできない。したがってIR活動としては、門戸を閉ざすのではなく、双方の利害関係を理解し、コンプライアンスに基づいた適正な情報提供に努めなければならない。

6. その他

　このほか、IR活動の主な関係者には、①外国人投資家、②IR支援会社、③株主総会議決権行使助言会社などがある。

①外国人投資家

　日本に居住していない外国籍の法人・個人の投資家のことで、主に海外の機関投資家を指す。日本の株式市場において最大の保有率を占めている（**図表11-2**参照）。たとえグローバルな企業活動を行っていない企業でも、有望な企業だと判断されれば、機関投資家は海外からも株式を購入してくるものである。IR用の資料を、IRの世界で共通語的になっている英語で作成することはもちろんのこと、海外の機関投資家向け説明会へ参加したり、彼らのオフィスへ直接訪問して情報提供や意見交換をしたりして、積極的なIR活動を行うことが

必要になってきている。

② IR 支援会社

　日本国内では 100 社以上の IR 支援会社が活動を展開しているとみられる。このような専門家集団は、他社での IR 支援の実績をもとにノウハウやデータを蓄積しており、単なるアウトソーシングという機能だけではなく、コンサルティングやアドバイス機能にも期待できるようになってきている。

③ 株主総会議決権行使助言会社

　株主総会の議決権行使への助言を行っている専門企業は、特に株主総会において大きな議案を抱えている場合には重要である。必要に応じて慎重なコミュニケーションをすることは、場合によっては有効となる。

Ⅲ 情報開示（ディスクロージャー）の基礎知識

　次に、IR の基本となるディスクロージャー（情報開示）のルールと、IR 活動を進める上でそのスタッフの役割やツールについて整理しておこう。

1．法定開示：制度的開示①

　法定開示とは、会社法や金融商品取引法など、国の法律に基づいて投資家の保護を目的に行う開示制度のことである。ディスクロージャーの中でも、最も基盤になる活動と位置づけられる。

　会社法においては、株主の権利保護を中心にして、必要な情報開示が定められている。株主に対する配当可能利益を示すために、株主総会における議決権行使に必要な情報が株主に直接開示されることなどが求められている。また、株主の出資比率に応じて、帳簿閲覧権などにより閲覧可能な情報は異なる。

　金融商品取引法においては、既存の株主に対してだけではなく、広く投資家に対して、詳細な情報開示をすることが求められている。有価証券報告書はもちろんのこと、株式発行を公募で行うような場合には、発行目論見書と有価証券届出書の発行が義務付けられている。また、株価を意図的に上下させるよう

な「相場操縦」、根拠のない情報を流通させ、株価の変動を利用して売買差益を上げる「風説の流布」、インサイダー情報に基づく株式の売買を行う「インサイダー取引」や情報開示を怠る「不実開示」などは禁止されている。

　法定開示による情報は、あくまで必要最低限のものであり、投資判断をするために必要十分なものではない。例えば有価証券報告書は、データは正確かつ詳細ではあっても、専門的な内容も多くわかりにくい。また株主総会を経てからの報告となるため、決算発表から1カ月以上経っており、適時性のある情報開示（タイムリー・ディスクロージャー）とはいえない。

2. 適時開示：制度的開示②

　法定開示における適時性の不充分さを補完するのが、証券取引所の規則などに基づく適時開示で、タイムリー・ディスクロージャーと呼ばれるものである。例えば、決算報告を半期毎に行うことを求めていたり（四半期ごとの決算報告書は2024年4月から廃止された。四半期決算短信は継続する）、業績予想が大幅に修正される際にはその開示を求めたり、大幅な資産価値の変動や将来の業績に大きく影響を与えるような決定があった場合などに、その内容を開示することが求められている。「重要事実」と定義されたことが発生した場合に速やかな発表をすることが基本である。

　重要事実として、例えば、M&A（合併・統合）や大規模なアライアンス（提携）の決定がなされた場合は、それが将来の大幅な業績変動につながるとみなされている。発表している業績予想において、売上高の10%以上、利益の30%以上の変動が予想される場合も、投資判断に大きな影響を与えるとみなされ、速やかな発表が求められている。このような重要事実が社内のごく一部ではあっても情報として流通している場合はインサイダー取引の温床ともなりかねないので、速やかに発表することは、企業側にとっても理にかなっている。

　投資家の投資判断において有効な情報は過去の実績よりも将来の予想や計画である。将来情報の開示も重要事実として位置づけられており、業績見通しが適時開示の対象となっている。

3. 自発的情報開示：任意開示

　法定開示・適時開示といった制度的開示が情報開示のルールであるのに対して、自発的な情報開示は任意開示（ボランタリー・ディスクロージャー）とも呼ばれ、情報開示のマナーともいうべきものである。制度的開示はルールに基づくものであるため他社との差別化は図りにくいが、自発的開示は自社独自で戦略・計画を構築し、活動を展開できることから、IR活動の巧拙が現われやすい部分でもある。このIR活動を通じて、資本市場に対して自社の特性、すなわち強みや弱みを伝え、自社を取り巻く環境、すなわち事業機会や脅威を説明するとともに、過去の業績や将来に向けての戦略とその実現可能性を伝えることが重要になる。

　任意開示に法的ルールや公式な規則はない。IR活動の基本ポリシーを定め、目標を設定した上でトップを巻き込んでIR戦略を構築し、具体的な活動計画にブレイクダウンしていく。IRスタッフには、業績の良いときも悪いときも、誠実公正なスタンスで、継続的かつ日常的に、IR活動を続けることが求められている。

　任意開示はあくまで自発的に実施する情報提供であり、投資家との円滑なコミュニケーションを進めるためには、さまざまな施策を推進することになる。例えば、アナリスト向けの決算説明会、会社見学会、個人投資家向けの説明会、ESG投資への対応、各種ツールの開発などが、具体的な活動内容になる。

　自発的に開示する情報として、多くの投資家から望まれるものは、中期経営計画や新規事業、R&D（Research and Development：研究開発）の中身や進捗にまつわる情報などである。発表することで競争上不利になる戦略的な情報や事業の取引上不利になる利益やコストなどの細分化した数値情報や、インサイダー取引規制に抵触する情報を開示する必要はない。

　年4回の決算発表直後に行うアナリストや機関投資家向けの決算説明会では、専門家からの質疑応答を通じて、資本市場に対して間接的に情報を仲介してもらうことにもなり、企業側としても有効な機会となる。

　リスク情報の開示については、企業によってスタンスが最も異なる部分であ

る。リスク情報を開示するということは、投資家の期待に制約をもたらするものであり、それは株価の形成に対する制約にもなるため、企業側としては後ろ向きになりかねない。

　ただし、このような情報を前向きに開示することは、企業と投資家との信頼関係を構築する土台にもなり、投資家との長期的で良好な関係を構築し、株価の安定に寄与する。これは、結果として企業側の資本コストを低減させることにつながる。投資家は、リスクに対するプレミアム（付加的な利益）をリターンとして求めるものであり、投資家にとってのリスクの軽減は、その見返りとして、企業に対する資本コストの低減になると考えてもよい。自発的情報開示には、重要な役割があるのである。

4.　非財務情報の開示

　非財務情報とは、財務以外の情報のことであり、経営戦略や経営課題のほか、企業が行うサステナビリティの取り組みなどであり、数値的な形式ではなく、定性的に表されることが多い。かつては、企業レピュテーションの向上を意識して自発的に開示するケースが多かったが、近年は、ESG投資（環境・社会・ガバナンスに配慮している企業へ投資すること）への関心の高まりなどから、投資家にとっても重要な情報とみなされるようになっている。

　日本IR協議会の調査によれば、企業が「開示が重要だと考える非財務情報の内容」は、「企業理念、経営ビジョン」が82.0％、「持続的な成長に向けた取り組み」が80.8％などとなっている（**図表11-3**）。

　2023年1月、企業内容等の開示に関する内閣府令等の改正により、有価証券報告書において、「サステナビリティに関する考え方及び取組」の記載欄を新設し、開示が求められることとなった。また、有価証券報告書等の「従業員の状況」の記載において、女性活躍推進法に基づく女性管理職比率・男性の育児休業取得率・男女間賃金格差といった指標の開示も求められている。IR活動においても広報的な観点が重要視されているといえる。

【図表 11-3　開示が重要だと考える非財務情報（含む ESG 情報）の内容】

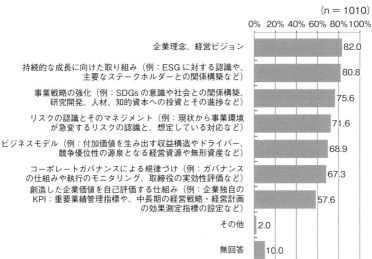

(n = 1010)

項目	割合
企業理念、経営ビジョン	82.0
持続的な成長に向けた取り組み（例：ESG に対する認識や、主要なステークホルダーとの関係構築など）	80.8
事業戦略の強化（例：SDGs の意識や社会との関係構築、研究開発、人材、知的資本への投資とその進捗など）	75.6
リスクの認識とそのマネジメント（例：現状から事業環境が急変するリスクの認識と、想定している対応など）	71.6
ビジネスモデル（例：付加価値を生み出す収益構造やドライバー、競争優位性の源泉となる経営資源や無形資産など）	68.9
コーポレートガバナンスによる規律づけ（例：ガバナンスの仕組みや執行のモニタリング、取締役の実効性評価など）	67.3
創造した企業価値を自己評価する仕組み（例：企業独自の KPI：重要業績管理指標や、中長期の経営戦略・経営計画の効果測定指標の設定など）	57.6
その他	2.0
無回答	10.0

出典：日本 IR 協議会「IR 活動の実態調査」（2023 年）

5．IR の組織体制とツール

① IR 部門

　IR の専門部署をどう位置づけるかは、企業の経営戦略によって、複数の選択肢がある。一般的には、財務機能との関係性、広報機能との関係性、あるいは企画機能との関係性を見極めることで、各企業にあった組織体制を確立している。財務機能の付随部門だったり、広報・PR 部門と一体化していたり、IR を独立の部門としたり、経営企画部門に属していたり、さまざまである。各ケースには一長一短があり、企業毎に正解は異なる。

② 経営トップの役割

　各企業の組織体制にかかわらず、一般に投資家は、投資判断する際に、当事者からのコミットメント（必達目標）の声を求めるものである。したがって、IR 活動において重要なのは、会長や社長などの経営トップ自身による業績に対する説明と将来へのコミットメントである。自分が IR 活動を行う上で最も

重要な代表者であるという自覚を持って、経営観や経営ビジョンを伝え、それに基づいた事業戦略や目標、そして具体的な計画や施策を自らの言葉で説明することが必要となる。また、資本市場の声を真摯に受け止め、それらを活かした経営を実践し、結果としての業績で資本市場に恩返しをすることが望ましい。

③ IR 担当者の業務

　IR 担当者には、経営トップの経営方針を投資家に伝え、誠実・公正・公平に IR 活動を進める役割が求められている。継続的な投資家やアナリスト、マスメディアとの接点においては、必要十分な情報を保有しておくことが大前提になるので、経営トップとの距離を縮め、社内情報を的確に収集しておくことが重要である。企業財務や会計・法律などの基礎知識も必要で、アナリストなどと専門的なコミュニケーションをする上で専門知識を有していることが前提になる。外国人投資家とコミュニケーションするための英語力や、プレゼンテーション能力といった、社内外のステークホルダーとの関係を構築するための人間的スキルも不可欠である。

④ IR ツール

　IR 活動を進める上では、さまざまな IR ツールが必要になる。統合報告書やサステナビリティレポート、制度的情報開示のための各種報告書、ファクトブックや株主通信などの紙媒体は、紙媒体だけでなく、公式 Web サイトにおいても多くの企業で開示されている。英文を併記している企業も多い。東京証券取引所の「TDnet（Timely Disclosurenetwork＝適時開示情報伝達システム）」は上場会社の多くが活用している。なお、東京証券取引所は、2025 年 3 月を目途に、プライム市場で英文開示を義務付ける方針を明らかにしている。

　また、投資家向け説明会を機関投資家向けと個人投資家向けに分けて行い、見やすい図やグラフを活用した資料を用意するほか、プロジェクトに関する動画を流すなど、公平性・即時性を意識した伝え方を工夫している企業は多い。コロナ禍の決算説明会はオンラインで行われたので、編集してアーカイブ化している企業も多かった。

Ⅳ 企業価値の考え方

　最後に IR についての理論的な概念を整理しておく。少し難解に感じられるかもしれないが、投資家とのコミュニケーションをする上で必要最低限の概念なので頭に入れてほしい。

1.　資本コストとボラティリティ

　理論的に算定した株価と、実際の株価は理論株価に必ずしも一致しない。業績を過少評価されて実際の株価が低くなることも、実力以上に過大評価されて株価が急上昇することも、財務的な面から考えると好ましくない。だからこそ IR 活動によって、適正株価の形成を目指すのである。

　ここで、理論株価を理解するために重要なのが「資本コスト」の概念である。企業が資本を調達するために必要なコストのことであり、借入金に対する利息の支払いや、株式に対する配当の支払い、株価上昇期待などがある。

　経営者の仕事は、事業の拡大を通じて企業価値を高めるとともに、企業経営における不確実性を最小化すること（＝リスクをミニマイズすること）である。一方、投資家の求める収益とは、投資対象の有するリスクに見合ったリターンであり、リスクが高いと評価される企業に対しては高いリターン、すなわち大きなリスクプレミアムを求めることになる。このような場合、投資を受け入れる企業側から見て、高い資本コストを余儀なくされることになる。

　例えば、画期的な技術革新を伴い、成功すれば莫大な利益が期待できる魅力的なベンチャー企業であっても、それが世の中で受け入れられるかどうかわからないという大きな不確実性があると、投資家の評価が定まらず思惑を伴うことが多いため、株価は乱高下することが多い。これを「株価のボラティリティ（変動率）が高くなる」という。こうした企業に対しては、大きなリスクプレミアムが求められ、資本コストは高くなる。

　一方、公益性が高く、比較的安定した業績が確保されやすいインフラ事業者などは、大きな急成長は期待できないものの、市場規模の予測もしやすく大き

な不確実性もないため、株価も安定的に推移することが多く、株価のボラティリティが低くなる。このような企業に要求するリスクプレミアムは小さいため、資本コストは低くなる。

　つまり、資本市場における株価との関係でこれを表現すると、企業経営において不確実性が大きい企業の株価のボラティリティは高く（株価の変動率は大きく）なりがちで、株主はそれに見合った高いリスクプレミアムを要求するので、企業に要求する資本コストは高くなる。逆に、不確実性が小さい企業の株価のボラティリティは低く（株価の変動率は小さく）なりがちで、株主が企業に要求する資本コストも低くなる。

　資本コストはIR活動の巧拙によっても変動する。前述のように、株価のボラティリティ（変動率）が高いと資本コストは高くなるわけだから、資本市場に対してサプライズを与えないよう、つまり、投資家から見える不確実性を最小化するような安定した信頼性のある情報開示を継続していくことで、企業と株主・投資家との信頼関係が築け、株価の乱高下も少なくなり、資本コストも小さくなる。また、日常的に、株主・投資家に信頼される優れたIR活動を行っていれば、ネガティブな事象が発生して、一時的に株価を下げることがあっても、その後の株価の戻りは早くなるものである。

資本コストと株価の変動

　ベンチャー企業：不確実性が大きい（＝リスクプレミアムが大きい）
　　　　　　⇒株価のボラティリティ（変動率）が高い⇒資本コストが高い
　公益性の高い企業：不確実性が小さい（リスクプレミアムが小さい）
　　　　　　⇒株価のボラティリティ（変動率）が低い⇒資本コストが低い

---

2. 経営指標の基本公式

　株価は市場との信頼関係に基づき、継続的な情報開示と資本市場との双方向コミュニケーションによって形成されていく。適正な株価が形成されているのかどうか、確認するためのいくつかの指標を紹介しておく。

　まず、企業の市場価値を評価するのは「時価総額」であり、現在の株価に発

行済株式数をかけて合わせて算出する（時価総額＝株価×発行済み株式数）。企業の将来性を見極めるのに役立つ指標であり、株価が低迷すると、企業の市場価値に悪影響が出る。IR活動の目標の一つが、「適正な株価の形成」であるのは、企業の実力相応の市場価値と評価されるようにするためなのである。

　ここで、時価総額は「株主価値」と同義である。そして、市場から資金を調達した「株主価値」に有利子の負債（「負債価値」）を加えたものが「企業価値」となるのである（企業価値＝有利子負債＋株主価値）。企業価値を維持するためには株価が適正な水準を保っていなければならないことがわかるだろう。

　また、株主から預かった資本による収益性を表す指標が、「自己資本利益率（Return Of Equity）」である。税引き後の純利益を自己資本で割って算出する（ROE＝当期純利益÷自己資本）。企業がどれくらい効率よくお金を稼いでいるかを示す財務指標である。

　このほか、「一株当たり利益（EPS：Earning Per Share）」は、税引後の純利益を発行済み株式数で割って算出する（EPS＝当期純利益÷発行済株式数）。一株当たりの利益がどれだけあるのかを示す。

　さらに、このEPSを株価で割って算出するのが株価収益率（PER：Price Earning Ratio）である。利益から見た「株価の割安性」が判断できる。同業他社に比べてPERが低い場合は、相対的に株価が低く、過小評価されていることを意味する。このような場合は、IR活動において将来の戦略についての説明が不足していると認識した方がいい。このように、株価は資本市場からのメッセージでもあり、さまざまな指標から投資家のマインドを読み取り、次の一手を考えるための目安としていくのがIR担当者の役割といえる。

株価に関する経営指標

一株利益（EPS）＝ $\dfrac{税引後利益（純利益）}{発行済株式数}$	大きいほど収益性が高い
株価収益率（PER）＝ $\dfrac{株価}{EPS}$	一般的に上場企業の場合、「15倍」前後が理想値
株価純資産倍率（PBR）＝ $\dfrac{株価}{一株当り純資産}$	PBRが1倍割れの場合は、投資家からの評価が低いことを意味する

 参考問題 ///

問　企業のIR部門が設定する業務目標として、最も不適切なものを選び
　　なさい。

　　　a. 適正な株価の形成
　　　b. 事業内容に関する投資家の理解の促進
　　　c. 企業イメージの向上
　　　d. 特定のアナリストとの関係構築

<解説>
　d. アナリストとの信頼関係を構築することは重要であるが、特定のアナ
リストに偏重した関係は、フエアー・ディスクロジャー（公平な情報提
供の担保）の観点から好ましくない。ほかのアナリストや投資家、メディ
アを含め、情報開示は公平でなければならない。
　a. 企業のIR活動の目標は、市場において自社が適正な評価を得て、適
正な株価を形成することである。そのためにはbの活動を行い、結果
としてc. にもつながる。

　　　正解：d

問　情報開示（ディスクロージャー）について説明した次の記述のうち、最も不適切なものを選びなさい。

　　a. 制度的開示には、会社法や金融商品取引法などの法律に基づく「法定開示」と、証券取引所などが定める諸規則にのっとった「適時開示」がある。
　　b. 将来の業績予想を企業自身が発表することは、インサイダー取引規制に抵触するので、適時開示ルールの中で禁止されている。
　　c. 会社法においては、株主の権利の保護を中心にして必要な開示情報が定められている。
　　d. 金融商品取引法においては、広く投資家全体に対して詳細な情報開示をすることが定められている。

＜解説＞
　インサイダー取引は、株価に大きな影響を及ぼす未公開の重要事実を知りうる企業内部の関係者が、その情報を利用して不正な証券取引を行うことである。そのような不正とは関係なく行われる業績予想の発表は正常な情報開示である。

　　正解：b

グローバル広報

　2022年時点で海外に進出している日系企業の拠点数は15万以上あり、海外に在留する日本人は130万人を超えている。また、日本に進出している外国企業で働く雇用者数は182万人である。どちらも非常に多数であり、もはやグローバル広報は、海外に対しての特別な手法ではなく、広報戦略の課題の1つとなった。日本以外の国や地域、民族の文化や価値観を理解・尊重する態度を持ち、企業の行動規範を明確にして、新たな文化を創造していくグローバル・パブリックリレーションズ（以下、グローバル広報）を目指すステージに入っているといえよう。本章では、こうした社会・経済環境の中で広報・PRに関して考慮すべき点をまとめておく。

Ⅰ 日本のグローバル広報の歴史

　近年はグローバリゼーションが急速に進行し、企業の経営戦略、マーケティング、市場競争、研究開発、人材獲得など全ての経営環境においてグローバル対応が求められ、新たなコミュニケーション戦略の構築が求められる時代になった。グローバル化とは、国家の枠組みと国家間の壁を取り払い、資金、技術、人材などの資源が自由に移動できる制度を形成することであり、地球規模の視野に立つことである。

　日本では、国際と国内を分離する考え方が強く、「グローバルスタンダード（これは和製英語であるが）」に対し、あくまで日本独自の強固な体制をつらぬく「ローカルスタンダード」のようなものが存在してきた。そうした考え方が間

違いというわけではないが、そもそも「グローバル」は地球規模という意味であるから、ローカルはグローバルに内在するものであって対立する用語ではない。近年は「グローカル」という用語が日本で使われるようになったが、グローバル化の中でローカルの重要性を再認識するという日本独自の概念といえる。なお、「グローカリゼーション」という経営学の専門用語は、工業製品を地域特別仕様にするという意味であり、日本で一般に使われているグローカルとはニュアンスが異なる。グローバル広報を展開する上では、このように世界で認識されている概念と、日本独自の考え方の違いを正確に理解することが重要である。まずはグローバル広報の歴史について振り返ってみよう。

1. 日本の国際広報の始まり

　日本のグローバル広報の始まりは、1904年にアメリカのセントルイス万国博覧会で政府が日本庭園を出展して日本を紹介したことだといわれている。しかし企業としての国際的な広報・PR活動はまだそれほど意識されておらず、第二次大戦後の復興期は製造業と輸出などの経済活動に重点が置かれ、品質や技術についての製品広報が中心であった。

　現代的な意味でのグローバル広報の先駆けとしては、ソニー（SONY）という企業名への変更だろう。1955年に東京通信工業（当時）が、トランジスタラジオ（世界初の市販の携帯用ラジオ受信機）をアメリカに輸出する際に自社の企業名を覚えてもらいやすいように、音を意味するラテン語から世界共通に発音できる造語として選定、社名変更したものである。また、1959年にホンダが初参加したイギリス・マン島のオートバイレースでは、独自に開発された技術の優秀さが世界的なレースで実証され、日本企業のブランドイメージの向上に貢献した。

2. 高度経済成長期の貿易摩擦

　経済の自由化とともに「国際広報」という用語が使われるようになった。1960年に貿易為替自由化促進閣僚会議が「貿易・為替自由化計画大綱」を決

定している。日本の経済成長と技術革新は国際競争力をつけていき、1965 年
以後は日米間の貿易収支が逆転して日本が黒字になった。1966 年の日米貿易
経済合同委員会では、アメリカからの要求で翌年からの資本自由化が決まり、
経済の国際化が加速する。1968 年に日本の GNP（国民総生産、当時は GDP ＝
国内総生産ではなく GNP が指標だった）は資本主義国で世界 2 位になり、
1979 年には E. ヴォーゲルの『ジャパン・アズ・ナンバーワン：アメリカへの
教訓』がベストセラーになった。

　しかし当時、日本企業は「いいものを安く作れば欧米の先進企業に追いつき、
追い越せる」という考え方で邁進し、海外においてはビジネスの確立を優先し
ていたため、相手国の人々やコミュニティとの対話は後回しであった。企業広
報においても、好意的なイメージを形成しようという戦略はなかったといえる。
そのため、高度成長を遂げた日本経済は次第に海外における経済的なプレゼン
スを高めていく一方、貿易摩擦が始まった。

　特に 1970 年代から 1980 年代にかけて、日本の輸出は集中豪雨的と言われ、
ヨーロッパからも批判された。日本人が「ウサギ小屋」に住む「エコノミック
アニマル」と言われたのもこの時期である。経済摩擦が激しくなり、日本の多
くの産業が輸出規制を余儀なくされた。

　まず繊維産業においては、1955 年にアメリカが繊維製品の関税引き下げを
行ったことでアメリカで日本製の綿製品の輸入が増加し、それに対して米国業
界団体が反発したために日本は対米輸出を自主規制した。その後、1970 年に
は日本繊維産業連盟が結成され、対米広報活動を開始し、PR 誌を発行してア
メリカの報道機関に提供した。しかし政府間の交渉は決裂し、1971 年に日本
繊維産業連盟は対米輸出の自主規制を宣言し、1972 年には日米繊維協定が調
印される。

　このほか、1968 年には米国電子工業会（EIA）が、日本のテレビメーカー
11 社をダンピング（二重価格）容疑で財務省に提訴した。これに対抗して日
本電子工業会は、日本の業界の事情やアメリカにおける日本製品の寄与等報道
資料にまとめて関係者に配布したり、ロビイストと契約して議会対策を図った

り、さまざまな広報活動を行った。しかし結局、1977 年には、鉄鋼とカラーテレビについても、日本は対米輸出を自主規制することになる。

　特に経済摩擦が激しかったのは自動車問題である。1970 年代に石油危機が起こり、燃費の良い日本製の小型自動車の対米輸出が急増すると、アメリカの自動車産業が低迷した。日本自動車工業会は、1970 年にニューヨーク駐在員事務所を開設し、ワシントンのロビイストと契約し情報分析や議会対策活動を行い、1981 年には対米輸出の自主規制を表明する。しかし 1980 年代半ばには、日本車の輸出によって自分たちの労働環境が破壊されたとして、デトロイトで労働組合の労働者たちがハンマーで日本車を叩き壊すパフォーマンスを行うなど、「ジャパン・バッシング（日本叩き）」の気運が高まったのである。

　このほか、半導体の外資系企業の参入拡大や、農産物（牛肉・オレンジ）の輸入自由化を巡って、日本市場の閉鎖性が指摘された。さらに、1980 年代後半には、プラザ合意による金融自由化が拡大し、バブル景気の中で日本企業はアメリカのシンボル的な不動産や著名企業を買収するなどし、アメリカとの経済摩擦は文化摩擦にまで発展した。

3.　政府や業界団体による国際広報の取り組み

　こうした経済摩擦を解消し、日本の正しい姿を理解してもらうため、組織的な対米広報が重要課題となり、政府や業界団体による国際広報の取り組みが始まった。1973 年には「発展途上国に対する投資行動の指針」が発表され、日本企業の発展途上国向け直接投資における企業行動のあり方についての指針を示し、受入れ国の発展に寄与するような投資を呼びかけている。

　日本貿易振興機構（JETRO）は、日本企業の海外進出をサポートするため1958 年に設立されたが、1970 年代に貿易黒字が巨額になるにつれ、貿易摩擦を回避する方法を模索し、外国製品の対日輸入促進の広報に取り組んだ。アメリカのテレビ番組で日本を紹介するプログラムが放映されたり、全米 17 都市で「対日輸出促進セミナー」が実施されたりした。

　国際交流基金は 1972 年に設立され、人的な国際交流・日本研究に対する援助、

日本の芸術文化作品の海外公演・展示・出版などの海外広報活動を展開した。ローマやケルンの日本文化会館、ロンドン・パリ・ニューヨークなどの駐在員事務所での海外文化活動を実施した。

　このほか、日本在外企業協会は 1974 年に設立され、企業の海外事業は経済協力の視点に立って共存共栄を図ること、相手国の伝統・風俗・習慣・文化を尊重する必要を掲げている。国際協力事業団（現・国際協力機構：JICA）も 1974 年に設立され、青年海外協力隊などの事業を通じて海外広報活動をサポートしている。公益財団法人フォーリン・プレス・センターは、在日外国人ジャーナリストに日本の実情を広報するために、1976 年に日本新聞協会と経団連の出資によって設立された。外国報道関係者に対する記者会見の設営、日本人へのインタビューの斡旋、海外からの記者招待、プレスツアーを実施している。

　そして経済広報センターが、当時の経済団体連合会が経済界を代表する広報機関として 1978 年に設立された（第 1 章参照）。戦後最大の汚職事件であるロッキード事件、オイルショックによる経済界の混乱、値上げや公害などで激しさを増した消費者運動、総選挙による国会での保革逆転など、政治的危機として捉えた経済界が、企業と社会の対話機関として設立し、経済摩擦に対応する国際広報機関としての役割が託された。経済広報センターはスイスで「日本シンポジウム」を開催したり、欧米ジャーナリストやアメリカの教師の日本招聘などを行ったほか、機関誌『経済広報』でアメリカの新聞雑誌の対日論調のモニタリングをし、欧米諸国の経済団体の広報活動などを掲載した。

　しかしこのような努力にもかかわらず、経済摩擦はますます激しくなっていった。当時の日本企業は、海外市場の開拓にあたって、知名度を上げて営業活動を行うことを優先しており、相手国のステークホルダーとの双方向コミュニケーションというグローバル広報の視点が欠けていたからである。

4.　1970 年代の国際広報の取り組み

　経済摩擦が国際問題となる中でも国際広報に真摯に取り組んでいた企業グループもある。例えば三菱グループでは、1964 年に三菱広報委員会を発足させ、

アジアのジャーナリストを招聘して相互理解を求めている。三井グループの三井広報委員会も 1972 年に発足し、欧米の有名大学へ寄付を行い、1983 年には、日本の現代文化を海外に紹介し、国際間の相互理解を深めることを目的とした国際文化交流事業「クロースアップ・オブ・ジャパン」を始めた。

　1970 年代の企業における海外広報活動について、後藤光弥は『日本を売り込め』(1980 年) で、日産の海外部の活動について、次のような項目を挙げており、現代のグローバル広報の原型が窺える。

　①海外オピニオンリーダーに対する PR

　②海外主要国ジャーナリストの招聘

　③在日外国特派員、外国ジャーナリストの取材対応

　④外国よりの来訪者の受け入れ、工場見学案内

　⑤英仏独語の新聞発表 (プレスリリース) の発行、配布

　⑥英文会社概要、営業報告の作成、配布

　⑦工場、研究所などの英文パンフレット作成

　⑧海外代理店、販売店向けニュース雑誌や一般顧客向け季刊 PR 誌の編集発行

　⑨その他 PR 資料の作成

　⑩海外の主要刊行物に目を通す

　⑪主要国の政治経済情報収集

　このほか、トヨタ自動車は 1975 年から広報部海外広報課が担当部署となり、季刊雑誌を発行し、アメリカの高校生を日本に招聘する活動を開始した。1971 年にはロビイスト (政治家や官僚と交渉する人) と契約し、1978 年にワシントンに情報収集担当を置き、1980 年にはアメリカトヨタに広報部を設置、1981 年にブリュッセルに情報収集担当を置いた。松下電器産業(現、パナソニック)は、1971 年に広報本部に海外広報部を設置、1978 年にはニューヨークのジャパン・ソサエティに寄付を行っている。ソニーはソニーアメリカ財団を 1972 年に設立し、音楽・医療・マイノリティ活動にかかわる NPO を支援した。本田技研は 1977 年に本田財団を設立、国際的な技術協力の推進を目的に掲げ、エコ・テクノロジー開発に業績を上げた個人を対象に賞を設けた。

Ⅱ　グローバル広報における CSR と危機管理

　日本は第二次大戦後にめざましい経済発展を遂げたが、前述のように、自国の成長を追うあまり欧米企業と経済摩擦を起こした。そして1990年代前後からは、一連のトラブルの解決策として、海外広報戦略が急務とされていく。次に、現代のグローバル広報で重要なコミュニケーションのあり方を解説する。

1.　コミュニティ・リレーションズとコーポレートシチズンシップ

　前述のように、日米経済摩擦が高まる中で、国際的な共生を無視した企業のあり方について、日本企業も反省するようになる。そして、日本企業の経済摩擦対応として、輸出の自主規制を行うとともに、工場を海外に移転して地域に雇用を創出し、地域におけるコーポレートシチズンシップ（企業市民）の役割を果たすことを意識するようになった。まずコミュニティリレーションズに取り組み、地域との共生をはかる方針が重要視されるようになったのである。

　例えば、アメリカで経済摩擦が激しくなった時代に工場進出した日本の電機メーカーのトップは、立ち上がり直後から率先して地元コミュニティと接触し、会社の施設を休日には地域住民に開放して少年野球を支援し、その地区大会で挨拶してアメリカ国歌を歌った。現地法人の社内報を発行して全社員を掲載し、それをメディアや地元のオピニオンリーダーに送付し、その話題がマスコミで報じられた例もある。

　企業の海外進出の初期段階では、企業名の認知度を高めることが PR の目的となり、企業の信頼性、製品の技術、質の高さを訴え、ブランドイメージの確立を図ることが優先される。しかし、現代社会のグローバル広報で不可欠なのは、CSR（企業の社会的責任）を明確に伝えることである。

　広報部門での外国人の採用、海外事務所の整備、世界を視野にした広報連絡会議の開催、ロビイストとの契約、留学生の受入れ・支援、財団の設立や基金の創設、大学など教育機関や研究機関・医療機関・美術館などへの寄付など、その方法は多岐にわたる。

2.　企業行動規範の標準化

　近年は、企業行動規範の標準化が進んでいる。2010年に発効した国際標準化機構（ISO）のISO26000では企業を含む組織における中核主題として、ガバナンス・人権・労働慣行・環境・消費者課題・コミュニティなどにわたって組織における社会的責任のガイドラインを提唱している（第9章参照）。

　2011年には「OECD多国籍企業行動指針」が改訂され、OECDの閣僚理事会で42カ国政府によって採択された。その指針は持続可能な開発を達成するために経済・環境・社会面での貢献を謳い、①情報開示、②人権、③雇用及び労使関係、④環境、⑤贈賄・贈賄要求、⑥消費者利益、⑦科学及び技術、⑧競争、⑨納税、の領域における多国籍企業の行動指針を提唱している。

　2015年には国連サミットでSDGs（Sustainable Development Goals 持続可能な開発目標）が採択され、国連加盟193カ国が2016年から2030年の15年間で達成するために掲げた17の目標が示されている（第9章参照）。SDGsが掲げる目標には、「目標4：質の高い教育をみんなに」「目標5：ジェンダー平等を実現しよう」「目標8：働きがいも経済成長も」「目標9：産業と技術革新の基盤をつくろう」など、将来の世代に対しても責任のある経済成長に向けた行動と、環境保護を含め世界全体が直面する課題が求められており、企業が率先して取り組むべき課題も多くある。

　こうした動きに対応して多数の日本企業が自社の行動指針をWebサイトに掲げているが、まだ日本語サイトに留まっていることが多い。グローバルサイトで自社の行動指針を伝えることも必要であろう。

3.　グローバル企業における危機管理の特徴

　海外の日系企業においては、安全・危機管理対応の組織や危機マニュアルを整備するだけでなく、危機を事前に回避するためのリスク・マネジメントのほか、危機が起きたときのメディア対応やクライシス・コミュニケーションの役割が喫緊の課題として大きく浮上している。ここで、グローバル企業における危機管理についてまとめておこう。

(1) 海外での危機の原因

日本企業が進出している国は増えており、民族・宗教・政治的対立や人種差別、格差社会などを背景にした事件や、日系企業をターゲットにした危機が発生している。

グローバル広報において危機の原因となるものは、戦争、局地紛争（国境紛争）、内乱、クーデター、暴動、反日デモ（襲撃を含む）、テロ、誘拐（身代金脅迫含む）、ハイジャックなど、多岐にわたる。企業を直接のターゲットとしたものだけでなく、政情不安による爆弾テロなど、市民を巻き込む事件が多発しており、安全管理の領域が拡大している。

(2) クライシス・コミュニケーションの成功と失敗

2009 年 8 月に北米でレクサス車の不具合で事故が発生し、大規模なトヨタ車のリコールに発展した。米下院監督・政府改革委員会の公聴会には、トヨタの米社社長だけでなく、最終責任者として本社社長が召喚され、被害者や米議員から強い言葉で非難を受けた。しかし公聴会で誠実に証言し、説明責任を果たすことで、マスコミの態度は変わり、アメリカでも一定の評価を受けた。1 年後には品質問題に関する疑惑も晴れ、社内の求心力は一層強まった。

一方、アメリカで 1990 年代に起きた日系自動車会社のセクハラ事件では、市民団体まで巻き込んで訴訟に発展した。結局、和解となったが、同社は数百人の女性被害者に数百万ドルを支払うこととなり、史上最大規模のセクハラ訴訟となった。

大手企業の場合、海外の現地法人における不祥事であっても、ニュースとして日本で大きく報道される。このことはグローバル広報において意識しておくべきポイントだろう。

(3) 謝罪会見における日本の慣習との違い

日本の個人情報保護法は 2003 年に制定され、欧米社会より遅かった。そのため、1985 年におきた日本航空機の御巣鷹山墜落事故で、当時の NHK テレビ

が搭乗客名簿をひたすら流し続けた報道姿勢について、日本では報道の使命を貫いたと評価されたが、個人情報保護法が成立していた欧米諸国では、絶対に行われないことである。事故や事件の場合、乗客名簿を家族の許可なしに企業が報道機関に開示すると、後に個人情報保護違反で訴訟になる可能性がある。同様に、欧米社会では、挨拶がわりに見舞金などを渡すと、非を認めたことになる。日本的な善意は、非を認めたのか、または買収をする気かなどと誤解される恐れさえある。

　また、欧米では危機管理に際して、日本の企業のようにメディア対応記者会見で取締役が複数並んで頭を下げるのではなく、トップが解決策を明確に説明することが求められる。日本で事件を起こしたエレベーターのシンドラー社の事例では、代表者が経過報告と解決策を伝えたが、日本におけるクライシス・コミュニケーションとしては失敗であり、メディアも世論も許さなかった。

　逆の立場で日本企業が海外進出して事件を起こした場合、原因もわからないままに、日本流に「お騒がせして申し訳ない」などと挨拶のつもりで安易に謝罪するのは、海外の世論は許さないことを認識すべきである。

　この意味でも、トップとグローバル広報担当者は、必ずメディアトレーニングを受けて危機に際しての訓練を行う必要がある。

Ⅲ　異文化理解のためのコミュニケーション課題

　グローバル社会で、異文化にかかわる理論と実践は、多国籍企業やグローバル企業を早くから生み出してきた欧米において先行しており、人類学や社会学、心理学など学際的な領域で、異文化理解、異文化共生、異文化コミュニケーション摩擦など多様な理論と実証が試みられている。日本では、異質なものを理解する社会が成熟しているとは言い難いが、グローバル広報を展開するにあたり、日本社会と諸外国のビジネス社会との違いを理解することは重要である。

　そこで次に、異文化コミュニケーションについて、説明していこう。

1. ローコンテクストとハイコンテクスト

　欧米社会におけるコミュニケーションは、アメリカの文化人類学者のホールが提唱した「コンテクスト（Context）」の概念で考えるとわかりやすい。このコンテクストとは単なる「文脈」という意味ではなく、異文化コミュニケーションの基盤となる人種・民族の言語、倫理観、宗教、歴史、日常生活などの「価値観や考え方」のことである。

　ホールによれば、文化や言語などのコミュニケーションについて、世界には、ローコンテクスト（Low Context）とハイコンテクスト（High Context）の2種がある。「ローコンテクスト」とは、お互いに考え方が異なることを前提とし、言語による論理的なコミュニケーションを必要とする文化であり、文章など形式知を活用する。一方、「ハイコンテクスト」とは、以心伝心でお互いに相手の意図を察し合うことのできる、言葉を使わなくても通じる文化であり、勘や直感など暗黙知を活用する。

　欧米社会は「ローコンテクスト」社会であり、企業内部においてもステークホルダーに対しても、言語によるコミュニケーションを当然としている。言語に対して高い価値と積極的な姿勢を示し、コミュニケーションに関する諸能力（論理的思考力、表現力、説明能力、ディベート力、説得力、交渉力）が重要視される。しかし日本は「ハイコンテクスト」社会であり、直接的な表現より、曖昧な表現を好み、感性で理解することや論理的な飛躍が、比較的許される社会といえる。

　つまり、日本社会は欧米社会とは異質なのであるが、グローバリゼーションの中では、欧米社会を中心としたローコンテクスト社会が進展している。それは、以下のようなことを評価する社会である。

　①直接的でわかりやすい表現を好む

　②言語に対して高い価値と積極的な姿勢を示す

　③単純でシンプルな理論を好む

　④明示的な表現を好む

　⑤寡黙であることを評価しない

⑥論理的飛躍を好まない

⑦質疑応答では直接的に答える

　グローバル広報はこれらを念頭におき、メディア対応、PR 会社の起用、危機管理対策を講じていく必要がある。

　もちろん、日本国内でも地域や慣習の違いはあり、互いを尊重することは当然であるが、日本人同士は文化の共有性が高いため、伝える努力やスキルがなくても、相手の意図を察して何となく通じ合うことができる。それは、「ハイコンテクスト」な文化があるからである。

　しかし、日本企業が多国籍の人材を雇用したり、日本企業が海外に進出して多様な労働環境に対応したりするためには、コンテクストが異なることを前提にして、相手に言葉で理解してもらう態度が求められる。企業の行動規範の国際標準化にしても、倫理、透明性、説明責任などのキーワードが重要視される環境においては、ハイコンテクスト側が、ローコンテクスト社会の特徴を理解して歩み寄ることを忘れてはならない。

2.　個人差と生活習慣

　文化の違いによりコミュニケーションギャップが生じることは、さまざまな観点から指摘されてきた。価値観、習慣（宗教的背景を含む）、時間概念、家族観、職業観など多岐にわたる。特に日本人のように、生活習慣の中で、神道、仏教、キリスト教を取り込むことに抵抗がない民族が、一神教による強い信仰心が生活に浸透している民族と接する場合では、相手の宗教についての知識がないと、トラブルの原因になる。

　一般に、多国籍企業の経営は、民族、国籍、言語、宗教、習慣など、組織内に異質な文化が存在することを前提にして展開されているが、一方で、個人差をどう位置づけるかも問われている。日本人のビジネススタイルは集団対応であり、職務内容や責任の所在も明確でない。日本人は、社長、部長など会社の役職で呼ばれることに慣れているが、欧米では氏名を呼ぶことが一般的であり、相手の氏名を記憶することが相手を尊重した証になる。しかし、アメリカ社会

では親しくなればファーストネームで呼び合うが、ヨーロッパの言語は敬称と親称の表現が違うので、相手との距離感によって注意が必要である。相手の文化を尊重した対応をすることが求められている。

つまり、欧米社会はローテクストであるとはいっても、国により企業によって、組織の文化はさまざまなのである。

3. 日本的発想と海外での表現の違い

組織では異文化の相乗効果がプラス効果を期待できる面も多く、構成員がお互いのやり方の違いをまず認識し、その方法に優劣をつけないことが重要とされる。文化的な違いを持つ社員を束ねていくには、トップが企業理念とビジョンを明確なメッセージとして伝えるという、コミュニケーションの課題が重要になる。

そのメッセージについては、進出先の国の言語が異なれば表現も異なり、日本的発想では評価されても外国語の表現では通用しない場合がある。一般に欧米社会とアジアで英語を共通言語として使用する場合、英語の持つ論理性に基づいた表現が重要である。婉曲、以心伝心、行間に込めたニュアンスを感じとってほしい、といった日本的美徳は誤解をまねくことになりかねない。

また、日本では謙虚な表現が受け入れられるが、欧米社会では自信をもって社会にコミットする態度が信頼を得る。日本人の常套句である、「未熟者ですが皆様のご指導とご支援で」という挨拶は、「我々の高い技術と豊富な経験で、必ず皆様に満足いただける」という表現に言い換えることが必要である。

Ⅳ　グローバル広報におけるメディア対応

インターネットの普及やSNS等のソーシャルメディアの発展により、グローバリゼーションは一層加速し、個人レベルでの情報の受発信を容易にして社会生活や消費行動の変化をもたらしている。こうした情勢の中で、メディアへのパブリシティや、ネット活用についての、課題をまとめておこう。

1.　諸外国のメディア事情

　地域によって、国によって、メディアの特性は異なる。経済広報センターの意識実態調査（2021 年発表）によれば、グローバル広報の実施体制について、「現地広報がかなりの部分を対応」が 33.3% で最も多く、「本社に指示に基づいて現地広報が対応」も 25.0% で、メディア事情や地域の特性に合わせて、現地に任せている企業が多い。地域別のメディアの特性は以下の通りである。

（1）欧米

　日本のように 100 万部を超える発行部数の全国紙は海外にはほとんどない。2019 年の AAM（Alliance for Audited Media）調べによると、アメリカで全国紙と言われる『ウォール・ストリート・ジャーナル』（100 万部）や『USA Today』（162 万部）程度である。有力紙と言われる『ニューヨーク・タイムズ』『ニューヨーク・ポスト』『ロサンゼルス・タイムズ』『ワシントン・ポスト』『シカゴ・トリビューン』などは地名を冠した地方紙である。

　ヨーロッパにおいても地方紙が中心であり、日本のように宅配制度が整っているわけではなく、読者は駅の売店などで購入することが多い。新聞は経済紙、高級紙、大衆紙と棲み分けられており、出版社も専門分野で分かれているため、日本のように幅広いテーマを総合的に扱っている媒体はない。

　新聞は、保守系、保守リベラル、左派系、中道左派などさまざまな性格を帯びている。

　日本のマスメディアが国民感情を重視するのに対し、アメリカのマスメディアは国益や社会的公正を重視するといわれる。その理由は、アメリカの新聞は地方紙であり、読者は人種も価値観も多様なため、国益や社会的公正を主張することにより、読者のコンセンサスが得られると考えているからだ。

（2）アジア、中東、アフリカ

　アジア、中東、アフリカなどの国々には、英字新聞と現地語の新聞が存在し、一般社会の識字率は低い場合が多く、市民生活とビジネス社会では教育水準が

異なる場合が多い。したがって、PR のアプローチにおいても、活字媒体がどのくらい一般社会に浸透するか、注意が必要である。メディアと政府・政党・軍隊との関係についても一様ではなく、国によって微妙な関係にある。

　一般にアジアの国々は、クーデターや、民族的な対立、宗教的な紛争などが多く、政権によって、メディアが統制・管理の対象にされたり、政府プロパガンダによる世論形成のためのツールとなったりしている。そのため、メディア事情は国別に状況を把握する必要がある。特にテレビは公共放送や国営放送が多く、日本とは放送事情が大きく異なる。

(3) 中国

　中国へ進出している日本企業は多く、在中国邦人も多数いるが、新聞、テレビなどの対応は日本と異なっているし、言論の弾圧なども報じられている。『中国メディアハンドブック』（経済広報センター、2012 年）は数少ない公式報告書で、全国版の通信社・新聞・テレビ、地方版のメディア管理機関、テレビ・新聞、国家級重点ニュースサイト、地方重点ニュースサイト、民間ニュースサイト、雑誌リストが紹介され、中国における PR 会社である公共関係公司 20社も掲載されている。

　なお、日本以外には制度的な「記者クラブ」は存在しない。現地の人脈ネットワークが重要となる。

2. 外国人記者クラブ

　現在、日本には諸外国のメディア数十社が独自に特派員を置き、取材・報道活動を行っている。またフリーランスのジャーナリストも数多くおり、東京の日本外国特派員協会（FCCJ、通称「外国人記者クラブ」）などを拠点に取材活動を行っている。日本から海外へ向けて情報発信をする場合は、こうした特派員たちを活用するとよい。

　注意すべきなのは、特派員たちに取材を依頼したり、リリースを送ったりすることは可能であるが、「外国人記者クラブ」は、日本の記者クラブのように、

幹事社が手配するわけではないため、あくまで個人単位でアプローチする必要があることである。ただ最近は、日本語が堪能な外国人記者も増えてきたため、通常の記者会見に招待することも可能である。

　また、各大使館の広報担当官は、自国の在日記者のリストを把握しているので、どの媒体が日本に特派員を置いているかを聞くことも可能である。グローバル広報の経験豊かな PR 会社の協力を得ることも可能だが、そこに丸投げするのではなく、企業メッセージの発信は企業が責任を持って行うべきである。

　なお、日本以外には制度的な「記者クラブ」は存在しない。現地の人脈ネットワークが重要となる。

3．諸外国での記者対応

　これまで各国のメディア事情の違いを述べてきたが、企業の広報担当者とマスメディアの記者の関係も、国によって異なる。アメリカのように、記者への贈り物を一切受け付けない国があれば、記者会見で交通費を支給することが習慣になっている国もある。文化、伝統、習慣が違うためであり、一律に日本の倫理観だけで善悪を判断することは望ましくない。

　記者のキャリア形成も異なる。アメリカでは、地方誌の記者からスタートし、署名入りの記事を執筆して社会的評価を高めながら所属するメディアを変えていくなどしてキャリアを積んでいくことが多い。フランスでは、ジャーナリスト養成校が労働協約の認定の対象になっており、卒業生は労働組合への加入資格を得てジャーナリストとして認知される。いずれにしても、日本のように、新聞社に「就職」して定年退職するまで人事異動を重ねていくことは少ない。

　なお、一般に欧米やアジアにおける記者会見では、たとえ英語を母国語としない国であっても、英語を使用する場合が多い。英語の持つ論理性をベースにして確実に情報を伝えることが、誤訳されず誤解を防ぐからである。特にマイナーな言語を使用している国においては、通訳者が間違ったとしても指摘できない場合が多いので、英語訳をつけることがトラブルの回避になる。

　いずれにしろ、論理的、倫理的な対応、十分な情報提供と透明性、説明責任

を先取りするオープンな姿勢は共通して有益な結果につながる要素である。

4. Web とソーシャルメディア

　21 世紀に入り、Web サイトとソーシャルメディアを活用した情報発信が普及し、グローバル広報でも活用されている。環境報告書やサステナビリティレポート、IR 情報など、企業からのニュースリリースを含めて、ほとんどの情報は Web サイトに掲載されている。

　Web サイト上にプレスルームを設置し、ニュースリリースやアーカイブ、またプレス用の写真をダウンロードできるようにしている企業も増えてきた。こうした双方向コミュニケーションはグローバル広報においても重要なことであり、広報担当者への問い合わせには迅速に対応すべきである。企業が公開する情報は、事実に基づいたものであるべきなのは当然であるが、差別的な表現や宗教的な禁忌にも細心の注意を払うべきである。

Ⓥ グローバル広報担当者の適性

　グローバル時代の広報担当者は、本社組織（Corporation）に対して、国内、海外を含めた営業拠点または生産拠点の地域事業所（Regional offices）と、その地域のステークホルダーとの組織的なコミュニケーションをコーディネートする能力が要求され、その機能を集約した存在であることが求められる。ステークホルダーの要望の変化やグローバル市場の変化に本社組織と広報部が対応を怠ると、企業価値に対してマイナスの影響が出るからである。

　日本国内においては、企業内に外国人従業員が増加することにより、インターナル・コミュニケーションにおける異文化共生も日常的な課題になっている。また、地方創生を含めて国が推進する外国人観光客誘致政策（インバウンド政策）により、日本人全体の外国語コミュニケーション能力の改善を求められるとともに、日本文化をいかに伝達するか、民族的、歴史的、文化的な事柄をどのように認識するかが日常的な話題になる時代となった。

　企業名の認知度を高めるための第一歩は、どの産業でも地域との共生である。雇用を創出し、サプライチェーンも含めて地域社会にいかに貢献できるかを考え、そうした姿勢で経営に臨んでいることをトップ広報として地域社会や地域の行政、産業界、とりわけメディアに向けて発信する必要がある。その際、グローバル広報の担当者には、トップが透明性をもって論理的に情報開示していけるよう助言する経営企画力が要求される。

　日本では、グローバル人材育成は英語教育であるという風潮が残っている。確かに英語力は必要であるが、プレゼンテーション用のパワーポイント資料やプレスリリースは、たとえ広報担当者が語学に自信があっても、必ずネイティブチェックをするなど、謙虚で真摯な態度を貫く方がよい。

　しかし、語学力以上にグローバル広報の担当者に必要なのは、他の価値観を尊重し、理解し、誠意ある態度で自分の主張を展開し、忍耐強く相手を説得する意欲を持つことである。つまり、社内外を問わず、国際会議でリーダーシップを取れる力、英語文書作成力、プレゼンテーション能力、相手を理解する力、社交力といった基礎力に加え、未来と全体を見通せる視野の広さ、政治的スキルなどの卓越した力を持った人材が求められている。

　これら全てを兼ね備えた人材をすぐに育成することは難しい。しかし広報担当者が、これらの素養があるべきであるという自覚と努力目標を持つことが重要であり、自分の足りない部分はその力があるスタッフをチームに入れたり、PR 会社に不足な部分を補わせたりすることが必要である。

参考問題

> **問　グローバル広報の必要性に関する次の記述のうち、最も不適切なもの
> を選びなさい。**
>
> a. 日本は経済大国であるため、日本の大企業トップの発言が翻訳
>   されて、世界のメディアで報道される可能性がある。
> b. 経済立国を目指した日本は、過去に海外で摩擦を生じ、その解
>   消に努力してきた。
> c. 日本の企業は、グローバル社会に対して社会的責任と説明責任
>   を果たす必要がある。
> d. 日本企業の情報発信とコミュニケーション戦略が必要とされる
>   最大の理由は、国際競争で優位に立つためである。

＜解説＞
　国際競争で優位に立つことは目的ではなく、日本への親しみや信頼感を
醸成することが基本戦略である。外務省のサイト（広報・文化・外交＝
海外広報の目的）によれば「海外における日本に関する正しい理解を促
進し、良好な対日イメージ・親近感を醸成するために、さまざまな施策
により日本の外交政策のほか、政治、経済、社会、文化といった日本の
一般事情に関する積極的な情報発信に努める」とある。

　　　正解：d

問　グローバル広報の実務に関する次の記述のうち、最も不適切なものを
選びなさい。

　　a. 海外に進出した企業は、地域の PR 会社を活用するよりも、本
　　　　社レベルから発信される情報を中心に独自に行うべきである。
　　b. 社内報に準じるようなニュースレターなどを、現地従業員や家
　　　　族にも郵便や電子メールなどで送り、インターナル・コミュニ
　　　　ケーションの充実を図るべきである。
　　c. 現地の言語は重要であるが、世界共通語として英語の報道資料
　　　　サイトを充実すべきである。
　　d. 支社レベルでの情報発信と、本社レベルでの情報発信とを使い
　　　　分けるべきである。

<解説>
　海外に進出する企業は、進出した地域の実状を正確に把握しておくこと
が基本である。その意味で、現地に定着し地域の諸事情を熟知している
PR 会社があれば、その助力を得ることも必要である。仮に本社が同じ
レベルの知識を持っている場合であっても PR 会社の助力が必要なケー
スもある。

　　　正解：a

 危機管理広報

「現代社会では危機は必ず起きるものと心得よ」とは、ミトロフの言葉である。今日、企業活動において何らかの危機に遭遇することはほぼ不可避であり、企業は危機を未然に防ぐための策を講じるとともに、常に危機に対して具体的な準備をしておくことが必須となっている。危機発生時には即座に適切な広報・PR 対応が求められる。本章では、危機管理広報の基本を整理しておく。

Ⅰ 危機管理広報に関する基本概念

　不祥事対応で最も重要なのは、マスメディアを通じた対外的なコミュニケーションである。最近では、SNS を活用して直接対話ができるようになったとはいえ、最も影響を与えるのはマスメディアによる報道であり、有力メディアがどれだけのスペースを割いてどのように報道したかによって、当該企業の損失（経済的損失とレピュテーションへのダメージ）も決まる。さらに、誤った報道であっても、一度ネガティブに報道されてしまうと、レピュテーションを回復するのは容易ではない。したがって、メディアへ的確かつ迅速に対応することが最重要になる。こうした事情から、危機管理体制と危機管理広報の重要性は、より一層高まってきたといえるのである。

1. 危機管理対応の節目− 2000 年−

　日本で企業の危機管理が強く意識されるようになったきっかけとしては、2000 年の 2 つの大きな事件が挙げられる。大手乳業メーカーによる集団食中

毒事件と、自動車会社の大規模なリコール隠し事件である。どちらも安全に対する認識の甘さや隠ぺいととられるような対応が非難され、乳業メーカーはその後のグループ子会社の牛肉偽装事件の影響もあって、会社が解散する事態に至った。自動車会社も一連のリコール隠し事件によりブランドイメージを失墜させ、消費者の信頼を失うなど、長期にわたって大きなダメージを受け、別会社の傘下に入った。

　そして 2000 年以降、消費者はより一層、安全・安心やコンプライアンスを企業に求め、不祥事発覚の際は社会的責任として、説明責任を問うようになってきている。また、不祥事発生の際は、過ちを即座に謝罪すると同時に、何が原因で、現時点ではどうなっているのか、経緯や顛末を全て公表することが当然とされるようになってきた。

　その後、企業は事件・事故や不祥事を防ぐことを経営の重要課題としてさまざまな対策を導入してきているが、必ずしも効果が顕著であるとは言えない。毎年多くの著名企業が不祥事対応に「失敗」しており、危機への心構えや準備に対しても不十分だったと言わざるを得ない。

2．企業における危機管理の考え方

　「危機」とは企業経営や事業活動、企業のレピュテーションに重大な不利益をもたらす、もしくは社会一般に重大な影響を及ぼすと予想される深刻な事態を指し、万一危機が発生した場合に、そのダメージを最小限に抑えるための活動が、企業の危機管理である。危機は突然発生するという前提で平時から準備を進め、緊急事態に直面しても動揺することなく適切に対応することで、ダメージを最小限におさえ、事態を早期に収束させることが望ましいからである。

　危機管理は広義の意味では、「①可能な限り危機を予測し、②危機が発生しないよう予防策を講じるとともに起きることを想定した準備を行い、③万一危機が発生した場合には被害を最小限にとどめ、復旧を試み、再発防止に取り組むプロセス」と理解されている。

　「不祥事・不正」などの企業の「危機」を未然に防ぐ方法の 1 つとして、内

部通報制度がある。内部通報制度とは、企業内で発生した不正行為や問題を、社員やその関係者が上司を通さずに社内の内部通報専用の窓口へ通報する制度のことである。内部通報制度の目的は、企業の自浄作用であり、不正行為の早期発見や予防、信頼性の獲得などが挙げられる。

この「内部通報」に対し「内部告発」は、一般的に社員が企業内で発生した不正行為や問題をマスメディアや監督官庁、警察等の外部機関に報告することを指す。しかし内部告発がされると、企業は自浄努力の機会を失ってしまい、社会問題になって企業価値を低下させることにつながりかねない。従ってこのような事態に至らぬよう、企業は独立した相談窓口や顧問弁護士の事務所など、内部通報専用の窓口を設置し、事前に社内で相談し不正をただすことができる環境を整備することが大事である。最終的には、内部告発が生じにくい社内体制の構築を進めるべきである。

3. クライシス・マネジメントとリスク・マネジメント

「危機管理」には、「クライシス・マネジメント」と「リスク・マネジメント」の2つの意味があり、両者はニュアンスが異なるため、ここで簡単に解説しておきたい。

① クライシス・マネジメント（Crisis Management）

「Crisis」は、ギリシャ語のカイロスという言葉に由来し、神との出会いや運命の時を意味するものだといわれ、「将来を左右する分岐点」という意味を持つ。「Crisis」は「危機の局面」なのである。

現代のクライシス・マネジメントという言葉は、1962年のキューバ危機の際に、当時の米国国防長官が初めて用いたと言われており、米ソ冷戦時の国家的危機に対処するための政策、戦略として登場した考え方で、これが日本では「危機管理」と訳されて紹介された。つまり本来は軍事用語である。

現在、企業におけるクライシス・マネジメントは、企業経営や事業活動、企業イメージに重大な損失をもたらす、もしくは社会一般に重大な影響を及ぼす、と予想される深刻な事態が発生した場合の危機管理を指す。自然災害に加え人

【図表 13-1　企業を取り巻く危機の例】

自然災害	地震、洪水、台風、噴火、森林火災、異常気象
経済的危機	不況、市場変動、通貨価値急落、バブル崩壊、業績悪化、粉飾決算
役員・社員不祥事	不正行為、汚職、インサイダー、ハラスメント、労務問題
情報システム問題	システム障害、セキュリティ侵害、データ漏洩・改ざん、サイバー攻撃
法的問題	訴訟、規制違反、知的財産権侵害
風評被害	SNS 等での不適切な投稿、誤った情報の拡散
社会的問題	紛争問題、環境問題、地政学的リスク
事故・労働問題	工場事故・火災、ストライキ、労使紛争、人材不足
製品・サービス問題	製品偽装、品質問題、リコール、不良設計
供給チェーン問題	供給遅延、資材不足、パートナーの倒産

間の活動によってもたらされる危機、例えば個人情報の流出や異物混入、工場事故、環境汚染、経営問題なども含まれる（**図表 13-1** 参照）。

　クライシス・マネジメントで特に重要なことは、想定できる危機に対して、あらかじめ企業側で何をすべきかを理解し準備しておくことと、不幸にして危機が発生した場合には準備したプランを適切に実行することである。これができれば、危機を効果的に管理でき、さまざまな損失を極小化することが可能となる。なお、クライシス・マネジメントのプロセスの中では、クライシス・コミュニケーションの活動が極めて重要な役割となっている。

② リスク・マネジメント（Risk Management）

　「Risk」の語源をたどると、そもそもは「絶壁の間を船で進む」という意味で、航海術を駆使して危険を承知で絶壁の間を行く、さまざまな危険を回避し無事に航海を終えてリターンを得る、というような意味を持つ。このように「Risk」は「自ら覚悟して冒す危険」＝「冒険」が本来の意味である。

　今日ではリスク・マネジメントは、「経営の安定化を図りつつ、企業・組織として存続・発展していく上で障壁となるリスク及びそのリスクが及ぼす影響を正確に把握し、事前に経済的かつ合理的な対策を講じることで危機発生を回避するとともに、危機発生時の損失を最小のコストで極小化するための経営管理手法」とされる。一般的には、為替変動、貸し倒れ、製品の故障など、保険加入をはじめとした通常業務範囲内で対応可能となるリスクを抽出し、対応策

を考え実施することである。つまり、リスク・マネジメントは企業経営をより合理的に行うという観点から、危機予防や保険によるリスクヘッジに取り組むことである。

③ イシュー・マネジメント（Issue Management）

　イシュー・マネジメントは、日本ではあまり普及していない概念であるが、予想される新しい課題や問題を抽出し、それらに対する企業の対応策を考え実施することであり、「問題管理」などともいわれる。グローバル企業にとっては国内の常識や習慣が海外諸国の習慣とは異なることが事業の失敗を導くこともあり、これも潜在的なイシュー・マネジメントといえよう。

　また、企業は社会からの要請に応えるためにも法改正、規制緩和や環境問題、医療や福祉、少子化対策や教育問題など、共通の社会問題を把握しておき、社会の変化に迅速に対応することが求められている。まだクライシスの局面にはなくても、イシューを放置すると大きな危機として顕在化し、マネジメントできない状況になることもあることから、広報・PR担当者は経営幹部とともに、危機を未然に防ぐイシュー・マネジメントの能力が必要とされている。

4. 企業を取り巻く環境変化

　危機管理の難しい点は、企業を取り巻くリスクは絶えず変化しているという事実である。経済のグローバル化やインターネットをはじめとするIT技術の進歩と普及、国際的な政治・経済状況の激変、さらに価値観の多様化などにより、これまで問題とされてこなかった事象も深刻な事態に直結する新たなリスクとなる。リスクは多様化かつ巨大化しており、危機管理の重要性はますます高まっている。

　特に近年は、事件事故の様子が即座にネット上に発信されメディアよりも先に情報が拡散するなど、ネット・SNSの威力が格段に高まっており、このことを十分考慮したうえで、危機管理を進めていく必要がある。

（1）新たなリスクへの対応と消費者の価値観の変化

　高度経済成長時代、小さなリスクは成長過程に吸収され、たとえ企業の事件・事故があったとしても、今日ほど社会問題化することはなかった。社員個人の不祥事は社内にも公表されずに、水面下で処理されるのが一般的だった。

　しかし現在、企業が置かれた社会環境は大きく様変わりしている。まず、これまで問われてこなかった行為が、大きく問題として取り上げられ「不祥事」として表面化するケースが増えてきた。業界の権威や一般企業の経営層によるハラスメント発言である。

　例えば、2023年の芸能事務所に関する性加害問題では、事務所の創設者が未成年の男性タレントを主な性的対象として、長期的かつ常習的に性的虐待を行っていたとされる。この問題は大きく社会問題化し同事務所のイメージが悪化した上、多くのファンからの信頼も失いスポンサー企業や消費者離れが加速し、最終的には社名変更のうえ、解散する事態となった。

　このように、これまで看過されていた業界権威や企業経営者による言動が、容認をされず批判を招く社会になってきており、これまで以上の認識・注意が必要である。消費者は、インターネットやソーシャルメディアを通じて積極的に情報発信し、瞬時に情報を共有するため、不祥事の拡散スピードも速い。企業が問題を起こしたり、消費者対応に問題があったりした場合、その企業の製品を消費者が避けるようになるだけでなく、販売先が取引を停止したり、厳しい行政処分が下されるケースもある。そうなると、売り上げも株価も低迷し、巨額な経済的損失を被るだけでなく、長年にわたって築いてきた企業の信頼やブランド力が失墜し、不祥事による有形無形のダメージが長期化する。2016年の過労自死事件では、労災が認定されて労働基準法違反で企業が刑事罰を科される事態となり、長時間労働は企業が対応すべきリスクとなった。

　また、企業活動のグローバル化の面でも、新たなリスク対応が求められている。自動車メーカーや部品メーカーの世界規模でのリコール問題のほか、大手エンジニアリング会社のアルジェリア人質事件のように、過激派テロ集団から社員（海外出張者を含む）や家族の安全を確保するなどの対策も必要である。

　なお、2006年5月施行の会社法では「業務の適正を確保するための体制」が大会社について規定され、違法行為や不正を防ぐことはもとより、リスク管理を適切に行うことなど、内部統制の構築を行う義務があると定めている。

(2) 日本型コーポレートガバナンスを背景とした不祥事

　もう1つの近年の注目すべき傾向は、コーポレートガバナンス改革の必要性を浮き彫りにするような、不祥事の質の変容である。2021年の大手電機メーカーの品質不正問題、2023年の大手自動車メーカーによる検査不正問題など、歴史ある一流企業の中で長年温存されてきた不正や慣習などである。特に、経営トップの関与が疑われる不祥事は、古いタイプの日本型経営の歪みとみなされ、他の日本企業も同様なのかと世界の投資家に疑念を与えた。また、2015年のマンション傾き問題に端を発した杭打ちデータ偽装問題においては、建設業界のずさんな管理体制や下請けへの丸投げ問題など、日本の閉鎖的な古い体質が背景にあると指摘されている。

　つまり、一部の悪い社員が不祥事を起こすのではなく、普通の社員が上司からの無理な要求を拒否できず不正を行ったり、管理職や経営層が問題に気付いているのに見て見ぬふりをしてしまったり、ということが事件に発展するケースが多いのである。また、独立性の高い社外取締役が取締役会に占める比率がグローバル企業に比べて低く、社長に「物言えぬ土壌」を持つ日本独特の組織文化があることなどは、外国人投資家から疑問の声が上がる。

　そこで、金融庁や東京証券取引所などは、2014年2月に「スチュワードシップ・コード」を、2015年6月には「コーポレートガバナンス・コード」を策定・施行し、制度的な改革を進めている（第11章参照）。

　ところで、日本企業の透明性の欠如に対する批判は、不正発覚後の対応にも及んでいる。企業不祥事の原因究明と再発防止に向け、調査の客観性を担保する「第三者委員会」に対しても問題が指摘されることがある。独立性のある委員会であるといいながらも委員の選定過程が不透明で、経営陣の責任追及が厳正になされていないのではないか、と信頼が揺らいでいるのである。

　このような不祥事の質の変容は、株主への責任がより重視されるようになったことに加え、企業の業績に対するプレッシャーが増していることも背景にある。いずれにせよ、日本企業は日本型のコーポレートガバナンスをより進化させる必要に迫られている。

(3) ソーシャルメディアによる危機の拡大

　ソーシャルメディアの普及により、一社員の気楽な"つぶやき"や動画投稿から炎上に至り、ビジネスに多大な影響を与えるケースが相次いでいる。「炎上」という言葉は2005年から使われ始めたが、この現象の多くは、親しい友人にでもメールするような軽い気持ちで書き込まれたものが発端となっている。その内容が、一部の人に不快感を与えるような偏ったものであったり、意図せず個人情報の漏えいにつながるものであったりなど、反社会的、攻撃的、非倫理的なものの場合、書き込みを見つけ出したインフルエンサーやネットユーザーがこれを批判して拡散することにより、ユーザーの批判コメントが集中し、瞬く間に拡散していく。

　さらに、別のソーシャルメディアから投稿者の個人情報が調べ上げられ、ネット上でさらされることもある。過去には、匿名での書き込みにもかかわらず、顔写真や氏名、出身大学、勤務先などがさらされた例も少なくない。その結果、批判の矛先が、投稿者が所属する組織に向かい、危機対応を迫られる。企業として公式に謝罪する事態に追い込まれるケースも発生しており、たとえ社員の業務外の書き込みであっても注意が必要となる。また近年では、客による迷惑動画投稿も多発し、例えば2022年の大手回転ずしチェーン店で、しょうゆ差しの注ぎ口や未使用の湯呑みを舐める迷惑行為を撮影した動画が拡散された事件があった。同社は、当事者に対し多額の賠償金を求めていたことが報じられた。同社の対応には賛否両論があったが、一方で当事者側となりえる一般投稿者にも大きな波紋を投げかけ、カスタマーハラスメント（カスハラ）も社会問題化し、企業がダメージを受けた。

④ 企業の危機管理と事業継続計画（BCP）

　危機管理分野において、2000 年以降、特に自治体や公共性の高いビジネスに携わる企業にとって導入の必要性が提唱されてきた概念に「事業継続計画」がある。事業継続計画とは、企業が自然災害、大火災、テロ攻撃などの緊急事態に遭遇した場合において、事業資産の損害を最小限にとどめつつ、中核となる事業の継続あるいは早期復旧を可能とするために、平時に行うべき活動や緊急時における方法、手段などを取り決めておく計画であり、考え方は危機管理と同様と言える。つまり、予期せぬ事態が発生したときでも、ビジネスを継続できるようにする行動計画で、BCP（Business Continuity Plan）とも呼ばれる。

　2004 年、新潟県中越沖地震により工場や事業所が被害を受けたことで、製造業などで既存の BCP を見直す企業が増えた。翌年 2005 年には政府が「事業継続ガイドライン」を発表し、BCP 策定を進めていたが、その道半ばの 2011 年に東日本大震災が発生し、多くの企業が事業活動に影響を受け、各社が講じてきた BCP の取り組みの有効性があらためて問われることとなった。

　2023 年に改訂された同ガイドラインでは、地震等の自然災害のみならず、大事故、新型コロナウィルスなどの感染症のまん延（パンデミック）やテロ事件等、事業の中断をもたらすあらゆる発生事象についての適用を目指し、従業員等の外出抑制策等が記載された企業の BCP の策定が進むよう改訂がなされた。さらに、「安心安全で健康」に配慮した対策に関して、テレワークの導入及びオンラインを活用した意思決定を行える仕組みの整備などの明示、また情報セキュリティ強化なども新たに明示された。

　今後、2024 年初めに能登半島地震が発生したうえ、今後、南海トラフ巨大地震や首都直下型地震など大災害が起きるという想定もあり、あらゆる危機的事象に対し代替拠点として被災しない拠点を確保する必要性も提示されている。

5. 危機対応の失敗事例

　このように、昨今の企業を取り巻くリスクは多岐にわたり、不祥事の発覚や

不測の事態、あるいは災害・事故との遭遇などの危機は、どの企業においても起こりうる可能性がある。次は、危機対応の失敗が企業の存続に直結したパターンを挙げて検討してみよう。

① 危機発生直後の初期対応の失敗

　危機が発生した際、被害者や迷惑をかけた消費者などへの対応が不誠実であったり、メディアに対して一切説明しないなど拒絶するような態度をとったりと、初期対応で適切なコミュニケーションを怠ったために、メディアや社会から厳しい非難を浴び、より深刻な、大きな危機に陥るケースは多い。批判的な記事が連日報道されれば、消費者や株主の信頼を損ない、経済的損失が膨らみダメージも長引く。

② 記者会見での経営者の不用意な一言や認識のズレ

　事件や事故、不祥事発覚後には、多くの新聞、テレビ、雑誌メディア、そしてネット系のメディアなどの記者が、一斉に取材活動を開始する。電話やメールだけでなく、直接本社や事業所を訪れることもある。初期の段階では、事件の概要を取材するだけだが、全体像が見えてくると、社長など企業トップに対して、事件への見解や責任について記者会見を求めてくることになる。

　大きな不祥事では、社長出席の謝罪会見は避けられないと考えるべきであろう。個別対応では限界があり、メッセージも統一できないため、広報の立場からも記者会見を開催し、むしろ活用することが望ましい場面が多い。

　しかし、社長自身が事態をよく理解できていなかったり、責任を全く感じないままに出席したりすると、社会との認識のズレを露呈させてしまう。さらに、記者の厳しい質問に不用意な回答をするなどして失言してしまい、発言自体がニュースとなって危機を拡大させるケースもあり、注意を要する。

(3) 従来報道されなかった事案が「ニュース」になる

　数年前、食品会社や外食企業で、異物混入や偽装事件、廃棄食品横流し事件など、食の安全・安心をめぐる数多くの不祥事が発覚した。消費者の関心が高い中で同様の危機が発生すれば、これまで報道されてこなかったような小さな問題でも「ニュース価値が高い」と報道され注目が集まる。そこに、広報対応

の不備があれば、本来ささいな事故として扱われる事案が、当該企業による「事件」として社会批判を受けることにつながる。小さなリスクが、広報の対応次第で直ちに企業存亡の危機に及ぶ時代に突入しているのである。

Ⅱ　危機管理の際の広報

　前述のとおり、昨今の企業経営における危機管理は、従来とは比べものにならないほど重要性を増している。今日の企業にとって、緊急事態に備えた広報体制の確立を含む危機管理体制の構築が不可欠なのである。広報・PR担当者が再認識したいのは、危機に陥った企業イメージを決定づけるのは、危機そのものよりもむしろ、その企業の危機対応の仕方であることだ。

1.　クライシス・コミュニケーションの重要性

　クライシス・コミュニケーションとは、危機発生後にメディアをはじめとした各ステークホルダーに対し、危機に関する情報提供、説明を行うとともに、情報を交換し合う双方向のコミュニケーション活動を指す。欧米のグローバル企業では、事件・事故、不祥事の局面では、クライシス・コミュニケーションは最重要と位置付けられている。即座に着手し、膨大な準備を極めて短時間で行っており、初動対応も早いことが多い。グローバル企業がクライシス・マネジメントにおいて最も重要視する活動が、クライシス・コミュニケーションなのである。

　ミトロフによれば、「現在、多くの企業は危機管理（原文はクライシス・マネジメント）を主として広報部の管轄として捉えている。それらの企業はメディアが不幸な出来事を不当に取り扱い、その結果、重大な危機を招いてしまうのだと感じている。もっと言えば、それらの企業はメディアこそ、実際の危機を巻き起こしていると考えるのである。この観点からすれば、問題は危機が起こった後にメディアと効果的に意思の疎通ができるかどうか、という点のみにかかってくることになる。また彼らは、メディア対応のみが企業として必要な全

ての防御策であると考えてしまう」という。いずれにしても、米国企業では、クライシス・マネジメント業務の中で最も重要なことは、危機が起こった際のメディア対応、いわゆる「クライシス・コミュニケーション」の部分であると捉えられているのである。

　経済広報センターの「第 27 回・生活者の"企業観"に関するアンケート」(2024年)で、生活者が考える「企業の果たす役割や責任の重要度」を聞いたところ、「不測の事態が発生した際に的確な対応を取る」ことが「非常に重要である」と 59％が回答しており、「安全・安心で優れた商品・サービス・技術を適切な価格で提供する」(79％)に次いで 2 番目に多い。また、企業に対する信頼度を聞く調査項目において「あまり信頼できない」あるいは「信頼できない」と回答した生活者は、その理由として「企業不祥事が次々と発覚し氷山の一角ではないかと疑心暗鬼に陥っている」のほか、「利益優先の企業体質」「コンプライアンスの不足」「情報の不透明性」を挙げている。

　生活者の企業を見る目が厳しくなっているのは、2000 年以降、多くの企業不祥事が発生し、特に生活者の安全・安心を脅かす事件・事故や不祥事が、発覚後の隠蔽工作や不誠実な対応への疑惑とともに生活者の企業への不信感を広げていることと大きく関係している。このような時代において、経営者は危機を招かないよう徹底的に危機管理に取り組むことが求められることはもちろん、緊急事態が発生した際は、隠したり逃げたりせず、責任ある企業として正しく行動し、迅速に的確に情報を開示する必要があるのである。

2.　企業の危機管理体制の構築

　さまざまな不可避のリスクに対処するため、企業は経営トップから一般社員まで巻き込んだ、効果的な危機管理体制の構築を行う必要がある。企業における危機管理体制構築のためには、経営トップのリーダーシップが最も重要で、トップの危機管理の重要性の認識、本格的な取り組みへの決意と明確な方針の指示、さらにはこのことの内外への表明が、スムーズな導入につながる。その後も、リスクの認識と評価、リスク管理状況の検査・点検、業務優先順位や回

復レベルの承認、対応マニュアルの承認などをはじめ、危機管理体制の見直しのためのレビューや全社レベルでの訓練の実施についても経営トップが積極的に関与すべきである。「危機管理は経営マター」ともいわれるほど、危機管理体制の構築において経営トップの果たす役割は大きい。

　企業において危機管理体制構築を推進する場合、その中心的組織として、「危機管理委員会」（または「リスク・マネジメント委員会」等）を定め、経営トップを含む全社的な取り組みとすることが重要である。危機管理に積極的な企業では、リスク・マネジメント室、リスク・コンプライアンス部など、専門の部門を設けている場合もある。総務部、広報部、法務部など、特定の部門が担当する企業もあるが、本来、危機管理体制の構築においては、全ての部門、全ての社員で取り組む必要があるため、組織横断的な委員会制度を導入したほうが有効に機能すると考えられる。トップをはじめとする経営層の理解と日常的な全社的取り組みが、特に重要となるからである。実際に危機が発生した場合も、企業内の関連部門との連携・協力・調整が必要となる。

3. 危機管理体制の構築プロセス

　危機管理体制を構築するための一般的なプロセスは、広報・PR担当者としても把握しておくべきで、そのステップは、以下の3つに分けることができる。

　ステップ1：全社的なリスクの洗い出しと優先順位付け
　ステップ2：危機管理マニュアルの作成
　ステップ3：危機が発生した場合のシミュレーション

それぞれのステップについて、考察していこう。

(1) ステップ1：全社的なリスクの洗い出しと優先順位付け

　危機管理体制の構築においては、まず経営トップが基本的な取り組みの方針を打ち出し、危機管理委員会などの中心的組織を設定することになる。この組織では、全社で抱えるリスクを洗い出し、リスクに対する評価を行うことからスタートする場合が多い。

　企業を取り巻くリスクは多方面に及ぶ。その危機に対する準備や対策を怠ったために危機発生時に適切な対応がとれず、生活者の被害を拡大するような事態が生じれば、その責任を厳しく追及されるだけでなく、社会的信用の失墜を招き、顧客を失い、企業としての存続を脅かされる事態に発展しかねない。そのような事態に陥らないよう、企業が持続的に発展していく上で障壁となるリスクを正確に把握して優先順位付けを行うことが、危機管理の第一歩となる。

　また、「個人情報流出」「匿名書き込みサイトやブログなどによる批判・中傷」など、20 世紀まではあまり意識されなかった、あるいはそもそも存在しなかったリスクなど、さまざまな点で性格の異なるリスクが誕生してきており、常に新たなリスクを意識しておかなければならない。

　リスクの洗い出しで注意すべきは、グローバル化、技術の進化、社会の複雑化などであり、要するに、企業を取り巻く環境は常に変化し、リスクが一層多様化する傾向にあることである。したがって、企業の危機管理において、企業活動を取り巻く全てのリスクを管理（Manage）するということは、現実的ではない。このため、企業ごとにリスクを洗い出し、自社の経営に大きな影響を与えるリスクに対して対策を講じ、準備することから始めるべきである。

　リスクは、企業の外部の要因に起因するものと、内部で発生するものに分けることができる。外部の要因に起因するリスクは、予防・回避、未然の防止がきわめて困難であるが、自社に起因する内部要因のリスクについては、何よりもリスクを発生させないこと、あるいは発生回数を減少させるための施策を立案し、実行することが重要となる。

　次に、認識し評価したリスクについて、対応・対策の優先順位付けを実施する。優先順位は、あるリスクが発生した場合に自社の企業経営にとってどの程度の影響度（インパクト）があるかという点と、そのリスクの発生頻度（発生の可能性）を検討して決定する。リスクの大小は、通常、次の計算式による数値で評価できる。

**　リスクの大きさ＝発生頻度×影響度**

　この計算式によって高いスコアとなったリスクが、一般的に優先度が高く対応が必要なリスクである。横軸に発生頻度、縦軸に影響度をとって、相対的にそれぞれ発生可能性のあるリスクがどのポジションにあるかプロットして作成した図を「リスクマップ」と呼んでいる（図表13-2参照）。

(2) ステップ2：危機管理マニュアルの作成

　ステップ1で、優先順位が高くて対応を要する、と定めたリスクに対しては、危機に発展しないよう、各リスクに応じた担当の事業部を定めて管理体制をチェックし、個別のリスク対策を検討することが求められる。

　具体的には、各リスクについて、より詳細な被害想定の実施や復旧レベルの設定を行った上で、リスク回避・リスク軽減・リスク移転等の対策を実施する。また、そのリスクが発生した際の対応方法、有事の際に優先する業務及びその遂行方法、要員配置、復旧方法などを詳細に検討し、これらの事項について「危機管理マニュアル」といった形でまとめる。

【図表13-2　リスクマップ図】

リスクマップイメージ

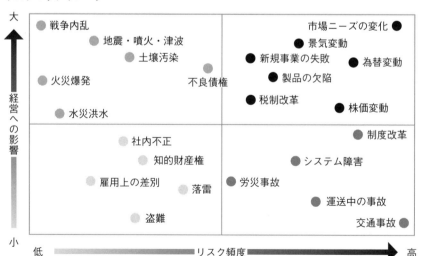

出典：東京海上ディーアール「リスク洗い出し・リスクマップ策定支援」をもとに編集

　優先順位の高い全てのリスクに対応できるマニュアルを作ることは、膨大なボリュームとなって現実的でないため、いくつかのリスクについて危機発生シナリオを考えて被害想定を行い、その際の対応をパターン化するといったアプローチがとられることが多い。この手法は、広報・PR 担当者が「緊急時のメディア対応マニュアル」「危機管理広報マニュアル」を作成する場合でも同様である。

　コンプライアンスマニュアル、危機管理マニュアルなど、ガイドラインとなるマニュアルを作成する意義の 1 つは、コンプライアンスのプログラムや行動基準を設けることにある。ここでは、何をすべきかだけでなく、何をしてはいけないかを含む明確なルール化が求められる。

　危機管理マニュアルには、危機対応の基本方針、誰が何をするのかといった役割、起こりうる危機のケース別シナリオ、連絡体制などを明記する。マニュアル作成では、①最悪のシナリオも準備すること、②想定シナリオにおいては、発生時間・場所・原因・影響範囲についてできるだけ具体的にし、前提条件と不確定要素を明確にしておくことが必要である。広報・PR 担当者にとっては、さまざまな危機に適切に対応するために、応用の利くマニュアルが望ましい。

　次に、作成したマニュアルを社内に周知するための説明会などの社員教育と、マニュアルにしたがって実践で対処できるようにするための研修を実施する。万一の際に、適切な初動と意思決定がなされるか否かは、経営トップを含む社員全員がマニュアルを理解し初期対応の基本を身に付けているかどうかにかかっている。マニュアルは、実際の危機の現場で実践できるかどうかが肝心である。現場の声をよく聞いて、マニュアルの不備や不都合な点を確認し、修正しなければならない。このレビューを通じた修正のプロセスは特に重要となる。

(3) ステップ 3：危機が発生した場合のシミュレーション

　企業に危機管理体制を上手く根付かせるためのポイントは、トップから一般社員まで、全社レベルで危機意識を高く持ち、危機の兆候を事前に察知して未然に防ぐことができるようになることである。事前準備の中で、経営層や危機管理担当の幹部に危機対応のイメージを持ってもらう最も有効な手段がトレー

ニングである。

　危機対応マニュアルなどで、何をすべきか、何を伝えるべきかを定めている
だけでは、現実の危機に直面するとなかなか行動できない。万一の火災に備えた
避難訓練と同様で、実際に体験することが必要である。危機を想定したシミュ
レーショントレーニングを受けておくことで、マニュアルも生きてくる。起こり
うる危機を想定し、関係者が対策を協議するといった訓練をはじめ、対策本部と
して部屋を用意し、本番さながらに全社で組織的対応を行う企業も増加している。

　広報・PR担当者は、例えば製造拠点での防災訓練がある場合は、訓練の最
後に、想定危機のシナリオを用意した緊急模擬記者会見を実施することを提案
すべきである。広報担当役員や経営トップを半日ほど拘束し、「火災で数名死亡」
「不具合製品の回収が遅れ、多数のけが人が出た」など、自社に起こりそうな
危機のシナリオを用意し、「模擬謝罪会見」として行うメディアトレーニングは、
きわめて有効である。

　特に最近は、「隠した」「ウソをついた」など、緊急事態が起こった後のメディ
アへのコメントのまずさが加速度的に危機を拡大させている。こうした傾向に
備えて模擬会見を経験しておくことで、経営トップの危機管理意識も高まる。
もし社員が経営者に対して実際の記者のような厳しい質問をぶつけられないよ
うなら、専門のコンサルティング会社など外部講師に依頼することで、緊張感
のあるトレーニングとなり、高い効果が期待できる。

　このように平時には、新たに可能性のあるリスクが発生した場合について、
評価・優先順位付け、対応・危機発生シナリオへの織り込みを行うだけでなく、
トレーニングの結果を常にフィードバックして、危機対応の体制見直しやマ
ニュアルのリニューアルを行う、というプロセスを繰り返すことで、緊急事態
発生への心構えと準備、組織としての体制を整備するべきなのである。

Ⅲ　クライシス・コミュニケーションの基本

　実際に危機が発生してしまった場合、その対応の成否を分けるのは、経営トッ

プの「問題解決」に向けたリーダーシップと、「クライシス・コミュニケーション」の迅速さ・的確さである。広報・PR 担当者は、経営陣及び緊急対策本部などの中心的組織と密に連携し、危機対応において最も重要で、かつ失敗の許されないクライシス・コミュニケーションを遂行しなければならない。

1.　企業に求められる対応

　一般的に危機の発生は、危機発生の予兆（予測）、危機の発生、被害の進展、収束・回復という時間軸で推移する。危機発生に際して最も重要なことは、「直ちに適切な対応をとり、早期に収束させること」である。この目的は広報・PR 担当者が担うクライシス・コミュニケーションも同様である。

　重大事故などの大規模な危機対応では、あらかじめマニュアルなどで定めた組織（通常、対策本部）を中心に、全社を挙げて短時間で対応しなければならない。危機のレベルに応じた対応組織と対策本部長となるべき役職者を決め、誰が何をするのかといった役割分担なども事前にガイドラインを作成して明確化しておくことが望ましい。

　対策本部では、①情報収集、②危機の評価・分析、③意思決定と危機対応、④クライシス・コミュニケーションの 4 機能を果たすための人員が即座に動員され、本部長の指示のもとで対応を行うことになる。危機発生直後は、正しい情報をいかに早く部門責任者やトップに報告できるか、また、危機の情報を迅速に収集できるかが課題で、緊急連絡網やコミュニケーションの手段が適切に保たれているかといった、危機発生前の準備が重要となる。

2.　クライシス・コミュニケーションの目的とターゲット

　危機に直面した企業は、その影響とダメージを最小限にするため、全てのステークホルダーに対して「情報開示」を基本としたコミュニケーション活動を行う必要がある。これがクライシス・コミュニケーションである。つまり、クライシス・コミュニケーションの対象者には、メディアに限らず、顧客、関係取引先、株主、社員、グループ企業、監督官庁、自治体、地域社会など多くの

ステークホルダーが含まれる。このため、お客様へのレターや自社サイトでの告知とお詫び、場合によっては社告の掲載など、必要に応じて各ステークホルダーに向けた情報発信が必須となる。

　このとき、マスメディアは多くの人々へのチャネルを持っており、マスメディアを介することによってクライシス・コミュニケーションの対象となる各ステークホルダーへの効率的な情報伝達が可能となることを忘れてはいけない。デジタルメディアの普及をはじめとしたメディア環境の変化により、マスメディアの影響力は低下しつつあるといわれている。しかし、情報の質と信頼性からしても、また SNS 上で拡散している情報のほとんどはマスメディアの記事の転載だとする指摘があることからしても、そのインパクトは健在であり、多くのステークホルダーの感情に強い影響を与えることができる。当該企業の経済的損失とレピュテーションへのダメージは、マスメディアが報道する量と期間、問題への批判の内容によって、おおむね決まるといっても過言ではない。したがって、クライシス・コミュニケーションの直接の対象としては、マスメディアを含むメディアが最重要といえる。

　しかし、ここで注意が必要なのは、メディア対応が全てではないという点だ。特に、ソーシャルメディアによって誰もが情報発信者となり得る今日、危機管理広報においても、全てのステークホルダーと良好なコミュニケーションを持つことが求められるということを念押ししておきたい。また、例えば建材会社の杭打ち問題のように、メディアを通して広く情報を出すことが、お客様の所有する不動産価値、すなわち個人の資産価値を下げることにつながる場合もあり、メディア対応が、最も優先されるべきステークホルダーにとってマイナスの結果をもたらすケースもあり得ることにも留意しなくてはならない。

3. 経営トップの覚悟とリーダーシップ

　危機対応で何より求められるのは、経営トップのリーダーシップとスピードである。冒頭に紹介した乳業メーカーの食中毒事件や自動車会社のリコール隠し、洋菓子メーカーの消費期限切れ食材の使用などのほか、タイヤメーカーの

免震ゴムの偽装事件、車メーカーの排ガス不正問題、名門企業で相次いだデータ改ざん問題などは、初期のメディア対応の失敗に加えて、経営者が実態を甘く見ていたことで実態以上に危機が拡大した事例である。一方で、トップ自ら積極的に問題の解決に取り組み、ダメージを最小限にとどめた事例もある。

　危機に直面した企業のトップは、企業として正しい対応とは何か、社会的要請とは何かを考えた上で判断を行わなければならない。前述のとおり、社会は危機発生後の企業がどう対応したのかを見ているのだ。不利な情報であったとしても、開示すべき情報は隠すのではなく、速やかに適切に開示していくことで、一時的なダメージや経済的損失が出たとしても、長期的には誠実な企業として評価されるのである。また、緊急事態の際は、さまざまな意見が飛び交うため、経営トップの強力なリーダーシップがなければ問題の解決は困難になる。企業の広報部は、このためにも平時から経営トップとともに「危機に向き合う心構え」を共有し、広報の権限を確立しておくことが望ましい。

　危機が発生した際、経営トップの会見を実施すべきかどうかも悩ましい。企業の置かれた立場や前後の状況、社会的な関心の高さなど、さまざまな点を考慮し、あえて経営トップが会見に出ないようなケースもあり得る。一方で、経営トップ自らが積極的に「自分の言葉」で社会にメッセージを発信することで、過度に批判されることなく危機を収束させた事例もある。どちらにしても、危機発生時は、経営トップに強いメッセージ発信力が求められている。経営トップの覚悟とリーダーシップが必要といえる。

4.　クライシス・コミュニケーションのポイント

　本章の最後に、危機管理における広報・PR の実務のポイントをまとめておこう。緊急事態の際、担当者は次の点に十分に注意してメディア対応を行う必要がある。

(1)　初期の数時間の対応が明暗を分ける

　実際に危機が発生した場合、不祥事発覚後、わずか半日の初動対応の遅れで

も企業の評価が変わる。一時的なダメージだけでなく、初期対応の優劣がその後のブランドイメージを大きく左右することもある。何より「スピード」が求められるのである。特に人命にかかわる事態であれば、危機発生から2時間以内の記者会見開始が目安といわれる。その他も緊急性を要する場合は、遅くとも4時間程度での実施が望ましい。

　危機に遭遇した企業には、きわめて初期の段階で重要な決断を迫られる「クライシスの局面」が少なからずある。いわばボヤが大火とならないうちに、的確で素早い「取捨選択」をすることが求められる。危機発生時は、どのような組織であっても問題を過小評価する傾向があるが、少なくとも広報・PR担当者は、常に最悪のシナリオを想定しながら事態を先読みしなければならない。

　危機の際のメディア対応マニュアルが事前に用意されていれば、その方針に沿ってプランを立てる。記者会見までの準備には、以下のようなものがある。

①企業がおかれた状況を客観的に捉えて、メディアにとってのニュース価値を判断する

②直面する問題の明確化と解決策、達成すべき状況を想定する

③解決に向けた対応の責任者を決定する

④情報開示の方針と詳細、スポークスパーソンを決める

⑤ポジションペーパー（事実関係を客観的に示す文書）、報道用資料、想定Q&Aを用意し、情報開示に備える

⑥情報開示後のクライシス・コミュニケーションプランを考えておく

　実際に危機が発生した場合、「知っている」ことと「実際にできる」ことの間には大きなギャップがある。多くの幹部や広報部長も「緊急事態の場合は直ちに対応しなければならない」ということはすでに理解し、知っている。しかし、実際の危機発生時には、「事実がつかめない」「まだ状況が変化している」「そんなはずはない」「社長がいない」といった声に押され、事態を直視できずに判断が遅れてしまうことが少なくない。タイミングを逸することなく、決断力を持って、明確な行動をとることが求められる。

(2)　メディアに有益で正確な最新情報を直ちに提供する

　危機発覚後の初期のクライシス・コミュニケーションでは、隠さず、ありの
ままの情報を提供することが必要になる。前述のように、危機発覚によって企
業が被るダメージは、その問題をメディアがどのように扱ったかによるところ
が大きく、「報道のトーン」はその企業の初期の「メディア対応」で方向付け
られる。

　一般的にジャーナリストは、「原稿は足で書け」といわれるように、取材記
者は直接現地に出向き、直接対象に取材する。事故など突発的なニュースは記
者に大きなプレッシャーを与える。締め切りを抱え、限られた時間内で情報を
収集し、記事化しなければならない上に、ライバル紙との激しい競争もある。
そのようなプレッシャーの中で、必要十分な事実を当該企業から確認できない
という状況は、記者を必要以上に苛立たせてしまう。また、「知らない」「わか
らない」「そんなことはない」など取材拒否のような対応や、明白な事実の否定、
隠蔽、明らかな虚偽報告は、それでも何らかの記事を書かなければいけない立
場の記者からすれば企業に対する不信が募ることになり、それが記事のトーン
に表れる。結果的に、実態以上に危機を拡大させるリスクを高めることになる。

　このため、たとえ緊急時で人員が十分でなくても、情報量が不足していても、
記者からの電話での問い合わせには必ず応じなければならないし、多くの記者
が関心を持つ事件・事故では、速やかな「記者会見」も必須である。そのとき
によって把握している情報量は違うし、記者会見を実施すべきかどうかの優先
度も違う。しかしそれでも、危機が発生してから記者会見開催の判断を下すま
でに無駄な時間がないよう、あらかじめ自社の基準を設けておくべきである。

　いつまでも会見を開かない、説明しないとなると、メディアの反感を買い、
取材要求が強まる。メディアの後ろには、生活者がいることを忘れてはいけな
い。「問い合わせへの対応」と「緊急記者会見」で、何も隠していないこと、
情報開示する姿勢を見せることが重要である。

(3) 社会部記者の視点は、生活者の視点である

　社会部の記者は、「社会の木鐸（世の中に警告を発して教え導く人）」的な自己意識を持ち、素朴な"正義感"をベースに「善い」「悪い」を判断する傾向がある。また、高度経済成長を経て 1970 年代からみられるようになった「企業叩き」の風潮は少なからず残っており、「企業は利益優先」という先入観から、「大企業 vs 弱者」の目線で取材している場合も多い。経済部の記者とは違い、業界や事業に関する専門知識は必ずしも豊富ではないが、ゼロから取材する姿勢・能力が高いので、事件・事故の報道の際には、非常に細かいことまで確認される。企業としては、事実関係を細部にわたって把握しておく必要がある。

　また、広報・PR 担当者として認識しておかなければならないのは、いくら記者と仲良くしても、接待をしても、あるいは媒体に広告を出しても、記者が真実を伝えようとするジャーナリズム精神は揺るがない、ということである。

　危機の第一報はおおむね以下の 3 つの観点から取材され、報道される。①何が起こったのか、②原因は何か、③なぜ防げなかったのか、である。

　第一の「何が起こったのか」は、事件・事故や不祥事の内容である。第二の「原因は何か」は、それが単純な事故なのか、構造的な問題なのか、あるいは人災なのか、そして個人の不祥事なのか、会社ぐるみか、または、業界慣行の制度疲労なのか、といった観点である。第三の「なぜ防げなかったのか」は、日頃の管理状況、事故の兆候、過去の同様の事故、再発防止策などである。前述のように、初めの会見でしっかり記者を納得させられるかどうかが、不祥事発生時の明暗を分けるといえよう。意図的な「隠蔽」や「ウソ」は論外だ。

　また、危機に直面した企業が陥りがちな失敗は、「自社の論理」を主張してしまうことだ。「法的責任はないはず」「健康被害は出ていないので問題ない」「一社員が独自の判断でやったこと」「弊社も被害者だ」というような意識は、重大な失言につながり、危機を拡大しかねない。謝罪すべき点については、企業としての責任を重く受け止め、誠意をもって謝罪する。クライシス・コミュニケーションにおいて、お詫びをする目的は、「心からの謝罪」を伝えてステークホルダーの理解を求めるとともに、「二度と起こさない強い決意」を示すことに尽きる。

5.　危機対応の原則

　本章では、緊急時のメディア対応の原則を述べてきた。これを整理すると、①即座に対応する、②記者から逃げずに説明する、③「企業の論理」でなく「社会の常識」に立つ、ことが基本であるといえる。広報・PR 担当者は、この 3 点に則った情報開示に向け、正確に事実を確認した上で、どの点を謝罪するのか、もしくは謝罪しないのかの基本スタンスを決定し、何を公表し、何を公表しないかの判断を明確にすることが求められる。その上でメディア対応時に注意すべきは、①謝罪すべきは言い訳をせず真摯に謝罪すること、②「重大な事態だ」という認識を持つこと、③問題を解決する企業の責任を表明すること、④再発防止策を提示すること、⑤今後の適切で迅速な情報開示を約束すること、である。全てはメディアの先にいる多くのステークホルダーを意識して行われるべきことである。

　クライシス・コミュニケーションの取り組みは、単にメディア対応のテクニックを向上させ、メディアをコントロールすることではない。大事な点は、責任ある企業として一般社会、生活者からの理解や信頼を得る対応ができたか、ということにほかならない。そのためには、誠実に情報を開示し、憶測や言い訳は交えず、事実を正確に伝えるという「広報の王道」を行くに尽きる。

　これまで述べてきたように、危機はどの企業でも起こりうる。企業は、リスクが顕在化しないよう、あらゆる手段を講じて危機の発生を予防しなければならないが、万が一危機が起きてしまっても、事前に対策が十分確立され、準備できていれば、必要以上に恐れる必要はないのである。

　「ピンチをチャンスに」とはよくいわれることだが、危機管理を通じてステークホルダーとのコミュニケーションのあり方を見直し、企業としての説明責任を果たす一方で、主張すべきことはしっかりと主張することによって、社会との合意形成を図ることができ、より良い経営環境につながる。一度危機を経験し、それを乗り越えたとき、企業は存亡の危機をも乗り越え、鍛えられたということであり、より社会から認められた組織となっているはずである。

参考問題

> 問　事業継続計画（BCP）作成に関する次の記述のうち、最も不適切な
> ものを選びなさい。
>
> a. 災害時に事業資産の損害などを最小限にとどめる BCP は、危
>   機管理の１つである。
> b. BCP は、経済産業省が策定した基本案を、各企業が一律に導
>   入する仕組みである。
> c. 資金やマンパワーのない中小企業であっても、BCP の作成は
>   必要である。
> d. 大規模な自然災害だけでなくテロも多発しているため、BCP
>   の重要性が増している。
>
>
> ＜解説＞
> 　b. 内閣府、中小企業庁等が策定事例などガイドラインを出しているが、
> 企業が一律に導入する基本案というものではない。
> 　c. d. 地震などの災害で被害を受けた製造業などでは企業規模にかかわら
> ず BCP を新たに策定するか見直す企業が増えている。また近年では、
> 取引先企業に対し、BCP 計画の策定を要請する例も増えている。
>
> 　　正解：b

問　企業危機と広報活動に関する次の記述の空欄（1〜3）に当てはまる言葉を下の語群（①〜⑥）から選んで、その最も正しい組み合わせを下記の選択肢（a〜h）から選びさい。

　　クライシス・コミュニケーションとは、（　1　）にメディアやステークホルダーに対して危機に関する情報提供や説明、謝罪を行う双方向のコミュニケーション活動を指す。このため緊急記者会見を開催することも多く、発生直後では、何が起こったのか、（　2　）、なぜ防げなかったのか、の3つの観点に留意する。一方、（　3　）は、平時における「リスク情報の共有化」を図ることであり、正確なリスク情報を行政機関、専門家、企業、消費者などで相互に把握し、共通認識を持ってもらうことが重要になる。

【語群】
①危機発生前　②危機発生後　③法的責任があるか　④原因は何か
⑤リスク・アセスメント　⑥リスク・コミュニケーション

a.　1−①　2−③　3−⑤
b.　1−①　2−③　3−⑥
c.　1−①　2−④　3−⑤
d.　1−①　2−④　3−⑥
e.　1−②　2−③　3−⑤
f.　1−②　2−③　3−⑥
g.　1−②　2−④　3−⑤
h.　1−②　2−④　3−⑥

＜解説＞
　空欄 1. クライシス・コミュニケーションは、危機発生後の活動。空欄 2. 原因の究明が先。空欄 3. 企業内での危機兆候の早期発見（アーリーウォーニング）報告や自然災害に関する警報情報なども含まれる。

　　正解：h

行政・団体等の広報・PR

広報・PR は、行政機関、NPO、事業者団体などにおいても取り組まれている。非営利活動に関わる社会的な組織であり、地域と深く関係していることが特徴的である。本章では、公共性と地域との関係がもっとも問われる地方自治体における行政広報を中心に取り上げる。

Ⅰ 行政・団体等の広報の基本概念

行政・NPO 等の団体は、それぞれに異なった広報の目的を持っているが、共通性もある。1 つは、自らの存在及び活動を可視化することであり、もう 1 つは、ステークホルダーの参画に向けた行動変容を促すことである。では、それぞれの目的と概念について考えてみよう。

1. 行政・団体等の広報目的を支える概念

行政広報の目的は、行政・団体等の活動を可視化すること、ステークホルダーの地域への参画を促すこと、地方自治に関わる複数の主体の協働を実現することである。行政・団体等の広報には、企業広報とは違った概念や用語が用いられる。各概念について整理しながら、行政広報の目的について説明する。

(1) 情報の非対称性を解消するための説明責任

「地域」とは、単なる地理的面積を指す言葉ではない。地域は「経営されるもの」として捉えられる。市民を主権者とし、①行政及び議会、②企業、③

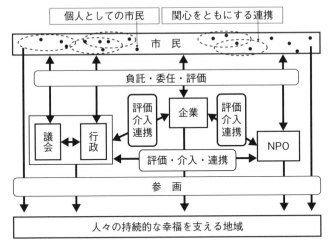

【図表 14-1　地域経営模式図】

著者作成

NPO 等団体の３つのセクターが代理人となって、市民の持続的な幸福を支える地域を形成しているのである。行政に関わる用語で「市民」とは、地域経営における主権者としての意味を持ち、必ずしも「○○市」に在住している人々という意味にとどまらず、都民、県民、区民なども総称して「市民」と呼ぶ。

　こうした地域の運営において、主権者である「市民」と代理人との間には、情報の非対称性が生じる。「情報の非対称性」は経済学の用語だが、ここでは、「代理人がその専門性と活動により、主権者に比べて質量ともに高度な情報を扱うことから、主権者が代理人の行動や意思を十分に制御することが困難となる状況」を指す。要するに、市民が地域行政の情報をよく知らないために、自治体の行動に関与できない状態である。行政は民主主義のもとにあり、市民に対する「アカウンタビリティ（説明責任）」を有する。それゆえ、市民との間に生じる情報の非対称性を減らすことが必要となる。したがって、自らがどのような存在であるか、どのような活動を行っているかについての可視化が、行政・団体等の広報における第一の目的となる。

(2) ステークホルダーの参画を促進

　行政・団体等の広報における第二の目的は、地域への参画に向けて、ステークホルダーの行動変容を促すことである。

　地域経営の実現には、ステークホルダーの積極的な参画が求められる。人々の持続的な幸福を実現する適切な地域経営のためには、行政だけではなく、企業及びNPO等団体による地域参画に向けた行動が重要である。また、行政・企業・NPO等団体という代理人が地域経営のために活動する際にも、主権者（市民）による代理人への負託・委任・評価という参画が適切に行われる必要がある。主権者が代理人を経由せず地域づくりに直接関わることも意義を持つ。

(3) 協働を実現するための相互の可視化

　地域は、それぞれの関心をともにする集合が個々に活動しつつ、必要に応じて連携し、「協働」することで、構造としての地域を形成し、人々の持続的な幸福を支えることができる。「協働」とは、複数の主体が目標を共有して協力して活動することをいい、地方自治においては頻繁に用いられる言葉である。

　協働は、ある目的を実現するために必要な要素が自らに欠けていることを動因として、その要素を持っている他者を探索し、連携することによって行われる。協働を実現するには、相互の弱みと強みを可視化する必要がある。協働を実現するための可視化が、行政・団体等の広報における第三の目的となる。

2. 行政広報の基礎

　次に、ここまで述べた行政・団体等による広報の目的を実現するために、行政機関がどのような広報を行っているかについて述べる。

(1) 情報開示と公文書開示

　行政機関が自らの存在と活動の可視化のために取り組んでいる広報活動の1つは、広義の情報公開である。広義の情報公開には、情報提供（開示情報）と、請求に基づく公文書開示がある。

　情報提供（開示情報）は、開示請求を待たずに情報が公開される仕組みであり、「住民自治」の考え方に基づき、行政の裁量によって情報が公開される。近年では、行政が持っているデータをカタログ化して商用利用を可能とした上で情報を提供する「オープンデータ」についても、情報提供の一環として取り組みが始まっている。

　請求に基づく公文書開示とは、中央政府においては情報公開法により、また各地方自治体では、各々が定める情報公開に関する条例に定める一定の手続きにより、権利を持つ者が請求することによって情報が公開される仕組みを指す。

(2)　広聴という取り組み

　広報と対になる概念として「広聴」がある。広聴とは、主権者である市民を中心としたステークホルダーの意見を聴き、行政運営に取り入れるための取り組みである。広聴には多様な手法がある。代表的な広聴である「パブリックコメント」は、行政機関が政策の立案等を行おうとする際に、その案を公表し、案に対して広く意見等を提出する機会を設け、提出された意見等を考慮して最終的な意思決定を行う制度である。

　行政が市民とともに行うワークショップを、広聴として位置づけることもある。例えば、公園の改修にあたって、行政が主催し、周辺地域の住民や専門家が参加するワークショップを数回にわたって行い、計画案を作成した事例もある。「市民の声システム」により、投書、電話、メールなどでの意見や問い合わせをデータベース化したり、コールセンターを設けている地方自治体もある。

(3)　行政広報の要素

　ステークホルダーに参画を促す行政広報には、3つの要素がある。行政サービス広報、政策広報、地域広報である。

①　行政サービス広報

　顧客としての市民に、行政サービスについての情報を周知し、的確な活用を促す。代表的なものは、地域住民向けの「県民だより」や、市区町村の住民向

けの「お知らせ」など、全戸配布の広報紙である。新聞の折り込みで配布する
方法が一般的だったが、近年は新聞を購読していない家庭が多いため、自治会
などを通じた宅配を行っているところもある。このほか地元テレビやラジオに
短時間の番組を提供し、その中で地元の行事などを知らせている自治体もある。

② 政策広報

　主権者としての市民に、行政をめぐる現状認識とそれに基づく問題・課題を
提起し、参画を促す。特に公共的な大規模開発には、住民の協力が不可欠にな
る。空港の開設や新幹線の延長など、地域の経済的発展につながるプロジェク
トであっても、立ち退きや騒音などの被害を予想し反対する住民もいる。工場
誘致や海外からの移住者受入れなども、自然破壊やゴミ問題への懸念を払拭し、
理解を得るための政策広報は非常に重要である。「首長（くびちょう）」である
知事や市長がメディアでビジョンを語るなど、タウンミーティング（住民集会）
を行って住民の意見を聞きながら、直接説明する場を設けるなど、さまざまな
方法がある。

③ 地域広報

　地域の持つ多様な資源や施策を地域内外に広く知らせ、市民のプライドを醸
成し、域外者からの交流を促す。地域の農産物や伝統工芸品をアピールしたり、
観光名所を諸外国に知らせてインバウンドの観光客を呼び込んだりする。後述
の「シティプロモーション」はまさにこの機能である。実際の自治体では、広
報部門は地元住民向けの業務を行っていて、地域広報は別部門となっているこ
とが多いが、行政機関全体の「広報機能」としては、大きな役割を果たしてい
るといえる。

3. 行政機関における広報の特徴

　行政は、憲法に基づき、国民主権のもとにある。また、地方自治体は、地方
自治の本旨として、住民自治のもとで運営されなければならない。
　国民が主権を全うし、地域住民が的確な自治を行うためには、十分な情報が
なくてはならないため、行政広報のうち、可視化に伴う施策の基本的なものは

任意にせず、法律や条例によって規定されている。情報公開法や情報公開条例に基づく公文書開示制度、行政手続法・行政手続条例などが代表的だが、多くの法律、条令においても情報公開の方法などが定められている。

　このように、行政は民主主義的統制のもとにあることから、自らの存在及び活動の可視化のための広報はできるだけ厳密に行われる必要がある。一方で、行政においては広報とマーケティングが融合している部分がある。さらに、基本的に公平性を旨とすることから、企業や団体等と異なり、より幅広い広報が必要となる。

　行政広報の中でも、地域経営への参画に向けて、市民やステークホルダーの行動変容を目的とする広報は、マーケティングの考え方を取り入れている。

　もともと、行政機関や公共団体の広報においては、広報と広告が同じ部局で扱われたり、広報とマーケティングが融合した形で行われている。しかしながら、従来の行政機関では、マーケティングにおける消費者行動の変容という意識は低く、結果として、広報誌や公式 Web サイト、チラシ、ポスター、ソーシャルメディアなどの媒体ごとの制作で担当者が分かれ、それらが統合的にどのように働くかの検討は十分ではなかった。本来は、それぞれのメディアを活用し、傾聴・認知獲得・関心惹起・探索誘導・行動促進・情報共有支援などを実現するという戦略が求められることは言うまでもない。

　また、前述のように、行政広報は市民全体の負託を受けて行われていることから、一部に偏ることなく公平に情報を提供しなければならないが、対象者が限定されている行政サービスや、地域外への広報において対象者を限定する場合は、企業広報と同様なターゲティングの発想が重要になる。

Ⅱ　行政広報の歴史

　日本の広報は、実質的には行政広報から始まったといわれる。本節は、行政・団体等における広報の歴史を簡単に説明する。

1.　明治・大正・昭和初期の行政広報

　1868年、明治維新で発足した政府は、国際社会に日本の存在を認識させて不平等条約といわれた日米修好通商条約を改正することを目的とした対外（国際）広報と、ナショナリズムを鼓舞する国内広報の両方を「広報戦略」とした。1871年から2年かけて、岩倉使節団がヨーロッパやアメリカを訪問したことは、結果的に日本の情報を海外に発信し、浮世絵や着物が異国情緒あふれる独特の文化であるとして「ジャポニズムブーム」を巻き起こすきっかけとなった。同時に「広聴」として国際的な新しい情報も摂取してきた。当時の政府に「広報」という意識はなかったとはいえ、行政広報の先駆けだったといえる。

　また、第二次世界大戦前の政府の対外広報としては、当時のアメリカ駐在特命全権大使が、1921年に在米大使館とニューヨーク総領事館に「対米弘報機関」として情報部をつくるべきとの建議を行っている。その後、外務省は広報を担う組織として、1932年に非公式の情報委員会として時局同志会を結成した。これは、1936年には正式に内閣情報委員会となり、ついで、1937年に内閣情報部、1940年には情報局となり、戦時体制に突入していくのである。

2.　第二次世界大戦後の地方行政における広報の変化

　1945年第二次世界大戦の敗戦に伴い、政府の情報局が廃止された。連合軍総司令部（GHQ）は戦後の日本を民主化すべくさまざまな改革を行い、その一環として地方行政の民主化も推進された。1947年12月、GHQの地方出先機関である軍政部によって、都道府県庁に対してPRO（Public Relations Office）を設置するよう示唆がなされた。日本政府からの命令や指示ではなかったのは、日本がGHQの占領下にあったからである。

　戦時中の行政広報は軍部による完全な上意下達システムだったが、戦後は大きく変わった。PROが地方行政機関へ導入されていくにつれて、行政機関が新しい制度などを国民に広く知らせること、また各地域を巡回するタウンミーティングなどの開催によって、国民の声を広く聴くこと、といった民主主義の基本が根付いていった。

初期の広報部門の名称はさまざまで、「広報課」が多く設置されたが、「弘報課」「公聴」「広聴」も多く、「報道」「情報」「情訪」という名称も用いた県もある。

こうして 1949 年末には、30 都道府県で独立した広報主管部署が誕生した。地方自治体の取り組みを、相互に学び、情報交換を行うために、1950 年に全国広報事務主管課長会議が初めて開催され、「全国都道府県広報主管者研修会」も開催されている。しかし、1953 年には広報主管課は 17 に減り、1955 年度は広報予算が約 8 割も削減された。自治体の広報の取り組みは紆余曲折を経ているのである。

3. お知らせ広報から双方向コミュニケーションへ

1951 年、サンフランシスコ平和条約の特約として日米安全保障条約が調印され、日本にアメリカ軍が引き続き駐留することが認められた。1960 年に当時の岸内閣は安保条約を改正したが、改正内容に反対する人々は激しい反対運動を行い、学生や市民によるデモも頻発した。

こうした中で、1960 年に総理府広報室が設けられる。総理府広報室は、各省庁の広報施策の総合調整や、他の機関に属さないテーマや内閣としての重点施策の広報を担当した。実務としては、定期刊行物の編集発行やメディアリレーションズがあった。総理府広報室は広聴業務も担当した。1 県平均 8 名の「国政モニター」を委嘱し意見を聞くとともに、世論調査も行っている。

また、1960 年代は革新的な知事が多く誕生した。彼らは自治意識が強く、住民との対話を重視するなど、広聴の重要性を認識しており、広報と広聴の双方向コミュニケーションが進み、それまでの「お知らせ広報」から少しずつ脱却していった。

4. シティプロモーションや情報公開へ

現在の行政広報活動の先駆けとなる事例をいくつか挙げておこう。

1979 年には、大分県知事が「一村一品運動」を提唱し、各市町村が特産品

を育て、全国・世界に発信するという、地域広報に基づくシティプロモーションの先駆けのような取り組みも行われた。

　1982年に山形県金山町が公文書公開条例を制定した。行政による情報公開の先駆けである。情報公開によって、市民は地域経営の参画者となることが容易になった。その後、既にある情報を公開するにとどまらず、三重県や静岡県など、事務事業（施策を実現させるための具体的手段）を積極的に評価し、その結果を公開する自治体も現れた。

　また、1995年の阪神淡路大震災をきっかけに注目されたNPO等団体は、1998年には特定非営利活動促進法により新たな法的位置づけも獲得し、自らの存在やミッション、活動を知らせ、参画を促すために、多彩なメディアを活用した広報を始めた。

5.「ご当地キャラクター」の躍進

　2010年代には、地域広報を目的とした自治体の公式キャラクターが多数出現した。2010年には「ゆるキャラグランプリ」が開催され、第1回は「ひこにゃん」（滋賀県彦根市）、第2回はくまモン（熊本県）、第3回はバリィさん（愛知県今治市）が1位となっている。

　特に人気が突出したのは熊本県の公式キャラクター「くまモン」である。2011年の九州新幹線の開業に合わせ、観光客の誘致を目的にしたプロジェクトで、熊本・天草出身の有名脚本家が新幹線の事業アドバイザーとなり、友人のアートディレクターにデザインを依頼して、キャラクターが誕生した。熊本県知事の蒲島郁夫氏が「（県民の）最大多数の最大幸福」を目的としたPRプロジェクトのメインキャラクターとして設定し、以下のような話題性を高めるための数々の活動を行った。①「熊本県の営業部長兼しあわせ部長」のユニークな名刺を配り、関西を中心に「神出鬼没作戦」であちこちに出現して知名度を高めたこと、②知事が「楽市楽座作戦」と名付け、コラボ商品の作成には申請だけでライセンス料をとらないこと、③地元百貨店別館内に「くまモンスクエア」を設置して、毎日何度もショーを行って全国のファンとの接点を持った

こと、④ YouTube で番組を持って、次々と熊本の名所・名産を紹介するようなユニークな動画を配信したこと、などである。

　特に 2014 年の「ほっぺ紛失事件」では、YouTube 番組内で知事が記者会見して、「くまモンの赤いほっぺが紛失した」というストーリーをつくり、大きな話題になった。これは熊本県のブランドカラーの「赤」の認知度を高めるための作戦であり、多くのマスメディアでも紹介された。このプロジェクトによって「くまモン」は世界的な数々の PR 賞を受賞し、海外に「出張」して現地メディアに取り上げられる機会も増加した。2016 年度には、日本パブリックリレーションズ協会が主催する日本 PR 大賞の「シチズン・オブ・ザ・イヤー」に選ばれている。熊本県産の農産物の認知度は上がり、県のイメージカラーは「赤」に定着した。2021 年の熊本県のくまモン関連売上高は 1700 億円に及ぶ。熊本県の知名度が上がることで地元のシビックプライドは高まり、県内外で大きな成功を収めたといえる。

　このほか、全国には千葉県の「ちーばくん」、群馬県の「ぐんまちゃん」、栃木県佐野市の「さのまる」など、さまざまな「ご当地キャラクター」があり、2021 年時点で 1500 体を超えるといわれる。しかし、「くまモン」ほど自治体の知名度向上に貢献しているキャラクターは少ない。そもそも、組織体が一体となってストーリー性のある活動を行うことが広報・PR の基本であり、そのためには、知事（などの首長）が将来ビジョンや理念を掲げ、それを実現するためのキャラクターという位置づけを明確にして、多くの自治体職員や地元企業が活動をサポートすることが不可欠である。表面的な「ゆるキャラブーム」でなく、トップの理念に基づいたシティプロモーションが求められている。

Ⅲ　行政機関の広報体制

　次に、行政団体における行政広報の体制を確認した後、近年注目されている自治体のシティプロモーションについて説明する。

1. 行政広報の３つの主体と領域

　行政広報の主体は、国と地方自治体に大別され、地方自治体は都道府県や市区町村に分かれる。行政広報の主体と領域、活動を、前述の説明とは別の視点で、整理したのが**図表 14-2** であり、それぞれ、行政サービス広報、政策広報、地域広報を行っている。国の広報体制、地方自治体の広報部門については後述するが、ここでは広報部門の組織的な位置づけについて概略を記す。

　政府広報として、内閣府の「大臣官房政府広報室」では国内広報、被災地広報、海外広報、世論調査についての業務を行っている。各省とも大臣官房の中に広報部門を設置しており、例えば外務省は、大臣官房外務報道官の中に「広報文化外交戦略課」など７つの広報組織を設置している。

　都道府県も広報部門は確立しているが、名称がさまざまである。例えば東京都は都庁の中に「戦略広報部」があり、広報誌の制作や、メディアリレーションズを行っている。大阪府は「府政情報室広報広聴課」、京都府は「知事直轄

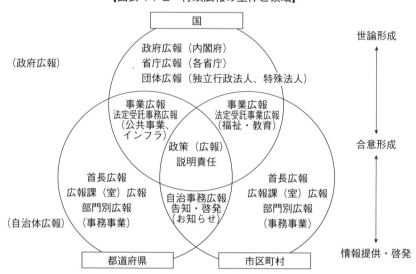

【図表 14-2　行政広報の主体と領域】

出典：『広報・広告・プロパガンダ』

組織広報課」、北海道は「北海道庁総合政策部知事室広報広聴課」というよう
な部署名になっている。一般に県の組織では、総務部門のなかに広報部門が位
置しているケースが多いが、以上において現状を述べたが、これらの組織体制
や組織名称は必ずしも固定的ではなく、時間的経過や組織の長の交代によって
変化することは珍しくない。

2.　中央政府の広報体制

　各行政機関のうち、まず中央政府の広報体制について説明しよう。

　中央政府においては、内閣府設置法に基づいて、「内閣府大臣官房政府広報
室（以下「政府広報室」という）」が広報および広聴活動を行っている。その
筆頭は、官房長官による記者会見である。原則として 1 日 2 回行われる。また、
各省庁の大臣も週に数回の定例記者会見を行っている。

　政府広報は、政府の重要施策について、その背景、必要性、内容などを広く
国民に知らせ、これらの施策に対する国民の理解と協力を得ることを目的とし
ている。主にメディアによるニュースとして報道されることが多いが、ステー
クホルダーに直接メッセージを送る方法として注目されるものに、「政府広報
オンライン」がある。政府広報オンラインは、国の行政情報に関するポータル
サイトとして運営されている。これにより、政府が発信する重要な情報は一元
化され、情報を求める者にとって有益な取り組みとなっている。

　政府広報オンラインのコンテンツは幅広い展開となっており、文字情報に限
らず、テレビ番組、スポット CM、ラジオ番組、点字・大活字広報誌、新聞広
告、雑誌広告、政府広報アプリ、海外広報誌などが紹介されている。また、政
府広報室は広聴活動も行っている。世論調査、公募による国政モニターからの
意見聴取などが代表的な取り組みである。

　さらに、経済産業省、厚生労働省、国土交通省、文部科学省、防衛省など、
各省庁の施策についても、省庁内の記者クラブや各省庁の Web サイトなどを
通じて、広く国民へ情報開示されている。

3. 地方自治体の広報部門

　本来、広報担当部局は、市民をはじめとした地域のステークホルダーに対し、選挙で選ばれた首長（知事や市長など各自治体のトップ）が率いる行政そのものの存在と活動を可視化するとともに、人々の持続的な幸せを目的とする地域経営への参画に向けた行動変容を図る役割がある。つまり、行政機関のスタッフ組織として、情報について十分に理解し、必要に応じ、総合的な支援を行うことが求められるべきである。

　しかし現実には、地方自治体の広報を担う部局では、組織のラインの中で、住民への広報紙を発行することが仕事のほとんどとなっていることも多く、社会福祉に関わる部局や、道路や公共施設などの建設を行う部局と並列した仕事と認識されていることが多い。

　2012年に日本都市センターの「都市自治体の広報分野における専門性に関する研究会」が実施した478市区への調査によれば、広報を担っている部局が、「総務・秘書・市長公室部門」に属しているという自治体は58%、「政策企画・調整部門」が37%、「市民生活・協働部門」が3%であった。

　実際には、地方自治体においては広報機能が一元化されていないことがほとんどである。広報部局とは別の、福祉や土木、教育などの各事業部局が、広報部局との調整を行わず、各事業について広報を行っていることも多い。

Ⅳ　行政広報における近年の動向

　2014年11月に「まち・ひと・しごと創生法」が成立した。この法律は、概略、「少子高齢化の進展に的確に対応し、人口の減少に歯止めをかけるとともに、東京圏への人口の過度の集中を是正し、それぞれの地域で住みよい環境を確保」する施策実施を目的としている。そのため、第8条において「政府は、基本理念にのっとり、まち・ひと・しごと創生総合戦略を定めるものとする。」とされる。この、まち・ひと・しごと創生総合戦略が、一般的には「地方創生戦略」と呼ばれる。地方創生戦略は国だけではなく、都道府県及び市町村でも制定に

向けた努力義務が定められている。

　全国的にみれば、大幅な人口減少が続くような「消滅可能性自治体」は多く、人口流出を止め、魅力のある地域を創造するためにも、行政機関の広報・PR 面からの役割は大きい。そこで、地域の魅力を発信するような、近年の動向について整理しておこう。

1. シティプロモーションとシビックプライド

　近年の地方自治体における行政広報について注目されるものに「シティプロモーション」への取り組みがある。シティプロモーションとは、地域を持続的に発展させるために、地域の魅力を発掘し、地域内外に効果的に訴求し、それにより、人材・物財・資金・情報などの資源を地域内部で活用可能としていくことを意味する。シティプロモーションで最も重要な資源は、地域内外の人々による地域への参画意欲である。地域への参画意欲を十分に獲得することで、その他の人材・物財・資金・情報なども有効に活用できるようになる。

　近年では、地域内外の人々による地域への参画意欲を「地域参画総量」として、定量的に把握しようとする取り組みも始まっている。

　シティプロモーションの例として、前述の大分県の「一村一品運動」は首長

【図表 14-3　シティプロモーションの展開模式図】

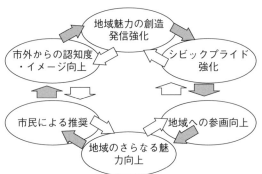

著者作成

の発案だったが、組織としての「シティプロモーション推進課」は1990年代後半に和歌山市に始まる。2006年には浜松市が「浜松市シティプロモーション戦略」を策定している。2013年には第1回「全国シティプロモーションサミット」が兵庫県尼崎市で開催され、その後も毎年、神奈川県相模原市、青森県弘前市、福井県坂井市、東京都品川区などで、開催されている。

　これらのシティプロモーションへの取り組みによって、市民やステークホルダーが積極的に地域に参画するようになれば、従来は行政機関が独占的に担っていた課題解決を、より創意工夫に満ちた形で実現できる。

　市民やステークホルダーの積極的な活動は、地域での経済活動を高めるシーズの生成にもつながっていく。地方創生戦略の一環として、特に地方自治体がどのように自らの存在を認知させ、関心を惹き起こし、さらに支援、産品購買、観光、訪問、移住につなげていくのかという行政広報施策からのアプローチとして考えることができる。

　地域住民自らの関与・参画により地域の魅力が増大すれば、関与した地域に対する誇りが生まれる。いわゆるシビックプライドである。シビックプライドは、市民の積極的な活動を促す。それらは地域の魅力を内外に推奨することにつながり、地域のイメージ向上にもプラスの影響を与える。このサイクルが継続していくことによって、地域の魅力は高まっていく。いずれも、市民やステークホルダーの参画が契機となっている。

2．地域魅力創造サイクル

　シティプロモーションは地域の魅力を発掘することが前提となるため、主体が行政に限定されるものではない。行政が戦略策定などで契機をつくったり方向性を示したりするとしても、地域経営の多様なステークホルダーが連携して実現していくものである。地域の魅力を発散・共有・編集・研磨するためには、地域経営のステークホルダー、とりわけ主権者である市民との共創が重要である。これが「地域魅力創造サイクル」である。

　地域魅力創造サイクルは、次のような順に進める。

　最初が「①魅力の発散」で、過剰性と具体性が必要になる。地域の魅力という
うと、自然・文化・歴史などのジャンルで語られがちで、旅行雑誌に掲載され
ているような場所（ところ）を示して「地域の魅力」とするケースが少なくな
い。これに対し、地域魅力創造サイクルでの発散は、できるだけ具体的な魅力
を挙げることが要求される。お祭り、観光客向けのグルメ、文化遺産などの非
日常的な魅力にとどまらず、日常的な要素からも魅力を発見しなければならな
い。「ところ」にとどまらない、「こと」「ひと」「もの」などにも目配りが必要
になる。当たり前だと思っていたものを見直して「魅力」の意味を明らかにす
るためには、意欲的な市民や最近転入した市民の参加が望ましい。居住してい
ない人々でも、その地域に関心ある人に参画してもらえば、新しい発見がある。
　地域魅力創造サイクルの次のステージは、「②魅力の共有」である。個々に
発散された魅力を、関心を持つ者たちで共有する。実際に訪問し、話を聞き、
学ぶことで、魅力を共有でき、当事者意識が芽生えていくのである。
　次は「③魅力の編集」である。発散し、共有された魅力を用いて、地域に関
わる人々がそれぞれに幸福になる物語を創作する。その物語で用いた魅力の群
れ、魅力群を「どのような力を持つ魅力群」なのかという視点からネーミング

【図表 14-4　地域魅力創造サイクル】

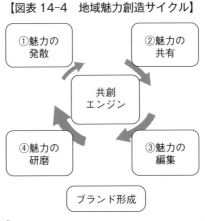

著者作成

する。「住めば愉快だ宇都宮」「出世の街浜松」「いい、加減。まつやま」のようなもので、名づけによって、他とは違う差別的優位性を持ちうることになる。それを、未来に向けてどのような地域になりうるのか、という言葉にしたものが「地域ブランドのメッセージ」といえる。いくつかのメッセージ案や、物語を示すブランドブック案を提示し、市民の参画・共創によって定めることで、地域のブランドは明確になる。

　最後は「④魅力の研磨（ブラッシュアップ）」である。行政機関だけでなく、多様なステークホルダーが地域に関わって行う施策を、ブランドメッセージにより説明し、磨き上げることが内容となる。

　こうして地域魅力創造サイクルは、一周したら、再び発散のステージとなる。多くの市民やステークホルダーが、ブランドメッセージを積極的に発信し、拡散していくための取り組みが求められる。サイクルを回していく中で、市民やステークホルダーの参画や行政との共創は、量からも質からも拡大していく。彼らにとって、当初は他人事だったシティプロモーションが、参画をしたくなるデザインの導きで「自分事」となっていく。これによってシティプロモーションの基礎を作ることが可能になるのである。

3. Webサイトの活用

　行政・団体等における広報をめぐる近年の動向として重要な点は、インターネットの広報メディアとしての活用である。インターネットを活用したWebサイトやソーシャルメディアは、行政・団体等における広報にも大きなインパクトを与えている。

　行政によるWebサイトの構築には2つの意味がある。1つは可視化のための情報ストック機能である。行政が的確な活動を行い、市民の代理人として十分に働いているかの適否を判断するためには、行政の可視化が必要となる。この可視化にとって、情報を収蔵し、いつでも確認できるWebサイトは意義を持つ。可視化のためには、行政による任意的な情報提供が積極的に求められるとともに、公文書開示請求への十分な対応が必要となる。任意的情報提供の場

として Web サイトを用いることで、市民は必要に応じてアクセスし情報を獲得することが可能になる。パブリックコメントの結果や行政の対応を Web サイトに掲載するのも、その一例である。

4. ソーシャルメディアの活用

　行政広報においても積極的にソーシャルメディアが活用されはじめている。
　中央政府の広報を所掌する内閣府大臣官房政府広報室では、政府の「政策課題」「施策・制度」「取り組み」「政府の重要課題」の中で、特に国民生活に身近なものについて、広報活動の充実を図るため、X（旧 Twitter）及び Instagram 等を活用して情報提供を行っている。自治体で公式 SNS を開設して観光地をアピールしているところも多い。
　ソーシャルメディアを利用する目的は、①シティプロモーションサイトへの誘導、②情報を瞬時に拡散させるツール、③イメージキャラクターの認知度向上、④観光等の市政情報の発信、などである。そのほか、費用をあまりかけずに告知しやすく、市民の反応を見ることができるなど、ソーシャルメディアは利点が多い。
　一方で、ソーシャルメディアの不適切な利用が悪影響をもたらす可能性もあり、これを未然に防ぐためには、危機管理としてのガイドラインや運用方針を明確化する必要がある。同時に、行政がどのような方針でソーシャルメディアを活用しているかを積極的に公開することで、市民や地域経営のステークホルダーの理解も進むことが期待される。

5. シティプロモーションの成功事例

　千葉県流山市は、市長が戦略的にブランディングを行い、「子育てしやすい街」としてのイメージを定着させ、住民人口を増加させた成功事例である。2003年に井崎義治氏が市長に就任したとき、2005年のつくばエクスプレス開通を控えて、「都会で働く子育て世帯」をターゲットにしたマーケティング戦略を開始した。2010年からは「母になるなら、流山市。父になるなら、流山市」

というキャッチコピーで、30代後半から40代前半で共働きの子育て世帯を対象にした知名度向上を図るとともに、妊娠中のサポートから保育園や学童保育の充実まで、さまざまな行政施策を行った。その結果、2005年には人口約15万人だったが、2020年には20万人を超えた。2021年までの人口増加率は6年連続で全国1位である。住みたい街ランキング（首都圏版・リクルート調べ）で2024年に「流山おおたかの森」は第2位を獲得している。自治体が広報マインドを持って取り組んだ成功事例といえよう。

Ⓥ 公共的な団体の広報の特徴

　自治体などの行政機関以外にも、公共的な組織団体は多数あり、各団体にも組織としての広報活動が必要である。それぞれの特徴を簡単にみていこう。

1. 広報から見た NPO 等団体の位置

　まず、NPO等の団体の広報を考える。企業以上に多様なステークホルダーが存在するが、特に注目すべきなのは、①サービスの顧客、②寄付者・ボランティア、③行政機関、④内部スタッフ、という関係者である。

　第1のステークホルダーは、NPOが提供する「サービスの顧客」である。NPOの活動内容によっても違いがあるが、例えば介護事業を行うNPO等団体には、介護サービスを受ける「顧客」が存在する。環境活動を行うNPO等団体の場合は、環境浄化によって直接的な利便を受ける人々が顧客である。

　第2のステークホルダーは、「寄付者・ボランティア」である。NPO等団体のミッションや活動内容に共感して、金銭や物品への寄付を行う者、また無償の労働力を提供するボランティアを指す。なお、NPO団体等の「会員」という存在は、「サービスを受ける顧客」を指す場合と、「会費として寄付を行う者」を指す場合がある。

　第3のステークホルダーは「行政機関」で、具体的には中央官庁や地方自治体である。NPO等団体は、自らのミッションに関わる政策提案を行うことが

あり、これを「アドボカシー」という。こうした際に、中央官庁や地方自治体がその政策を取り入れるかどうかは大きな課題であり、NPO 等団体にとって重要なステークホルダーとなる。

　第 4 のステークホルダーは、NPO 等団体の「内部スタッフ」である。企業における従業員と同様で、NPO 等団体のミッション実現には必要不可欠なステークホルダーであり、団体の理念を共有して活動を行う職員である。

　このようにステークホルダー別に考えれば、NPO 等団体の広報は 4 つに区分される。まず、サービスを受ける顧客（受益者）に対し、サービスを的確に活用するように促す広報である。次に、寄付者・ボランティアに対して情報を提供することで、その活動に対する理解を得て、資源（リソース）を獲得する広報である。さらに、中央官庁及び地方自治体に対する政策提言を行い、NPO 等団体にとってより良い環境を整備する広報である。最後に、内部スタッフに対するインターナルコミュニケーション（内部広報）を行い、NPO 等団体のミッションや方策を徹底して共通理解を促し、的確な運営を行うための広報である。

　NPO 等団体は、行政機関とは異なり、企業と同様に一部の市民を代理しているに過ぎない。このことから、広報において公平性に留意する必要は小さく、

【図表 14-5　NPO 等団体による広報模式図】

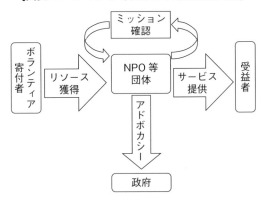

著者作成

広報対象を的確に限定することにより広報効果を挙げることが求められる。

　一方で、企業が製品やサービスを費用以上の価格で販売することにより利潤を得ているのとは異なり、NPO 等団体はサービスの提供者から直接に費用以上の対価を得ることは少ない。そのため、寄付者やボランティアなどの資源提供者への広報を十分に行う必要がある。企業の場合は資本金を提供する株主への広報として IR が留意されるが、NPO 等団体においてもサービス提供先からの対価獲得が困難なところから、寄付者やボランティアへの広報の重要性が増している。

　NPO 等団体の組織目的は利潤の獲得ではない。また、国民あるいは地域住民の持続的幸福の維持という一般的なものが一義的な目的となることは少ない。ある限定したミッションの実現が NPO 等団体の組織目的となる。このことから、NPO 等団体における広報として、中央政府や地方自治体及び地域住民に対するアドボカシー（政策提言）が重要な意味を持つことが特徴となる。

2. 大学の広報

　大学は非営利組織であるが、近年は広報の重要性に対する認識が高まっている。少子高齢化の中で就学人口が減少し、格調高いアカデミズムより実践的なプラグマティズムが重視される時代となり、国際的にはグローバルな大学間競争が厳しさを増してきているためだ。ガバナンス改革や研究成果の迅速な公表が求められており、大学としてのブランド価値を高めるような統合的な戦略性を求められる時代になった。私立大学の半数近くが定員割れとなっており、私立大学の経営危機が予測され、大学淘汰の時代が近づいてきていると言われることもあり、大学広報の強化による知名度の向上やブランド構築を迫られている。

　大学の理念、研究活動、教育活動、国際交流、産官学提携、地域連携など、さまざまな経営課題を複合化した国内外の広報戦略が求められる時代といえる。入試広報担当とは別に全学横断的な広報部門を設置して、学長または理事長直轄のスタッフ部門としたり、記者出身者や民間企業出身の広報パーソンを

職員や特任教授として迎える大学もある。

　大学の主な広報活動は以下の通りである。

　第1は「入試広報」であり、入学志願者、保護者、高校教員を意識した、入学志願者を拡大するための活動である。近年は、社会人入学者も一般的に見られるようになっており、入学志願者は高校生とは限らない。

　第2は「法人広報」である。外部へは、法人という組織体として地域社会や他大学、文部科学省や自治体などを意識し、その大学理念や社会的特徴、ブランドをメッセージとして継続的に届ける活動である。また、法人内に向けた教員、職員、OB、在学生へのコミュニケーションもこの広報活動として位置づけられる。この組織内広報は、法人広報担当者の人数が限られていることなどにより、一般的に不十分である場合が多い。

　第3に「教学広報」がある。これは、教員が学部・学科ごとに、自主的に行うものだが、特徴的な教育活動やオリジナリティの高い研究活動を研究機関や企業、行政など社会に広く伝える活動である。とくに、マスメディアが注目しやすいテーマは話題性がある場合も多く、人的交流や研究資金獲得への発展が期待できる。また近年、産学共同や地元自治体との地域連携への期待も高く、教学広報の強化が望まれている。

　また、入試広報一環としてWebサイトを充実させ、オープンキャンパスや体験授業を何度も行い、大学の研究内容を企業とコラボレーションして商品化するなど、多くの大学においてさまざまな試みが進行している。近畿大学は全国一の受験者数を集めたことで話題となったが、その広報戦略は専門スタッフの採用、積極的なメディアリレーションズ、大学発商品の広報、出願方法のネーミングなど、従来の大学広報の枠を超えた展開であり、日本パブリックリレーションズ協会のPRアワードで2015年度と2016年度に連続受賞している。

　大学広報全体を通して、企業広報と比較すると、広告と広報の区別があいまいであったり、入試広報については販売促進的な色彩が強く出ていたりする点が見られる。また、多様な広報活動が期待されながら、それを担う組織や人員が不足していることも多い。さらに組織内広報も、教員と職員の立場の違い、

教員のなかでも学部ごとの組織風土の違いなどにより、企業ほど円滑に進まない場合もある。

3.　病院の広報

　医療機関は、生命に直接関わる社会性の強い機関であり、社会的信頼が高いために、長年の間、医師は患者にとって絶対的な存在とされてきた。

　しかし近年では、日本の財政悪化と高齢者医療の見直しなどから、診療報酬が徐々に引き下げられることで病院の経営状態が苦しくなり、破綻する病院も出てきた。さらに、医師と患者のコミュニケーションが重視されるようになり、1997 年の医療法改正で「インフォームドコンセント（患者が病状について十分な説明を受けた上で納得して治療を受けること）」が義務化され、2006 年の改正では、病院や診療所等についての広告規制が緩和された。また、最近ではセカンドオピニオン（複数の医師の説明を受けることで患者が納得した治療方法を選択すること）を求める患者も増えてきた。

　こうした動きの中で、病院の現場では、患者を「お客さま」と考え、待ち時間を軽減したり、入院中に快適に過ごせるための施策を考えたり、患者の立場でわかりやすい言葉で病気の説明をしたりと、さまざまな工夫が見られるようになった。また、患者への説明責任を徹底したり、病院の説明書やパンフレットを読みやすくしたり、Web サイトを充実させて医師やスタッフのプロフィーを載せたりと、広報的な側面が重視されている。

　医療法も何度か改正されているので注意が必要である。特に美容医療サービスに関する情報提供を契機に消費者トラブルが発生したことを踏まえ、さまざまな規制が施行されてきた。2024 年からは、痩身目的のオンライン診療のトラブルや、未承認医薬品、医療機器のトラブルが増加したことから、医療広告ガイドラインが見直された。広告が禁止される事例として、虚偽広告、誇大広告、比較優良広告、体験談、ビフォーアフター写真などが挙げられている。

　また、海外から日本に来て治療や検査を受ける「医療ツーリズム」も増加しており、海外の患者に対する情報発信も必要になってきた。このように、急激

な社会的変化と医療行政制度の変化の中で、病院の経営はかつて経験したことのない変革を迫られており、病院経営における本格的な広報戦略が問われる時代になってきたといえよう。

参考問題

問　行政広報の目的に関する次の記述（1 ～ 3）について、それぞれ適切
　　（○）か不適切（×）かを判断し、その正しい組み合わせを選びなさい。

　　1. 行政と市民の間にある、情報の非対称性を解消することが目的
　　　　である。
　　2. 地域に関わるステークホルダーが、地域を良くするための活動
　　　　により深く参画するのを促進することが目的である。
　　3. 行政が、地域の主権者として適切に事業を行うための情報発信
　　　　が目的である。

　　　a. 1―○　2―○　3―×
　　　b. 1―○　2―×　3―○
　　　c. 1―○　2―×　3―×
　　　d. 1―×　2―○　3―○
　　　e. 1―×　2―○　3―×
　　　f. 1―×　2―×　3―○

＜解説＞
　行政広報の目的は、行政・団体等の活動を可視化すること、ステークホ
ルダーの地域への参画を促すこと、地方自治に関わる複数の主体の協働
を実現することである。
　行政と市民の間にある、情報の非対称性とは、①行政及び議会、②企業、
③ NPO 等団体の３つのセクターが行う活動に関する情報が、市民に正
しく伝わっておらず、市民が自治体の行動に関与できない状態を指す。
そのためにも、行政・団体等の活動を可視化しやすくする工夫も必要と
なる。

　　　正解：a

問　行政広報に関する次の記述のうち、最も不適切なものを選びなさい。

　　a. 日本の行政広報は、第二次大戦後の1946年、当時の連合軍総司令部（GHQ）が都道府県庁に対して、パブリックリレーションズ・オフィスを設置するよう示唆したことから始まった。
　　b. 2000年4月の「地方分権一括法」の成立もあって、自治体の広報業務は「お知らせ広報」から住民と行政との協働促進への転換が求められるようになった。
　　c. 地域ブランドを確立し、地域の魅力を効果的にアピールするシティプロモーション活動は、産業振興や観光振興の部門だけでなく広報部門でも担当している。
　　d. 中央官庁の広報活動は、府省庁内に記者クラブが置かれていることもあって、基本的にはメディアリレーションズに限られている。

<解説>
中央官庁は、記者クラブでの発表のほか、広報誌の発行やWebサイトの運用などの広報・PR活動を行っている。メディアリレーションズに限られてはいない。

　　正解：d

［参考文献］（著者50音順）

アーカー（陶山計介他訳）『ブランド優位の戦略―顧客を創造するBIの開発と実践』ダイヤ
　モンド社、1997年

アーカー（陶山計介他訳）『ブランド・エクイティ戦略―競争優位をつくりだす名前、シン
　ボル、スローガン』ダイヤモンド社、1994年

アージェンティ（駒橋恵子・国枝智樹訳）『アージェンティのコーポレート・コミュニケーショ
　ン』東急エージェンシー、2019年

浅見隆行『危機管理広報の理論と実践』中央経済社、2015年

猪狩誠也編著『広報・パブリックリレーションズ入門』宣伝会議、2007年

猪狩誠也編著『日本の広報・PRの100年・増補版』同友館、2015年

猪狩誠也・上野征洋・剣持隆・清水正道『CC戦略の理論と実践―環境・CSR・共生』同友館、
　2008年

伊澤佑美『デジタル時代の基礎知識「PR思考」』翔泳社、2018年

井口理『戦略PRの本質』朝日新聞出版、2013年

井之上喬『パブリックリレーションズ第2版』日本評論社、2015年

伊吹英子『新版　CSR経営戦略』東洋経済新報社、2014年

小川孔輔『マーケティング入門』日本経済新聞出版社、2009年

岡本浩一・今野裕之『組織健全化のための社会心理学』新曜社、2006年

河西仁『アイビーリー―世界初の広報・PR業務―』同友館、2016年

カトリップ＆センター＆ブルーム（日本広報学会監修訳）『体系パブリックリレーションズ』
　桐原書店、2008年

蟹江憲史『SDGs（持続可能な開発目標）』中央公論社、2020年

河井孝仁『ソーシャルネットワーク時代の自治体広報』ぎょうせい、2016年

河井孝仁『失敗からひも解くシティプロモーション』第一法規、2017

川井良介編著『出版メディア入門（第2版）』日本評論社、2012年

桑田耕太郎・田尾雅夫『組織論・補訂版』有斐閣、2010年

弦間明・小林俊治監修『江戸に学ぶ企業倫理―日本におけるCSRの源流』生産性出版、2006年

國部克彦編著『CSRの基礎―企業と社会の新しいあり方』中央経済社、2017年

コトラー＆ケラー（恩蔵直人監修）『コトラー＆ケラーのマーケティングマネジメント基本
　編第3版』丸善出版、2014年

コトラー＆アームストロング＆恩蔵直人『コトラー、アームストロング、恩蔵のマーケティ
　ング原理』丸善出版、2014年

コトラー＆アームストロング他（恩蔵直人監修訳）『コトラーのマーケティング入門第14版』
　丸善出版、2022年

コトラー＆カルタジャヤ＆セティアワン（恩蔵直人監訳）『コトラーのマーケティング3.0―
　ソーシャル・メディア時代の新法則』朝日新聞出版、2010年

同上『コトラーのマーケティング 4.0―スマートフォン時代の究極法則』朝日新聞出版、2017年

同上『コトラーのマーケティング 5.0―デジタル・テクノロジー時代の革新戦略』朝日新聞出版、2022 年

佐桑徹・江良俊郎・金正則『新時代の広報―企業価値を高める企業コミュニケーション』同友館、2017 年

ジェフキンス『PR コミュニケーション管理』文眞堂、1990 年

柴山慎一『コーポレートコミュニケーション経営』東洋経済新報社、2011 年

シャイン（梅津祐良・横山哲夫訳）『組織文化とリーダーシップ』白桃書房、2012 年

社会情報大学院大学編『広報コミュニケーション基礎』宣伝会議、2017 年

関谷直也・薗部靖史・北見幸一・伊吹勇亮・川北 眞紀子『広報・PR 論―パブリックリレーションズの理論と実際（改訂版）』有斐閣、2014 年

高木徹『戦争広告代理店』講談社、2005 年

田中正博『自治体不祥事における危機管理広報』第一法規出版、2018 年

谷本寛治編著『CSR 経営―企業の社会的責任とステイクホルダー』中央経済社、2004 年

津金澤聡廣・佐藤卓己責任編集『広報・広告・プロパガンダ』ミネルヴァ書房、2003 年

電通パブリックリレーションズ編著『戦略広報』電通、2006 年

中島茂『社長！ その会見、会社を潰します―「戦略的経営広報」の実際』日本経済新聞出版社、2016 年

ヌーマン（北山節郎訳）『情報革命という神話』柏書房、1998 年

野中幾次郎・竹内弘高『知識創造企業（新装版）』東洋経済新報社、2020 年

馬場昌雄・馬場房子・岡村一成監修『産業・組織心理学』白桃書房、2017 年

ノエル＝ノイマン（池田謙一・安野智子訳）『沈黙の螺旋理論―世論形成過程の社会心理学（改訂復刻版）』北大路書房、2013 年

バラン＆デイビス他（李津娥・李光鎬監訳）『マス・コミュニケーションの理論＜上・下＞メディア・文化・社会』新曜社、2007 年

樋口晴彦『組織不祥事研究―組織不祥事を引き起こす潜在的原因の解明』白桃書房、2012 年

ポーター（竹内弘高訳）『新訳 競争戦略論』ダイヤモンド社、2018 年

マコームズ＆マックスウェル（竹下俊郎訳）『アジェンダセッティング―マスメディアの議題設定力と世論』学文社、2018 年

水尾順一・田中宏司・清水正道・蟻生俊夫編『CSR イニシアティブ』日本規格協会、2005年

ミトロフ（上野正安・大貫功雄訳）『危機を避けられない時代のクライシス・マネジメント』徳間書店、2001 年

ユーウェン（中野秀秋他訳）『PR！ 世論操作の社会史』法政大学出版局、2003 年

ライズ（共同 PR 翻訳監修）『ブランドは広告でつくれない』翔泳社、2003 年

和田允夫・恩蔵直人・三浦俊彦『マーケティング戦略（第 6 版）』有斐閣、2022 年

総務省『平成 29 年版情報通信白書』2012 年

総務省『令和 3 年版情報通信白書』2021 年

総務省情報通信政策研究所「平成 29 情報通信メディアの利用時間と情報行動に関する調査報告書」2018 年

日本取引所グループ「株式分布状況調査結果」2023 年

企業戦略研究所編『戦略思考の広報マネジメント』日経 BP コンサルディング、2015 年

企業戦略研究所編『戦略思考のリスクマネジメント』日経 BP コンサルディング、2016 年

企業戦略研究所編『戦略思考の魅力度ブランディング』日経 BP コンサルディング、2017 年

公益社団法人経済同友会「第 15 回企業白書『市場の進化』と社会的責任経営」2003 年

公益社団法人経済同友会「日本企業の CSR 自己評価レポート」2014 年

一般財団法人経済広報センター「第 13 回企業の広報活動に関する意識実態調査」2018 年

一般財団法人経済広報センター「第 14 回企業の広報活動に関する意識実態調査」2021 年

一般財団法人経済広報センター「第 21 回生活者の"企業観"に関する調査」2018 年

一般社団法人日本 IR 協議会「IR ベーシックブック」2017-2018 年版

一般社団法人日本 IR 協議会「IR 活動の実態調査」2023 年

一般社団法人日本民間放送連盟『日本民間放送年鑑 2016』コーケン出版、2016 年

一般社団法人日本 ABC 協会「ABC レポート」2023 年 1-6 月

博報堂 DY メディアパートナーズ「博報堂・メディア定点調査」2023 年

NHK 放送文化研究所「日本人とテレビ 2015」

公益社団法人日本パブリックリレーションズ協会編『広報・マスコミハンドブック PR 手帳 2024』

公益社団法人日本パブリックリレーションズ協会編『広報の仕掛人たち—PR のプロフェッショナルはどう動いたか』宣伝会議、2016 年

公益社団法人日本パブリックリレーションズ協会編『広報・PR 実践　2022-2023 年度版』同友館、2022 年

あとがき

　公益社団法人日本パブリックリレーションズ協会が主催する「PR プランナー資格認定制度／検定試験」が始まり早くも 17 年の歳月が流れ、また「1 次試験対応テキスト」として本書『広報・PR 概説』の前身である『広報・PR 概論』の初版が刊行され 13 年が経過しました。この間、「PR プランナー資格認定／検定制度」は、多くの受験者を集め、社会における定着の度合を年々深め、PR プランナーの資格を得た方々は 2024 年 3 月現在で 3300 名を超え、広報・PR にかかわる分野で活躍をされています。

　この間、国内外における社会経済環境の変容は大きく、特にインターネットの普及による社会、経済、経営など諸分野での変化は、広報・PR の分野にも大きな影響をもたらし、広報・PR パーソンに求められる考え方や知識も変わりつつあります。

　日本パブリックリレーションズ協会では、このような動向に対応して、当資格制度認定試験の試験項目の一部を見直し、それに対応するテキストとしてこのほど本書の発刊に至りました。

　本書では、広報・PR の基本となる概念や歴史など基本的な部分は別として、この間の変化が著しいインターネット化、グローバル化、危機管理、CSR、マーケティングと広報・PR の連動などの諸分野での知識および関連の調査データなどにつき、かなりの部分を更新しております。これにより、当資格制度認定試験を受験される皆様が、今日の広報・PR をより効率的に学べることを念願しております。

　なお、本書を刊行する日本パブリックリレーションズ協会は、内閣府から認定を受け、2012 年 4 月から「公益社団法人日本パブリックリレーションズ協会」として新たな発足をいたしております。公益法人という法人格の付与は、いうまでもなく、その組織体が担う事業の公益性が厳しい審査のもとに社会的に認定されたものであり、当協会が推進する公共性を核とするパブリックリレー

ションズ活動の啓発・普及およびそれを通じた社会への貢献という基本理念が公に評価された賜物にほかならないと理解しております。

　当協会は、今後共、当制度の普及発展を中心に公益法人にふさわしい各種事業を推進して参りたく、今後とも皆様方の変わらぬご支援を賜りますようお願い申し上げます。

　末筆となりましたが、本書発刊に際しましては東京経済大学コミュニケーション学部教授の駒橋恵子先生をはじめ、ご執筆いただいた先生方、また本書の発刊をお引き受けいただきました株式会社同友館の脇坂康弘社長、編集担当の佐藤文彦氏はじめ同社スタッフの方々に厚く御礼申し上げます。

　2024 年 3 月

公益社団法人日本パブリックリレーションズ協会

理事長　牧口　征弘

PRプランナー資格認定制度について

公益社団法人 日本パブリックリレーションズ協会では、広く社会の発展に寄与する広報・PRパーソンとしての知識、スキル、職能意識を有することを認定する資格として「PRプランナー資格認定制度」を導入し、2007年度からスタートしました。

PR関連会社や企業の広報部門で広報・PRを担当されている方々はもちろんのこと、将来PR関連業界や広報・PR部門での業務を希望する方々やビジネスパーソンに求められる広報・PRに関する知識・スキルを持ちたいと考えている方々など、幅広い層の方々に受験いただき、個々の能力判定だけでなく、PR知識やスキルの向上に活かしていただきたいと考えております。

資格認定・検定試験実施概要

◉目的
本資格認定制度は以下の3つの目的に基づいて策定されました。
- 広報・PRパーソンの育成とレベル向上
- 専門職能としての社会的認知
- 広報・PR業務の社会的認知の拡大と広報・PRパーソンの社会的地位の確立

◉資格
次の「PRプランナー」「准PRプランナー」「PRプランナー補」の3つの資格があります。

PR プランナー Public Relations Planner Accredited	日常的な広報・PR 実務を幅広くこなし、かつ広報・PR 責任者を サポートする知識・提案能力を有することを認定する資格で、下 記の 1 次、2 次、3 次試験に合格し、「PR プランナー」取得申請 を経て取得できます。
准 PR プランナー Associate Public Relations Planner Accredited	広報・PR 実務に必要な専門知識を有することを認定する資格で、 広報・PR に関する実務知識を問う 2 次試験に合格し、「准 PR プ ランナー」取得申請を経て取得できます。
PR プランナー補 Assistant Public Relations Planner Accredited	広報・PR 実務に従事するために必要最小限の基礎知識を有するこ とを認定する資格で、広報・PR に関する基礎知識を問う 1 次試 験に合格し、「PR プランナー補」取得申請を経て取得できます。

●試験

種　　　　別	1 次試験	2 次試験	3 次試験
受　験　資　格	特に制限なし	1 次試験合格者	2 次試験合格者、かつ 3 年以上の広報・PR 実務経験者
試　験　方　法	CBT 方式	CBT 方式	CBT による記述方式
試　験　内　容	広報・PR に関する基本的な知識 ●企業経営と広報・PR ●コミュニケーション理論 ●メディアリレーションズ ●マーケティング ●インターナル・コミュニケーション ●インベスターリレーションズ ●グローバル広報 ●危機管理広報　等	広報・PR の実務に関する専門知識 ●科目 A：企業経営と広報・PR ●科目 B：マーケティングと広報・PR に関する知識 ●科目 C：コミュニケーションと広報・PR に関する実務知識 ●科目 D：時事知識 ※1	広報・PR に関する実践技能 ●課題 A：ニュースリリースの作成 ●課題 B：広報・PR 計画の立案作成 ※2
試　験　時　間	80 分	科目 A ＋科目 B 80 分 科目 C ＋科目 D 80 分	120 分
出　題　数	50 問	各科目 25 問	課題ごとに 1 問、計 2 問

※1　2 次試験の受験科目は 4 科目一括のみで、科目別に受験することはできません。
※2　課題 B：広報・PR 計画の立案作成は、コーポレート課題、もしくはマーケティング課題からの選択となります。
注：「試験方法」「試験時間」「出題数」については変更する場合がございます。

◉試験項目

◆ 1 次試験：広報・PR に関する基本的な知識

広報・PR の基本	広報・PR の基本構造 企業の広報活動の役割と機能 パブリックリレーションズの歴史
企業経営と広報・PR	現代の企業と社会環境 企業とステークホルダーの関係 広報・PR 部門の役割 日本の企業広報の歴史
広報・PR 活動のマネジメント	経営における広報・PR 戦略 PDCA によるマネジメント 広報・PR 活動の調査・分析と計画策定 広報・PR 活動実施の留意点と効果
コミュニケーションの基礎理論	コミュニケーションの基本 マス・コミュニケーションの歴史 コミュニケーション効果の諸理論
メディアリレーションズ	メディアの種類と特性 パブリシティの特徴 メディアリレーションズの手法
マーケティングの基礎理論	マーケティングの基本 消費者の購買行動 マーケティング・ミックス
マーケティングと広報・PR	マーケティング・コミュニケーションの役割 コーポレート・コミュニケーションとの連携 マーケティングにおける近年の潮流
ブランドとマーケティング	ブランドに関する諸概念
CSR（企業の社会的責任）	CSR の基本概念 CSR の発展と歴史的経緯 CSR に関する近年の潮流
インターナル・コミュニケーション	インターナル・コミュニケーションの戦略的位置づけ 企業文化とコミュニケーションの機能 社内広報の歴史
IR（インベスターリレーションズ）	IR の基本概念 IR 活動の対象 ディスクロージャーの基礎知識 企業価値の考え方
グローバル広報	日本のグローバル広報の歴史 異文化理解のためのコミュニケーション課題 グローバル広報におけるメディア対応
危機管理広報	危機管理広報に関する基本概念 リスクマネジメントとしての広報の役割 クライシス・コミュニケーションの基本
行政・団体等の広報・PR	行政・団体等の広報の基本概念 行政広報における近年の動向 公共的な団体の広報の特徴

◆２次試験：広報・PRの実務に関する専門知識

<科目A：企業経営と広報・PRに関する知識>	
経営環境の変化と広報・PR	近年の経済・社会環境の変化 ステークホルダーの多様化と広報・PR戦略 コンプライアンスと広報・PRの課題
CSRと広報・PR	CSRの推進と広報・PR活動の役割 CSRに関する企業の取り組みの変遷 世界的なCSRの潮流
インターナル・コミュニケーション戦略	労働環境の変化 インターナル・コミュニケーションの戦略的意義 グループ企業におけるインターナル・コミュニケーション
IR活動の実務	コーポレートガバナンスの変化 IRの戦略と計画、ディスクロージャー 株価と企業価値
グローバル広報の実務	海外進出企業の発展過程 グローバルな情報発信の必要性 日本企業におけるグローバル広報の留意点
危機管理広報の実務	近年の危機管理広報の動向 企業の危機管理における広報・PRの機能 クライシス・コミュニケーションの実務
<科目B：マーケティングと広報・PRに関する知識>	
マーケティング・マネジメント	マーケティング・マネジメントの基本概念 市場環境と市場分析 ブランド・マネジメントの理論
マーケティング・コミュニケーションの実務	戦略的マーケティング・コミュニケーション 生活者との接触ポイントの活用 マーケティングの新概念
マーケティングと広報・PRの動向	マーケティングにおけるKPIの考え方 ターゲット設定と広報・PR ソーシャルメディア活用術
<科目C：コミュニケーションと広報・PRに関する実務知識>	
マスメディアとソーシャルメディア	新聞・雑誌・テレビ・Webニュース・ソーシャルメディア 報道機関の組織体制 近年のメディア環境の変化
メディアリレーションズの実務	記者発表の実務 取材への対応 情報拡散の手法
自社メディアの種類と実務	紙媒体・Webサイト・公式SNS等の役割 自社メディア作成の実務 ソーシャルメディアの運営
広報・PR戦略立案の実務	広報・PR戦略の立案 広報・PR関連調査 広報効果測定

＜科目 D：時事問題＞	
政治・経済・国際・社会・文化・芸能・スポーツ	時事問題の出題範囲は、5 月実施の前期試験では試験実施前 6 ヵ月（10 月〜3 月）、11 月実施の後期試験では試験実施前 6 ヵ月（4 月〜9 月）となります。

◆ 3 次試験：広報・PR に関する実践技能

＜課題 A　ニュースリリースの作成＞
課題 A「ニュースリリース作成」では、(1) 見出し、(2) 全体構成、(3) 必要事項、(4) 簡潔性、(5) 適切性（表現）についてそれぞれ採点いたします。

＜課題 B　広報・PR 計画の立案作成＞ 　　※「コーポレート課題」もしくは「マーケティング課題」から選択
課題 B「広報・PR 計画の立案作成」では、コーポレート課題、マーケティング課題より 1 問ずつ提示されます。どちらか 1 つを選択し、課題解決のための広報・PR 計画を作成していただきます。(1) 的確性、(2) 戦略性、(3) 実現性、(4) 独自性・適切性、(5) 論理性・構成力についてそれぞれ採点いたします。

・試験時間は 2 時間です。
・「課題 A」と「課題 B」について、それぞれ商品や企業を取り巻く環境についての前提と課題が出題されます。受験者各自にて時間配分をしながら解答を作成していただきます。
・採点は A4・白黒にて出力された解答に対し行います。
・2021 年 11 月実施の第 29 回 3 次試験から、従来の Word、Excel、PowerPoint で解答ファイルを作成する方式を見直し、試験専用アプリで各問に記述して解答する方式（テキスト記述式）に変更になりました。
・システムの仕様上、解答欄で可能になるのは文章（テキスト）入力のみになります。文字修飾（太字・カラーなど）、行揃え（中央寄せなど）、見出し設定（インデントなど）、図形の挿入、表組みの機能はありません。また、問題文・解答欄の中でコピー＆ペーストする操作もできませんので、受験準備にあたっては十分にご注意ください。
・ご用意するパソコンでインターネットへの接続はできません。試験中にインターネットへの接続が確認された場合は、不正とみなされ、失格となります。

●合格基準

　試験の合格基準は、原則として、下記の通りとします。

1 次試験	正答率 70％以上
2 次試験	全出題数に対して正答率 65％以上かつ各科目の正答率がいずれも 50％以上とします。
3 次試験	評価の配点を、課題 A：ニュースリリースの作成 25 点、課題 B：広報・PR 計画の立案作成 50 点とし、課題 A、B の総合評価が 45 点以上（60％以上）、かつ課題 A、B とも 50％以上とします。

◉ CBT 方式について

CBT とは「Computer Based Testing（コンピュータ ベースド テスティング）」の略称で、パソコンを使った試験方式のことです。受験者は、全国のテストセンターに設置されたパソコンを使って受験していただきます。受験する際は、各試験の試験期間内であれば、ご都合のよい日時・会場を選択できます。

◉申込の流れ

STEP1 受験種別をご確認ください

受験種別は「一般」、「日本パブリックリレーションズ協会会員」、「学生」と3種類あり、それぞれ受験料が異なります。

STEP2 画像データをご用意ください（該当の方のみ）

受験種別が「日本パブリックリレーションズ協会会員」の「正会員」の方で、お勤め先のメールアドレス以外（Gmail 等）でお申込みされる方、もしくは「学生」に該当する方は、「名刺」または「学生証」をスマートフォン等で撮影したデータをご用意ください。（対応形式：JPEG、PNG、GIF、PDF）

STEP3 仮申込フォームの送信

PR プランナー資格制度の Web サイトより、「仮申込フォーム」にてお名前、メールアドレス等をご入力ください。お申込み完了後、本申込みの際に必要となる「受験コード」を確認メールとしてお送りします。（確認メールが届かない場合は、お申込みが完了しておりませんので、必ず再度お申込みください。）

STEP4　CBTS の Web サイトでユーザー登録

本試験は、株式会社 CBT-Solutions（CBTS）の運営する、全国のテストセンターで受験していただきます。そのため、CBTS の試験 Web サイトでユーザー登録をお願いします。

STEP5　CBTS の Web サイトで本申込み

受付期間中に、CBTS の試験 Web サイトにログインし、会場の空き状況を検索して、受験する会場・日時を選択してください。受験料のお支払いが完了しますと「受験予約完了のお知らせメール」が送信されますので、大切に保管してください（受験票の郵送はございません）。

STEP6　試験当日

本人確認証をご持参いただき、ご予約された試験会場で指定されたパソコンを使って受験していただきます。

STEP7　合否発表

CBTS の試験 Web サイトにログインして、合否を確認してください（郵送・メールでの合否通知はございません）。

◉問い合わせ先

公益社団法人　日本パブリックリレーションズ協会
PR プランナー資格制度事務局
〒 106-0032
東京都港区六本木 6-2-31　六本木ヒルズノースタワー 5F
Tel：03-5413-6760　Fax：03-5413-2147
URL：https：//pr-shikaku.prsj.or.jp　Mail：shikaku@prsj.or.jp
Facebook：http：//www.facebook.com/#!/PRplanner

執筆者一覧　　※敬称略

【総合監修・編集】

駒橋 恵子　東京経済大学コミュニケーション学部教授、博士（社会情報学）

【監修協力】

北見 幸一　東京都市大学 都市生活学部 准教授

來栖 暁　　（株）エイレックス 関西オフィス代表

【執筆者】　※以下五十音順

伊澤 佑美　（株）しごと総合研究所 パーパスキャッチャー……………………………第7章

井口 理　　（株）電通PRコンサルティング 執行役員……………………………………第7章

江良 俊郎　（株）エイレックス代表取締役…………………………………………………第13章

大島 愼子　元IPRA（国際PR協会）ジャパンカウンシル………………………………第12章

河井 孝仁　東海大学文化社会学部教授……………………………………………………第14章

黒田 明彦　（株）電通PRコンサルティング 企業広報戦略研究所 フェロー…………第5章

剣持 隆　　元江戸川大学メディアコミュニケーション学部教授…………………………第1章

駒橋 恵子　東京経済大学コミュニケーション学部教授…第1章、第4章、第6章、第9章、第10章

篠崎 良一　共同ピーアール（株）広報の学校 学校長………………………………………第5章

柴山 慎一　社会構想大学院大学 コミュニケーションデザイン研究科 教授……………第11章

清水 正道　CCI研究所代表／元淑徳大学経営学部教授……………………………第2章、第3章

福田 敏彦　元法政大学キャリアデザイン学部教授……………………………………第6章、第8章

細川 一成　（株）電通PRコンサルティング 総合コミュニケーション局
　　　　　　デジタルアクティベーション部 チーフ・コンサルタント…………………第5章

【事務局】（公社）日本パブリックリレーションズ協会

宮松 秀明、黒野 木綿、武知 秀美

2024 年 3 月 31 日　第 1 刷発行

2024 年度版

広報・PR 概説

PR プランナー資格認定制度 1 次試験対応テキスト

ⓒ 編著者　公益社団法人日本パブリックリレーションズ協会

発行者　脇坂　康弘

発行所　株式会社 同 友 館

東京都文京区本郷 2-29-1
郵便番号　113-0033
TEL　03(3813)3966
FAX　03(3818)2774
https://www.doyukan.co.jp/

落丁・乱丁はお取替え致します。　　三美印刷／松村製本

ISBN 978-4-496-05708-3　　Printed in Japan